Jürgen Werner

Die sieben Todsünden

Einblicke in die Abgründe
menschlicher Leidenschaft

Mit Illustrationen von
Heinz Edelmann

Deutsche Verlags-Anstalt Stuttgart München

Ein Teil der Texte ist in gekürzter und leicht veränderter Fassung im Magazin der »Frankfurter Allgemeinen Zeitung« erschienen:
F.A.Z.-Magazin, Heft 376 vom 15. Mai 1987 (Einleitung),
Heft 393 vom 11. September 1987 (Wollust),
Heft 421 vom 25. März 1988 (Zorn),
Heft 455 vom 18. November 1988 (Neid),
Heft 504 vom 17. Oktober 1989 (Geiz),
Heft 555 vom 19. Oktober 1990 (Hochmut),
Heft 876 vom 13. Dezember 1996 (Völlerei).

Die Deutsche Bibliothek – CIP-Einheitsaufnahme

Werner, Jürgen:
Die sieben Todsünden : Einblicke in die Abgründe menschlicher Leidenschaft / Jürgen Werner.
Mit Illustrationen von Heinz Edelmann. -
Stuttgart München : Deutsche Verlags-Anstalt, 2000
ISBN 3-421-05278-6

2. Auflage 2000

Schutzumschlagentwurf und Vignetten: Heinz Edelmann
Typografische Gestaltung: Brigitte Müller
Satz: Goudy Bold (QuarkXPress) im Verlag
Druck und Bindearbeit:
Graphischer Großbetrieb Pößneck GmbH, Pößneck
Diese Ausgabe wurde auf chlor- und säurefrei gebleichtem, alterungsbeständigem Papier gedruckt.
Printed in Germany

ISBN 3-421-05278-6

Inhalt

Einleitung
Warum das Böse mit Händen zu greifen und doch nicht zu fassen ist

Sünden – gibt's die? Es gibt Parksünder und Umweltsünder, sündige Nächte und Sündenböcke. Man spricht von bösen Buben, bösem Blut, bösen Fouls, Menschen mit böser Zunge. Aber die Sünde, das Böse – gibt es das?

Zweifellos hat die Sünde früher einmal existiert. Sie war das Lieblingswort der Tugendwächter und Morallehrer, mit dem sie über Jahrhunderte hinweg eine ganze Gesellschaft geknechtet und niedergehalten, gequält und betrogen haben. Wegen ihrer Sünde sind lebensfrohe Frauen als Hexen verbrannt und allzu kluge Bücher auf den Index gesetzt worden. Um den bösen Trieb zu beschneiden, verbot man das Lachen wie die Lust. Ketzer wurden verurteilt und Knaben kasteit. Stets ist dem Menschen im Namen der Sünde von klerikalen Spielverderbern der Spaß am Leben genommen worden. Seit jenen unseligen Zeiten ist das große Wort »Sünde« beiläufig geworden. Zu lange hat man die Menschheit mit dem Wahren, Schönen und Guten, ihren edlen Idealen, zum Narren gehalten. Was ist nicht alles als böse angezeigt und verfolgt worden, das wenig später die Vorliebe des Rechtschaffenen genoß.

Und wie schnell wurde eine eben noch gepriesene Tugend verdammt. Moral wechselt fast so rasch wie die Mode.

Natürlich sind wir inzwischen aufgeklärt, gebrannte Kinder dieser Geschichten. Auf die Sünde sind wir nicht mehr gut zu sprechen – noch weniger auf die, die sie zu ihrem Vokabular zählen. Sie hat sich in ein angriffslustiges Reizwort verwandelt für alle, die etwas auf ihre Freiheit halten. Es ist mit dem Ausdruck »Sünde« fahrlässig und gedankenlos, brutal und gnadenlos umgegangen worden. Indem man ihn für verlogene Zwecke gebrauchte, mißbrauchte man seinen Inhalt. Wen wundert es also noch, daß Nietzsche, von dem die meisten nur wissen, daß er den Gott der Christen für tot erklärte, und nicht, wieviel er von deren Glauben wirklich verstand, wütend aufbrauste: »Schaffen wir den Begriff der Sünde aus der Welt – und schicken wir ihm den Begriff der Strafe bald hinterdrein!«

Es scheint, als sei uns das mit viel Geschick gelungen, als sei die Kategorie der Sünde dabei, auf dem Regal zwischen den Folianten der alten Moraltheologen zu verstauben. Wir verwenden sie sparsam, als humoristische Metapher für Fehltritte aller Art, und kommt sie versehentlich doch einmal in ihrer ursprünglichen Bedeutung öffentlich zum Vorschein, so ist das nicht nur den Zuschauern des »Worts zum Sonntag« peinlich. Auch der Pfarrer vor der Kamera lächelt gequält, so, als müsse er sich für diesen sprachlichen Rückfall entschuldigen. Wir haben den Teufel in seine düstere Hölle verbannt.

Sünden – gibt's die? Was für eine Frage: natürlich nicht. Genausowenig wie wirkliche Sünder noch ihr Unwesen treiben. Das sind Relikte aus einer dunklen Vergangenheit. Man nimmt sie so ernst wie den Opa, der vom Kaiserreich schwärmt. Wer heute noch vom Bösen redet, schiebt dem Ausdruck ein freundliches »Das sogenannte...« voran. Es klingt wie »mutmaßlich«: Bis zum vollständigen Erweis des Gegenteils nehmen wir die Unschuld des Bösen an. Es haben sich andere Vokabeln gefunden, unsere zuweilen recht üble private und öffentliche Welt zu verstehen. Warum sollte man auch von Sünde reden, wenn sich dasselbe als Entfremdung, Krise oder Aggression ausdrücken läßt. Warum sollte man den Geiz, den Neid, die Wollust, die Völlerei, die Trägheit, den Zorn und den Hochmut, warum also sollte man die sieben von den Alten so genannten Todsünden bemühen, wenn Übervölkerung, Kernwaffen oder die Verwüstung des Lebensraums scheinbar viel bedrohlicher wirken? Die behäbigen alten Mythen von Luzifers Fall oder die Vertreibung aus dem Paradies haben sich verflüchtigt in leichter verwendbare Gesellschaftstheorien. Ihr geheimnisvoller Sprachschatz ist verschwunden – auch das, wofür er stand?

Der Verdacht will nicht weichen, als könnte sich hinter der neuen Harmlosigkeit der Sünde ein gewaltiger Betrug verbergen. Als könnte die Geschichte der Aufklärung, der Religionskritik, die uns von der Herrschaft des Priestertums befreite, einen Pferdefuß haben: Mit der Sünde ist auch das Böse erklärt, ästhetisiert und abgeleitet worden. Mit dem Teufel ist das Laster verschwunden. Konrad Lorenz hat das Problem der menschlichen Grausamkeit durch den Hinweis auf schnatternde Graugänse gelöst. Gelöst? Es ist doch allzu wahr: Den Bösen sind sie los, die Bösen sind geblieben.

Man vermag mit dem Finger hinzuweisen auf das Unheil. Es ist zu sehen in dem verzerrten Gesicht eines gefolterten Gefangenen. Es ist zu hören im Schmerzensschrei einer verzweifelten Mutter, deren Kind getötet wurde. Es ist zu fühlen im Stich des Herzens, wenn der Freund das ihm geschenkte Vertrauen ausnutzt und sich an der offenbarten Schwäche mit gehässiger Lust ergötzt. So wurde die Sünde beschrieben, gedichtet, dargestellt im Drama und auf der Leinwand. Kann man sie packen? Die Sünde gehört offenbar zu den Dunkelmännern der Moral. Sie liebt das Versteck. Als Agentin des Bösen treibt sie ihr Spiel inkognito, unter falschem Namen. Was man von ihr erkennt, sind nur die Wirkungen und ihre – psychoanalytischen, soziologischen, verhaltensbiologischen – Theorien. Es scheint also, als bewahre selbst die Sünde ihr

Geheimnis. Als hätte sie eine listenreiche Taktik entwickelt, im Hintergrund als graue Eminenz zu wirken und nicht zu verraten, wer die teuflischen Fäden zieht. Die Sünde ist unableitbar. Wer von ihr redet, macht sich ebenso lächerlich wie der, der das Böse verschweigt.

Ausgerechnet Charles Baudelaire, der Dichter der »Blumen des Bösen«, jener Vers-Sammlung, für die sich 1857, einen Monat nach der Erstveröffentlichung, der Staatsanwalt zu interessieren begann, meint, das durchtriebene Werk des Betrügers zu durchschauen: »Die schönste List des Teufels ist, Euch zu überreden, daß man ihn nicht zu fürchten brauchte, weil es ihn gar nicht gibt.« Ein Gotteslästerer und Beleidiger der öffentlichen Moral im Dienste einer besseren Erkenntnis der Sünde? Hier soll offenbar der Teufel mit dem Beelzebub ausgetrieben werden. Doch scheint diese heilig-unheilige Allianz so selten nicht zu sein. In dem Maße, in dem die Theologen ihre Lehre verwässern, erweisen sich ihre Kritiker als die eigentlichen Spezialisten der Theologie. So hat Leszek Kolakowski, ein polnischer Marxist, eine »Pressekonferenz« des Dämons stenographiert, aus der er mitteilt: »Das Böse ist ein Vorfall, es ereignet sich rein zufällig, mal hier, mal dort, und es bleibt aus, sofern man ihm mit genügender Energie entgegentritt. Das Ende der Welt wird Sie überraschen, und Sie werden der festen Überzeugung sein, daß auch der Weltuntergang ein Werk des Zufalls ist. Sie glauben nicht an den Teufel.«

Das Kriterium scheint also gefunden zu sein, mit dem man die Sünden zu identifizieren vermag: Die Parteigänger des Bösen erkennt man am leichtesten daran, daß sie seine Existenz abstreiten. Der Sünder ist stets der Schein-Heilige. Kann uns das noch überraschen? Seit jener glücklich-paradiesischen Urzeit zeigt sich der Versucher ja als perfekter Verschleierungskünstler. Wie seltsam einfach scheint es doch zuletzt zu sein! Man achte nur darauf, wo das Dasein der Sünde am entschiedensten geleugnet wird. Präzise dort ist sie zu Hause. – Oder?

Erstes Dilemma: daß die Sünde nicht zu fassen, obwohl sie mit

Händen zu greifen ist. – Erste These: Der Sünder lügt nicht nur, er belügt sich auch selbst, indem er seine Sünde bestreitet.

Das haben die Theologen auch immer behauptet. Und so sehen wir uns bei unserer Suche nach den Fußstapfen des Bösen plötzlich in einträchtiger Nachbarschaft zu den Hütern der reinen Gotteslehre. Viele betrachten die Beschäftigung mit diesen Gelehrten als ein hartes Stück Arbeit. Deren strenges Denken sei nur etwas für strenge Denker. Schaut man genauer hin, so ist das Geschäft des Definierens und Beweisens viel lustiger. Erst sieht es so aus, als ob mit kräftigen Zügen durch ein riesiges Meer von Begriffen geschwommen würde. Beim zweiten Blick entpuppen sich die Schwimmstöße allerdings als Trockenübungen. Was diese Nichtschwimmer für Wortbestimmungen und Argumente halten, sind in vielen Fällen akademisch herausgeputzte Wünsche – fromme Wünsche. Man muß den unschuldigen Betrug früh geahnt haben und versah solche intellektuellen Freiluftübungen wenigstens mit einem gewichtigen Namen: Sie heißen Metaphysik. Beobachten wir also die Theologen bei ihrem geistigen Training ein wenig.

Da ist zum Beispiel Thomas von Aquin, der Doctor angelicus des Mittelalters. Er setzte sich keinen geringeren Anspruch, als aus einem Prinzip, einem einfachen ersten Satz zu begreifen, was die Welt im Innersten zusammenhält. Er sortierte und systematisierte, bis sein Gedankengebäude auf sicherem Grund stand. Von ihm besitzen wir nicht nur eine der ausführlichsten Abhandlungen über das Wesen der Engel. In hundertachtzehn Einzeluntersuchungen hat er sich diesem Thema gewidmet und dabei kaum eine Frage offengelassen. Mit ihm hat sich auch die Lehre von den sieben Todsünden in der heute festgeschriebenen Form durchgesetzt. Doch zunächst zitieren wir diesen universalen Geist mit seiner optimistischen Formel: »Wenn das Böse ist, ist auch Gott.« Das scheint die bisher subtilste Weise zu sein, die Sünde zu bestimmen. Sie wird schlicht eingespannt in den Zweck, Gottes Dasein zu demonstrieren. Eleganter hätte man dem Problem nicht ausweichen können.

Man vermag diese Erkenntnis aber auch umzudrehen: »Wenn es einen Gott gibt, woher dann das Böse?« Boethius hat so einige Jahrhunderte vor dem Fürsten der katholischen Theologie gefragt. In seinem bekanntesten Werk, den »Tröstungen der Philosophie«, steht dieser trostlose Satz. Der ehemalige römische Konsul hatte auch allen Anlaß, nach Lichtblicken im Weltdunkel zu suchen, saß er doch lange in Pavia in Haft, bevor er schließlich grausam hingerichtet wurde. Und so endet denn seine verzweifelte Frage noch nicht in der letzten Konsequenz: Wenn es das Böse gibt, existiert Gott nicht. Er fährt einfach fort: »Woher aber das Gute, wenn es keinen (Gott) gibt?«

Dem Theologen ist die Sünde ein beißendes Ärgernis. Sie bringt ihn in die Verlegenheit, entweder ihre Macht zu mindern – was er nicht kann, denn in den heiligen Schriften wird sie vehement bezeugt –, oder Gottes Gewalt zu beschneiden – was er auch nicht kann, denn in den heiligen Schriften wird sie noch vehementer bezeugt. Er ist nicht nur gezwungen, eine Antwort zu finden auf das Problem: Gibt es eine Sünde?, sondern muß dieses mit der Schwierigkeit verknüpfen: Gibt es einen Gott? Das ist nicht ganz leicht und verführt zu den abenteuerlichsten Spekulationen. Nicht jeder ist gleich so forsch vorgegangen wie der abtrünnige Augustinermönch Martin Luther: »Wenn man Gott bei dem Jüngsten Gericht fragen würde: Warum hast du zugelassen, daß Adam fiel, wird Gott antworten: auf daß meine Güte gegen das menschliche Geschlecht erkannt werden könnte, daß ich meinen Sohn gebe für das Heil der Menschen.« Und er fügt hinzu: »Dann würden wir sagen: Laß noch einmal fallen alles Geschlecht, auf daß deine Herrlichkeit kundwerde.« O glückliche Schuld!

Epikur war viel vorsichtiger. Er wußte nicht, was Gott am Ende aller Tage sagen würde – und wollte es auch nicht wissen. Er erkannte nur die allgemeine Struktur der Streitfrage: »Gott will entweder das Übel abschaffen, aber er kann es nicht – dann ist er ohnmächtig und nicht Gott; oder er kann es und will es nicht – dann ist er böse, er ist der Teufel selbst; oder er will es weder noch kann er es – woher dann aber das Böse?«

Man mag die Sache wenden, wie man will, die Schwierigkeit bleibt. Davon ließen sich die Gottesgelehrten allerdings nicht sonderlich beeindrucken. Für sie ist es eine beschlossene Angelegenheit, die Sünde nur im Kontext ihrer Studien zum höchsten Wesen zu behandeln. Wer von der Sünde redet, darf von Gott nicht schweigen. Mit der gleichen Berechtigung könnte man aber entgegenhalten: Nur wer die Sünde verschweigt, vermag richtig von Gott zu reden. Oder: Wer von der Sünde spricht, bringt Gott zum Schweigen.

Zweites Dilemma: daß die Sünde nicht mit Gott, aber auch nicht ohne Gott zu denken ist. – Zweite These: Denkt man die Sünde ohne Gott, weiß man nicht, was sie ist; denkt man sie mit Gott, weiß man nicht, wer er ist.

Der Klassiker der Sünde lebte in der ersten Hälfte des neunzehnten Jahrhunderts. Es war der dänische Dichter der menschlichen Existenz, Sören Kierkegaard. In Leidenschaft entbrannt für die melancholischen Abgründe des Lebens, lehrte er seine Zeitgenossen, wie sündig die Sünde ist. Man kann sie nicht »mit«, auch nicht »ohne« Gott denken, man muß sie »vor« Gott bekennen. Kierkegaards Vater hatte großen Einfluß auf die Entwicklung seines Sohnes. Als kleines Kind hatte er die Schafe in der jütländischen Heide gehütet. Es war kalt gewesen, ihn hungerte, und er fror. Da kletterte er auf einen großen Findling, hob die Augen und die Stimme gen Himmel und fluchte Gott, daß er eine solch armselige Kreatur wie ihn so vernachlässige. Ein Leben lang verschwieg der fromme Vater diese frühe Entgleisung. Sie belastete ihn derart, daß er erst kurz vor seinem Tod den Mut fand, sie seinem Sohn Sören zu offenbaren. Der wiederum erkannte in der väterlichen Lästerung den Schlüssel für sein eigenes bedrückendes Dasein. »Da geschah es, daß das große Erdbeben stattfand, die furchtbare Umwälzung, die mir plötzlich ein neues, unfehlbares Deutungsgesetz für sämtliche Phänomene aufnötigte«, notierte er 1838 in sein Tagebuch. Die Sünde, der er so unmittelbar in der Erzählung seines Vaters begegnet war, beschäftigte ihn von nun an zeit seines Schreibens, und er erkannte, »daß das, was die Sünde zu so etwas Furchtbarem macht, darin liegt, daß sie vor Gott geschieht«.

Der Theologe Karl Barth, der eine Dogmatik von mehr als neuntausend Druckseiten hinterlassen hat und mit der Erörterung der Offenbarung Gottes trotzdem nicht zu Ende gekommen ist, weil er darüber starb, zog die Konsequenz. Er ergründete das Böse vor Gott, nannte es aber wohlwollend »das Nichtige«, um Gott nicht zu sehr zu gefährden. Man sieht die Absicht und ist verstimmt: »Das Nichtige kann uns um Gottes willen nur nichtswürdig sein.« »Es ist, weil und indem und solange Gott dagegen ist.« Haben wir da richtig gehört? Man muß die Wörter schon buchstabieren, um nicht gleich über sie zu stolpern: Das Böse existiert nur, weil Gott es nicht will. Das nenne ich dialektische Theologie. Solange Gott gegen das Böse ist, erfreut es sich bester Gesundheit. Es lebt sozusagen von Gottes Ungnaden. Was aber wird sein, wenn Gott einmal nicht mehr gegen das Böse sein sollte…? Gibt es dann das Böse nicht mehr? Warum schafft Gott etwas, das er nicht will, indem er es nicht will? Ist er nicht mehr Herr seiner selbst? Oder braucht Gott gar etwas, wogegen er sein kann? Er könnte ja das Böse zerstören, indem er sich nicht mehr dagegen wehrt. Wenn aber Gott nicht mehr gegen die Sünde ist – ist er dann für sie, oder ist sie ihm gar egal? Hier steckt der Teufel offensichtlich im Detail. Man gerät in einen Gedankenstrudel und wird erbarmungslos hinabgezogen in das

dritte Dilemma: daß die Sünde keine Wirklichkeit hat, aber höchst wirksam ist. – Dritte These: Nur das Nichtige kann vernichten und ist zugleich doch nichts.

Was ist von der Sünde geblieben? Sie ist in der Abstraktion verschwunden. Barths kirchliche Akrobatik hat sie ins Nichts aufgelöst. Man sündigt aber nie im allgemeinen. Der Frevel ist immer konkret. Warum also diesen nervenaufreibenden Umweg in die dünne Luft der Theologie? Kann man die Erkenntnis der Sünde nicht einfacher haben? Thomas Mann gibt zu bedenken: »Zum Sündigen gehört Geist.« Und Kierkegaard, als sei dies zuwenig, treibt die Forderung auf die Spitze: »Eine Definition von Sünde kann niemals zu geistig sein.« Auf den Pelz rückt man ihr damit allerdings kaum. Trotz des Einfallsreichtums der befragten Gottesgelehrten vermochte doch keiner zu erklären, was die Sünde wirklich ist. Das Böse ist immer eine Herausforderung an das Denken gewesen, aber eben auch eine der hinterhältigsten Einladungen zum gedankenlosen Faseln. Es könnte zu einer moralischen Pflicht für die Vernunft werden, sich in Sachen des metaphysischen Übels der Spitzfindigkeiten zu enthalten. Wo der Verstand sich übernimmt, wird Einsicht in seine Grenzen verlangt. Es scheint eine Sünde des Denkens zu geben, die vornehmlich darin besteht, der Lust, über die Sünde zu reflektieren, nicht widerstehen zu können. Warum auch sollte ausgerechnet in diesem Fall die paulinische Weisheit, wir seien allzumal Sünder, eine Ausnahme machen? Wir jedenfalls entnehmen all diesen kläglich-intelligenten Versuchen, sich im Bösen zu orientieren, die Beobachtung: »Das einzige gründliche Kennzeichen unserer Moral ist es, daß sich ihre Gebote widersprechen.« So notierte es Robert Musil.

Da haben es die Ahnen besser gehabt. Ihnen präsentierte sich die ganze Welt gegliedert und geordnet. Alles besaß seinen festen Platz. In jenen grundsoliden mittelalterlichen Zeiten wußte man noch, was Sünde und was Tugend war. Wenn etwa Ägidius, von einem Pfeil verwundet, Gott bat, seine Verletzung nie heilen zu lassen, solange er lebe, wurde er wegen dieses Verhaltens verehrt und als heiliges Vorbild angerufen. Oder wenn einer die Probe aufs Exempel machen wollte, um festzustellen, ob seine Keuschheit auch unanfechtbar sei, nahm er einfach eine Frau zu sich ins Bett und pries im Erfolgsfall am anderen Morgen Gott und die Reinheit seines Herzens. Man war ein Edelmann oder ein Faulpelz, großmütig oder geizig. Jeder wußte es, jeder konnte es sehen. Denn zum Leben gehörte ein feingewirktes Raster, das die Eindeutigkeit seiner Äußerungen streng festlegte. Am Kirchenportal konnte man mit einem Blick auf die überlebensgroßen Allegorien ablesen, was das eigene Verhalten wert sei. Da grinste einem der speicheltriefende Fettwanst entgegen, die Gänsekeule noch zwischen den Zähnen, und ein wenig weiter links rieben sich schon die Teufel vor der Hölle die Hände in Erwartung ihres nächsten Gastes. Und wer seinen wollüstigen Neigungen nicht widerstanden hatte, der bekam vor Augen gemalt, wie es ihm ergehen werde. Eine Figur mit üppigem Busen zeigte, o Graus, die Fratze des Dämons. Damals lebte man noch in Sünden und mit ihnen; ja, die Sünden lebten geradezu selber. Sie verbargen sich nicht hinter blutleeren, blassen Vergehen gegen den Moralkodex, sondern präsentierten sich von ihrer farbigsten und prächtigsten Seite. Man vermochte sie zu schmecken, zu berühren, zu verschlingen. Und weil es so viele und so verschiedene gab, machte man sich daran, sie zu katalogisieren, sie mit einer Hierarchie zu versehen. So wie der mittelalterliche Mensch einem Kirchenfürsten gehorchte, der wiederum von Kardinälen, Bischöfen, Prälaten und Pfarrern vertreten wurde, so ordnete er die Laster in läßliche und Todsünden, in innere und äußere Sünden, in Begehungs- und Unterlassungssünden, in himmelschreiende Sünden und die Sünde wider den Heiligen Geist.

Es fanden sich fast immer dieselben Missetaten auf den Listen. Statistisch am häufigsten, es war nicht anders zu erwarten, rangierten die Unzuchtssünden an erster Stelle, gefolgt vom Götzendienst, dem Jähzorn, der Streitlust und der Habgier. Solche Lasterkataloge erleichterten schon in der Antike die Bestimmung des Bösewichts. Sie stellten einen genauen Spiegel der Menschlichkeit des Allzumenschlichen dar. Mal führte dieses Vergehen in der Tabelle, mal ein anderes. Nach Pythagoras sollten in der Unterwelt die bestraft werden, »die nicht mit ihren Frauen zusammen sein wollen«; altkirchlicher Weisung zufolge werden die dem höllischen Feuer überantwortet, die zuviel mit den Frauen zusammen sein wollen. Hatte man ein besonderes Talent für die Sünde der Wollust, es konnte einem höchstes Mißvergnügen bereiten, zur falschen Zeit geboren zu sein. Mancher moralisch gebildete

Mensch, der etwas auf sich hielt, fügte dem Katalog ein exotisches Laster hinzu oder strich gar eines heraus. Man erfand neue Sünden und verwarf alte Erfindungen. So kam es, daß im ägyptischen Totenbuch zweiundvierzig Verfehlungen angeprangert wurden, während man in der Patristik besonders drei Frevel beklagte. Auch die Acht oder die Zwölf spielten bei der Systematisierung der menschlichen Hauptübel eine Rolle.

Erst Gregor der Große, der Papst und Förderer des Kirchengesangs, bereitete diesem verwirrenden Hin und Her ein Ende. Er setzte im einunddreißigsten Buch seines berühmten Hiob-Kommentars die Hauptsünden auf sieben fest: Stolz (Hochmut), Neid, Zorn, Traurigkeit (Trägheit), Geiz, Völlerei und Wollust. So sollten sie künftig zitiert werden. Fünf von ihnen waren geistiger Natur, die letzten beiden bevorzugte das Fleisch. So heißt in der Kirchengeschichte, unter Verkennung seiner wahren Fähigkeiten, ein wenig geringschätzig der Leib. Man hatte Angst besonders vor diesen niederen Vergehen, den vitia carnalia, und züchtigte den Körper selbstquälerisch bis aufs Blut, um die Begierde auszutreiben.

Die Festlegung auf die Sieben war ein genialischer Griff. Gregor setzte somit nicht nur eine lange Tradition der Zahlenmystik fort, in der die sieben Weltwunder und die sieben Künste ebensowenig fehlten wie die Sage von den Sieben gegen Theben. Er entdeckte auch das Bildungsgesetz für alle Laster. Man brauchte sie nur richtig zu mischen und erhielt als Resultat eine neue Sünde. Wie bei der Vereinigung der Grundfarben alle anderen Schattierungen und Töne auftreten, so stellen die sieben Hauptsünden die Stammeltern in einer Genealogie der Freveltaten dar. Aus dem Stolz entspringen Ungehorsam, Prahlerei, Heuchelei, Streitsucht, Neugierde und Zänkereien. Der Zorn ist das Produkt aus der gemeinsamen Verbindung von Stolz und Neid. Die Wollust gebiert Wankelmütigkeit und Geistesblindheit. Jede Verfehlung ließ sich auf diese Weise ableiten und verlor so ihre Bedrohlichkeit. Der Teufel war gefangen in seiner Theorie. Alles konnte zurückgeführt werden auf einen letzten bösen Grund: den Stolz, die Sünde aller Sünden. Bei der Hoffart, manche meinten auch: bei der Trägheit, fand das reizvolle Spiel mit dem Laster ein Ende. Vor diesem Hintergrund bedeutete »Hauptsünde« also die Verfehlung, in der alle anderen Missetaten ihren Ursprung haben. Sie ist die Mutter der Charakterschwächen, mehr: der kleinen und großen Grausamkeiten des Menschen. »Das eben ist der Fluch der bösen Tat, daß sie fortwährend immer Böses muß gebären.«

Man sprach, wohlgemerkt, von Hauptsünden, nicht von Todsünden. Den schlechten Beigeschmack erhielten jene üblen Taten und Gesinnungen erst, als sie an den himmlischen Tugenden gemessen wurden. In diesem Vergleich schnitten sie sehr schlecht ab, und man fragte sich, welches denn die gerechte Strafe für solche Vergehen sein könne. Daß jeder Ungehorsam gegenüber Gottes Geboten gesühnt werden müsse, darüber gab es nichts zu streiten. Man wußte, wie sehr der oberste Richter erzürnen konnte. Aber worin unterschied sich der Lohn der Heiligen von der Züchtigung der Unbußfertigen? Mit den Heiligen war das so eine Sache. Sie sündigten ja auch, nur nicht so kräftig und nicht mit der ungezügelten Lust wie die ewig Verdammten. Wenn sie logen, schummelten sie mehr, als daß sie die Unwahrheit sagten. Wenn sie stahlen, ließen sie eine Kleinigkeit mitgehen, beraubten aber niemanden seines Eigentums. Wenn sie neideten, galt dies als Bewunderung, nicht als Mißgunst auf den Erfolg. Kurz: die Laster der Heiligen waren keine Sünden im eigentlichen Sinn, sondern winzige Liederlichkeiten, Schönheitsfehler im Charakterbau. Deswegen waren sie auch nicht gegen Gottes Gesetze gerichtet, sondern geschahen außerhalb des Gesetzes, wie die in vielerlei Hinsicht feinsinnige Scholastik unterschied. Die Heiligen verwirkten durch ihre Schwächen die Gnade nicht. Sie begingen läßliche Sünden.

Da ging es bei den Todsündern schon strenger zu. Wer den Hauptlastern einmal verfallen war, hatte sein Anrecht auf ein ewiges Leben verloren. Das ist bitter. Und deswegen beeilten sich die kundigen Moraltheologen, nachdem sie das Gesetz erst einmal sehr eng ausgelegt hatten, die Lücken in der Lehre zu finden. Man war ja nie ganz sicher, ob man sich nicht selber bei einem solch gravierenden Fehltritt ertappen mußte. Eine Todsünde wird begangen, so definiert Josef Mausbach in seiner Moraltheologie, »wenn man das göttliche Gesetz in einer wichtigen Sache mit klarer Erkenntnis und voller Freiheit übertritt«. Wer allerdings, heißt es wenig später, »die Todsünde über alles verabscheut, darf den bloßen Zweifel, ob er in solche Versuchung eingewilligt hat, regelmäßig in meliorem partem (das will doch sagen: zu seinen Gunsten) entscheiden«. Ein grundsätzliches Nein den Verlockungen des Bösen gegenüber scheint demzufolge manches versehentlich gesprochene Ja zu entschuldigen. Die Gelegenheiten zu einem Versehen sind allerdings Legion. Kaum jemand vermag sich durch das Dickicht der Einzelbestimmungen ohne Schaden an seiner Seele hindurchzufinden. Es sind so viele, und sie sind so kompliziert, daß das gläubige Schaf sich zwangsläufig verirren muß. Da wird plötzlich aus einer Todsünde eine läßliche: »1. auf Grund eines unverschuldeten, unüberwindlichen Irrtums, daß das übertretene Gebot nur leicht verpflichte; 2. wenn die zur Todsünde nötige Erkenntnis oder freie Einwilligung fehlt; 3. wenn bei einem schwer verbindlichen Gesetz nur eine unbedeutende Übertretung stattfindet.« Wir erinnern uns noch einmal des Dichters Thomas Mann, der fragt: »Muß man sich aber nicht auf die Sünde verstehen, um sündigen zu können?« Man muß. Wer wirklich sündigen will, sollte vorher die heilige Wissenschaft der Theologie studiert haben. Das ist selbst gut katholische Auffassung: »Ein wenig sittlich gebildeter Mensch«, heißt es bei Mausbach, »wird natürlich solche Unterschiede, die dem Sachkundigen auffallen, nicht erkennen. Daher kann bei jenem das betreffende Schuldmoment auch in der formellen, persönlichen Sünde fehlen.« Vorsicht ist also geboten. Machen wir uns nicht zu sachkundig. Es könnte höllisches Feuer zur Folge haben. Wer aber, so ist der Leser dieser Texte doch ein wenig ratlos, vermag angesichts der Fülle der Bestimmungen, Klauseln und Klammern überhaupt noch zu sündigen? Die Antwort läge auf der Hand, wenn sie nicht so absurd wäre: einzig die Moraltheologen, denn nur sie wissen wirklich Bescheid.

Moraltheologie ist die Kunst der intelligenten Entschuldigung. Immerhin gilt es, den listenreichen Verführer selbst zu überlisten. Der Anspruch ist hoch. Doch es wäre gelacht, vermöchte es ein aufrechter Christ mit dem Teufel nicht aufzunehmen. Die Jesuiten brachten es in dieser Disziplin zu einer gewissen Meisterschaft. Vernehmen wir Pater Escobar, der in sittlichen Zweifelsfällen früher gern zu Rate gezogen wurde: »Wenn man sich nicht in böser Absicht paart, sondern nur, um eine natürliche Neigung zur Eitelkeit zu befriedigen, so ist das entweder nur eine läßliche Sünde oder gar keine.« So steht es im »Liber theologiae moralis« von 1644. Dieser elegante Schlenker der sexuellen Begierde muß schon verwundern, gehört die Eitelkeit doch zu den besten Früchten des Stolzes, des primum peccatum inter pares. Man wird also um das Bekenntnis der Sünde kaum herumkommen. Welchen Beichtvater indes sollte man aufsuchen? Den für die einfachen oder den für die schweren Vergehen? Pater Escobar machte es seinen Schützlingen nicht leicht: »Es ist erlaubt, zwei Beichtväter zu haben, den einen für die Todsünden, den anderen für die läßlichen Sünden, um sich bei seinem gewöhnlichen Beichtvater in guter Reputation zu halten, vorausgesetzt man nimmt dies nicht als Gelegenheit, in der Todsünde zu verharren.« Wer die Gewissensqual hatte, hatte die Wahl.

Das Geschick der sittlichen Wissenschaft erschöpft sich darin, die Gesetze für alle möglichen Fälle zu formulieren. Die Sünde wird unter dem Mikroskop betrachtet, in ihre Einzelheiten seziert. Man verfaßt Regeln und schielt dabei schon auf ihre Ausnahmen. Nicht eine Kleinigkeit darf übersehen werden, jede Veränderung in der Welt ruft nach neuen Leitlinien. Selbst ein so moralisch unbedeutendes Ereignis wie die Erfindung der Straßenbahn fordert präzise Normen: »Eine Menge von Gefahren des anonymen Flirts bieten die heutzutage oft übervoll besetzten Verkehrsmittel«, mahnt der Moraltheologe Häring in seinem Lehrbuch »Das Gesetz

Christi«. »Ist das unabsichtliche Aneinandergedrängtwerden an sich eine sittlich belanglose Sache, so ist doch damit zu rechnen, daß sinnliche Menschen ihre Sinnlichkeit in der unauffälligen engen Berührung mit dem Unbekannten zu befriedigen suchen.« Die Sünde lauert hinter der Ecke, um den unschuldigen Bürger anzufallen. Ihn gilt es zu schützen. Nur, in den Griff bekommt man das Böse auch nicht dadurch, daß man es im einzelnen festlegt. Wenn fast jedes Gesetz durch ein niederes Gebot eingeschränkt oder gar aufgehoben wird (und die Kasuistik fordert dies notwendig!), bleibt von den Lastern und Todsünden zuletzt nicht viel übrig. Der einzig gewisse moralische Satz lautet dann: Die Ausnahme bestätigt die Regel.

Wie nun? Ist das Böse überhaupt nicht zu fassen? Die Metaphysik verwechselt die vielen Sünden mit der einen Sünde. In ihr verflüchtigt sich die Missetat zu einem abstrakten, inhaltsleeren Begriff. Die Moral verwechselt die eine Sünde mit den vielen Sünden. Sie provoziert ein geistreiches Spiel mit Sonderfällen. Weder als Plural noch als Singular läßt sich die Sünde denken. Sie entzieht sich dem verstehenden Zugriff, und man gerät in das

vierte Dilemma: daß die Sünde nicht in die Moral gehört, aber nicht anders als moralisch definiert werden kann. – Vierte These: Die Sünde ist eine und hat doch viele Gesichter.

Nur ein Gesicht zeigt sie nie: ihr böses. Das ist die wahre Seite der Rede von der Nichtigkeit des Lasters, daß es stets auf die unschuldige Miene des Guten angewiesen bleibt. Die Sünde existiert nie pur. Sie sieht der Tugend nicht nur zum Verwechseln ähnlich, sie benutzt sie auch als Tarnung. »Tugend und Laster sind verwandt wie Kohle und Diamant«, formuliert Karl Kraus. Die Sünde zeigt sich immer von ihrer besten Seite. Gut und Böse gehören zusammen. Und wo man sie trennte, herrschte zwar Eindeutigkeit, aber auch die Inquisition. Wer dem Bösen das Gute wegnimmt, muß seine Grausamkeit von Angesicht zu Angesicht ertragen.

Umgekehrt aber verleiht die Sünde der Tugend einen gewissen Charme. Ohne sie wäre die sittlich-gute Tat von der Blässe der

Einfallslosigkeit angekränkelt. Der gute Mensch ist langweilig. Erst durch die Schliche des Bösen ist das Dasein abenteuerlich geworden. Jedes Laster besitzt seinen besonderen Reiz. Der Zorn will die Gerechtigkeit und muß sie erstreiten. Die Trägheit räkelt sich in der lebensmüden und weltweisen Melancholie. Die Wollust gibt sich draufgängerisch. Es existiert ein geheimer Haß des Guten auf das Böse, der dessen Lebensnähe bewundert. Der Anstand kämpft mit dem Ressentiment. Denn oft ist die List erfolgreicher, und man beginnt zu zweifeln, ob die Pfade der Sittlichkeit sich zuletzt noch auszahlen. Plötzlich entdeckt der Tugendhafte eine Regung in sich, die er gar nicht kennen dürfte: den Neid auf das Böse, das sich mit seiner Rücksichtslosigkeit Wege ebnet, die er nicht betreten darf. Die er aber gern betreten würde, wenn er nur den Mut dazu hätte. Tugend ist die moralisch domestizierte Angst. Also: auch das Gute existiert nie pur.

Fünftes Dilemma: daß man die Sünde in Kauf nehmen muß, wenn man das Gute will. – Fünfte These: Das Gute, dieser Satz steht fest, ist nicht das Böse, das man läßt.

Das Alte Testament, das in hohem Maße ein Buch der Lebensklugheit ist, weiß um diesen hochstaplerischen Hang des Bösen. Es erzählt im Adam-Mythos, der Geburtsstätte aller Todsünden, die Geschichte der Schlange, die listiger war als alle Tiere. Diese kleine »Privatdozentin«, wie Heine sie nennt, kroch an die Frau heran und verwickelte sie in ein theologisches Gespräch: »Sollte Gott gesagt haben: ihr sollt nicht essen von allen Bäumen im Garten?« Schon in dieser winzigen Frage offenbarte sie, daß ihre Intelligenz nicht viel niedriger eingestuft werden darf als die göttliche Klugheit. Geradezu töricht wäre es ja gewesen, sich Eva vorzustellen mit den Worten: Verehrteste, ich bin die Schlange, die listige, und beabsichtige, euch ein wenig zu verführen. Die Bosheit, das erkannte schon Moses oder wer auch immer das Buch Genesis geschrieben haben mag, nimmt nie den direkten Weg. Hier wählte sie das Lieblingsthema der Menschen, das im Paradies noch Gott selbst war. Unschuldiger konnte sie gar nicht auftreten. Gewissermaßen im Vorbeigehen, en passant, schleicht sich die Sünde ein mit einer Frage. Nicht mit einer Behauptung. Sie kam als vorsichtiger Zweifel: Sollte Gott gesagt haben? Und dann wurde er erst einmal ausführlich zitiert, als höchste Autorität, und gedeutet. Das Böse ist immer die Interpretation des Guten, und nur so seine Fälschung. Ihm gelingt es, moralische Ansprüche »herab zu vernünfteln«, wie Kant seinerzeit noch sagte. Was die Aufgabe der Sittenlehre nicht leichter macht, denn sie muß dulden, daß an ihren Sätzen der Argwohn nagt. Die Sünde ist das skeptische Element in der Ethik.

Natürlich hatte die Schlange maßlos übertrieben. Ihre Frage, die sie auch noch im Gestus herzlichen Bedauerns vortrug, war höchst hinterhältig. Ob der arme Mensch inmitten des Schlaraffenlandes verhungern müsse? Nein, antwortete Eva ganz korrekt: Von den paradiesischen Früchten dürfe man naschen, soviel man wolle – bis auf diesen einen Baum, den Baum der Erkenntnis des Guten und des Bösen. Der sollte nicht berührt werden. Oder waren es gar zwei? Denn zum üblen Schluß der Geschichte, als der oberste Richter die Strafe anordnete und die Menschen aus dem Paradies verwiesen wurden, geschah dies mit der Begründung, Adam hätte sonst auch noch vom Baum des Lebens kosten können. Doch ob ein oder zwei verbotene Bäume, letztlich ist das egal. Viel wichtiger scheint zu sein, daß Eva, die auf eine vollmundige Frage der Schlange eine ebenso vollmundige Antwort geben wollte, plötzlich merkte, daß es mit der Freigebigkeit des Gartenbesitzers so weit nicht her war, daß da peinliche Einschränkungen existierten. Sollte Gott so generös nicht sein? Sollte Gott heimlich etwas für sich behalten und mit den Menschen nicht teilen wollen? Sollte Gott das Wichtigste verborgen haben? Sollte Gott – diese Frage ist die Quelle der ersten Todsünde – selber geizig sein?

Die Sache nahm nun ihren Fortgang. Eva lief das Wasser im Munde zusammen allein schon bei dem Gedanken an die verbotene Frucht. Und in ihr keimte ganz langsam, aber mit einer gewissen Stetigkeit, der grüne Neid auf. Die zweite Todsünde erblickte das

Licht der Welt. Selbstverständlich nutzte die Schlange die Gunst der Stunde, indem sie die Neugier der Frau verstärkte und das Geheimnis ein wenig lüftete, das sich um den Baum der Erkenntnis des Guten und des Bösen rankte. Das Versprechen lautete: Ihr werdet sein wie Gott.

Es ist ein offenbar unausrottbares Mißverständnis. Sünde bedeutet nicht die Trennung von Gott, wie es die Kirche lehrt. Sünde ist eine fatale Sucht nach Gottes Nähe. »Mann und Weib, und Weib und Mann/reichen an die Gottheit an.« So flöten es nicht nur Mozarts Papageno und Pamina im Duett. Nicht also nach dem Maß der Ferne ist Sünde zu verstehen, sondern als eine Bestimmung der Nähe zu Gott. Wer kommt wem nahe? Diese Frage ist, theologisch gesehen, allein entscheidend. Kommt der Mensch Gott nahe, dann tritt er ihm zu nahe. Kommt Gott dem Menschen nahe, dann ist er ihm näher als dieser sich selbst. Es führt nicht nur ein einziger Weg von Gott zum Menschen, es kann ihn auch nur ein einziger gehen. Er ist ihn gegangen, einer für alle ein für allemal.

Das Böse rückt damit in eine gefährliche Nähe zur Tugend, die uns ja auch das Gute, den Guten und schließlich das höchste Gut als Vorbild hinstellt. Welcher fromme, anständige Mensch wäre nicht gern, nachdem er ein Leben lang seinem Idol nachgeeifert hat, am Ende wie dieser selbst? Tugendhaft wäre es freilich gewesen, nicht so sein zu wollen wie Gott. Ein wenig bescheidener zu bleiben. Was soll das auch heißen: »wie« Gott? Das Wie ist doch nur die Kopie, das Unechte, das Plagiat. Die Schlange verkaufte billige Ware, nicht das Original. Allenfalls der »kleine Gott« der Welt ist der Mensch durch den Sündenfall geworden. Die Renaissance hatte dies begriffen, als sie so vom l'uomo universale sprach. Nur Adam und Eva verstanden es noch nicht. Sie meinten, das Gute zu tun, und wählten gerade darin das Böse, die dritte Todsünde: den Hochmut.

Allerdings sind die ersten Menschen gewissermaßen entschuldigt. Die Schlange, dieser niederträchtige Kriecher, gebrauchte eine schäbige List, um sie zur Erkenntnis zu führen. Sie machte sich an die Frau heran und flüsterte ihr die süßesten Schmeicheleien und Verlockungen ins Ohr, so süß, daß der Chronist der Geschichte es nicht wagte, ihre Worte wiederzugeben. Er schreibt nur: »Das Weib sah, daß der Baum gut war zum Essen und daß er eine Wollust den Augen sei und anreizend, den Baum zu begreifen.« Was mag er wohl in diesen hübschen Formulierungen gemeint haben? Lassen wir uns vom Doktor Faust belehren, der beim Tanz mit Adams erster Frau eine Vision erzählt: »Einst hatt' ich einen schönen Traum:/Da sah ich einen Apfelbaum,/Zwei schöne Äpfel glänzten dran./Sie reizten mich, ich stieg hinan.« Und die Schöne antwortet: »Der Äpfelchen begehrt ich sehr,/Und schon vom Paradiese her./Von Freuden fühl' ich mich bewegt,/Daß auch mein Garten solche trägt.« Der Bilder sind genug gewechselt, wir können es jetzt deutlich sagen: Die böse Schlange verführte die Frau und, so wird erzählt, über sie den Mann, mit Hilfe der Wollust, der vierten Todsünde, zum Hochmut. Weshalb sich diese beiden Kardinallaster zusammen mit der Trägheit auch bis heute darum streiten, welches das größte unter ihnen ist.

Der Rest des Dramas ist rasch berichtet. Zunächst stürzte sich Eva gierig auf die Früchte des Baumes, dann ihr Mann. Während die Völlerei – Todsünde Nummer fünf – noch in vollem Gang war, entdeckten beide, daß sie doch bloß Menschen waren, und schämten sich. Der Paradieseigner bemerkte dies auch. Er konnte es nicht dulden, daß hinter seinem Rücken die Kreaturen ihm seinen Rang streitig machen wollten, und fluchte vor Zorn – die sechste Todsünde. Kurz vor dem Vorhang des Stücks versanken alle Beteiligten in tiefe Melancholie (sie galt in der Tradition als die siebte Todsünde): die Schlange, weil sie künftig auf dem Bauch kriechen und Erde fressen mußte; die Frau, weil das Kindergebären keinen Spaß machte; der Mann wegen der Schweißperlen auf seinem Angesicht; und Gott, weil sie ihn alle verlassen hatten. Seit dieser unglücklichen Stunde ist das Dichten und Trachten des menschlichen Herzens von Grund auf böse.

Sechstes Dilemma: daß der Mensch in der Sünde Gott sucht und nicht findet. – Sechste These: Das Böse ist die Gottwerdung des Menschen, das Gute die Menschwerdung Gottes.

Warum vermag der Mensch von der Heimtücke und der Grausamkeit, der Hinterlist und von manch anderen Fallenstellereien nicht zu lassen? Er weiß doch, daß diese Geschichten oft ins Auge gehen. Es ist die Furcht, die reine Tugend könnte zuletzt banal sein, die ihn hindert. Es ist die Sorge, im Weltgeschehen vielleicht das Entscheidende zu versäumen, auf das Reizvollste verzichten zu müssen. Die Sünde ist eine Erfindung der Angst – der Angst, nicht alles besitzen zu können, der Angst vor der Armut. Die Frage: Gibt es die Sünde? kann also nur gelöst werden in der Antwort auf die Frage: Woher kommt die Angst?

Adam sagt: Eva war es. Eva sagt: Die Schlange war es. Die Schlange – schweigt.

Siebtes Dilemma: daß die Sünde die Antwort verweigert auf die Frage: Sünden, gibt's die? – Siebte These: Die Sünde lebt vom Prinzip des unzureichenden Grundes.

Erste Todsünde
Die Wollust oder
Wie die Liebe die Moral verdirbt

Die Wollust ist die Kardinaltugend unter den Todsünden. Ihretwegen rieben sich durch die Jahrhunderte nicht nur menschliche Leiber, sondern zerrieb sich auch manch hitziger Geist. Da ist kaum einer, der in sexualibus einen kühlen Kopf bewahrt hätte. Denn schon immer hat man dort, wo das Sinnenglück auf dem Spiel stand, leidenschaftlicher gestritten, erregter gekämpft als in Fragen, die das Verhältnis zu Gott, zum Staat oder zur Natur betreffen. Die Lust zu zweit ist stets das Thema Nummer eins gewesen. Sie gehört zu jenen Sehnsüchten, die nicht alt werden, die nach der Stillung ihres Hungers schreien und, kaum befriedigt, zu neuem Verlangen erwacht sind. So taumelt die Wollust von Begierde zu Genuß, und im Genuß verschmachtet sie nach Begierde. Nie hat sie genug. In dieser unendlichen Sucht nach mehr hält sie sich jung, übersteht die prüden Epochen ebenso unbeschadet wie die Festzeiten im Sexualkalender der Geschichte.

Es gibt wohl keinen, der ihr entfliehen konnte. Selbst den züchtigsten Mönch erreichte sie noch in seiner Anstrengung, seine Triebe zu beherrschen. Denn die Askese anerkennt in ihrer Unerbittlichkeit ja nur die elementare Kraft, die sie zu hemmen trachtet. Wollust – das ist das nackte, das pure Leben, die reine Vitalität. Hier spürt der Mensch, daß es gut ist zu sein, bis in die letzten Fasern seines Körpers. Wenn irgendwo, ist er in jenen Augenblicken mit sich identisch, die ihn zu einem anderen Menschen unwiderstehlich hinziehen. Er ist da ganz bei sich, wo er außer sich ist. Wollust ist – nicht das schauderhafte, aber – das schauerhafte Erleben, in dem es gleichgültig wird, ob man sich selbst gewinnt oder verliert, weil allein in dem Verschwimmen von Sieg und Niederlage die Begeisterung hervorbricht, in der das Dasein gefeiert werden will, wie Else Lasker-Schüler dichtet:

»Ein Feiertag, an dem wir ineinanderrauschen,/ Wir beide ineinander stürzen werden,/ Wie Quellen, die aus steiler Felshöh' sich ergießen/ In Wellen, die dem eignen Singen lauschen/ Und plötzlich niederbrausen und zusammenfließen/ In unzertrennbar, wilden Wasserheerden!«

In der Wollust genießt das Leben sich selbst. Weder im Denken noch im Willen, nicht dort, wo eine alte Tradition allzu gern die edelsten Teile des Menschen ansiedelte: im Kopf, sondern tiefer, weit tiefer – unterhalb des Nabels. Dort also, wo wir unsere Verwandtschaft mit den Tieren nicht mehr verleugnen können. Wollust ist ein Empfinden des Bauchs, und auch das ist fast gelogen. Das unterscheidet uns, zum Glück, von jenen vollendeteren Engeln, die in der letzten Szene des »Faust« lamentieren: »Uns bleibt ein Erdenrest/ Zu tragen peinlich./ Und wär' er von Asbest,/ Er ist nicht reinlich.« Nein, es gibt keinen Grund zum Jammern. In den Organen, für die einst das Feigenblatt erfunden wurde, um das Vergnügen zu steigern –, auf diesem Niveau also pulsiert das

Leben. Und es reißt die Logik, das Verantwortungsgefühl und Pflichtbewußtsein unbarmherzig mit in diesen Urstrudel aus wohligen Empfindungen hinab. Das hat eine lange Geschichte geschlechtlicher Zierereien noch nicht geschafft: die Trennung von Oben und Unten, von Verstand und Sinnlichkeit, auch der Sinnlichkeit so deutlich zu machen, daß sie sich an diese Differenz hält. Die Sinne handeln nach ihren eigenen Gesetzen, welche nur gar zu gern auf die Verletzlichkeit der moralischen Vernunft keine Rücksicht nehmen. Die Lust liebt die Anarchie.

Der sensible Sören Kierkegaard, der sich vor lauter Skrupeln ob seiner bevorstehenden Verbindung mit der schönen Regine Olsen den Kopf zerbrach und schließlich der Heirat eine einsame Dichterexistenz vorzog, kannte den immerwährenden Streit zwischen Lust und Logik: »Das Mittelalter weiß viel von einem Berg zu erzählen, der noch auf keiner Karte gefunden ist, dem Venus-Berg. Dort hat die Sinnlichkeit ihr Heim, dort hat sie ihre wilden Freuden; denn sie ist ein Reich, ein Staat. In diesem Reich ist die Sprache nicht zu Hause, nicht die Besonnenheit des Denkens, der Reflexion mühevolles Erringen, dort tönt allein die elementarische Stimme der Leidenschaft, das Spiel der Lüste, der wilde Lärm des Rausches, dort genießt man nun in ewigem Taumel.«

Seelische Regungen besitzen ihre eigenen Temperaturen. Wer etwa seinen Scharfsinn schätzt, sollte darauf achten, daß sich sein Gemüt nicht erhitzt. Das schadet der Nüchternheit. Nüchternheit verträgt die Wollust allerdings überhaupt nicht. Sie ist, so vergleicht sie Balzac, in gewissem Sinn wie der Teufel: Wovon sie Besitz ergriffen hat, das hüllt und birgt sie in Flammen. Haben sich erst einmal in einem Bett zwei gefunden, so geht es recht heiß zu. Es bestünde vielmehr aller Anlaß zu klagen, würde die erwünschte Betriebstemperatur nicht erreicht. Nichts ist tödlicher, nichts lähmt mehr als der feindselige Satz: Ich habe keine Lust. Im Unterschied zur Liebe, der eine vorübergehende Abkühlung durchaus bekommen kann, kennt die Wollust nur Siedegrade.

So wie zu ihr eine besondere Temperatur gehört, so hat sie auch seit alters ihre spezielle Farbe. Die Wollust ist rot. Rot wie das Weib (und sein gefürchtetes Menstruationsblut). Rot wie die Sünde und die Glut der Hölle. Solche Assoziationen zur Farbe Rot kommen nicht von ungefähr. Sie sind beabsichtigt. Denn in diesen, nur in diesen undurchsichtig-schwülen Regionen wütet die Wollust. So zumindest predigte es eine alte Tradition. Das Ewigweibliche zog nicht hinan, sondern hinab in das dunkle Reich des Wider-Vernünftigen und damit Wider-Göttlichen. Die Kirche und manche ihrer philosophischen Vorläufer und Ableger setzten alle Mühe daran, den horizontalen Pfad der Tugend möglichst eng zu halten und ihn beschwerlich zu machen. Sie exkommunizierten die Lust aus der Gemeinschaft der heiligen Handlungen. Freilich wehrte sich die Wollust gegen diese Theorien, die sie niederzuhalten suchten, mit ihren eigenen Mitteln. Denn sie vermag sich ja nicht in einer so hochentwickelten Sprachform auszudrücken wie die Liebe in der Lyrik. Ihre intellektuellen Fähigkeiten sind gering. Ihre Laute, die über das Stöhnen oder das Ächzen der Bettpfosten kaum hinausgehen, klingen vergleichsweise monoton. Und dennoch hat sie sich wieder und wieder gemeldet. Die Sinnlichkeit läßt den Verstand nicht zur Ruhe kommen, bis er ihr das scheinbar verlorene Recht auch in seinen Gedanken zurückgegeben hat. Sie zwingt ihn zur Reflexion über die Einheit des menschlichen Daseins, die häufig allein dadurch bedroht war, daß er, der Verstand, Herrschaftsansprüche anmeldete, die ihm von Natur aus nicht zustanden.

Es gibt nicht nur eine Lust an der Lust, sondern auch eine Lust am Wissen von der Lust, die mit der Lust unmittelbar zusammenhängt. Auch wenn die Lust dem Leben so nahe tritt, daß es einem ab und zu die Sprache verschlägt und mancher gar in Atemnot gerät – was wäre dies Erleben, wenn man nicht darüber reden könnte.

»Ihr Weisen, hoch und tief gelahrt, / Die ihr's ersinnt und wißt, / Wie, wo und wann sich alles paart, / Warum sich's liebt und küßt? / Ihr hohen Weisen, sagt mir's an! / Ergrübelt, was mir da, / Ergrübelt mir, wo, wie und wann, / Warum mir so geschah?« Dieses Poem stammt aus der Feder des Harzer Volks- und Bildungsdichters Gottfried August Bürger. Der Philosoph Schopenhauer hat es seiner »Metaphysik der Geschlechtsliebe« vorangestellt. Und er tat recht daran. Denn diese Metaphysik ist nichts anderes als eine tiefsinnig witzige Meditation über Liebesstreitigkeiten und die kleinen Betrügereien der Lust. Schopenhauer fragt: »Wenn man ... die wichtige Rolle betrachtet, welche die Geschlechtsliebe in allen ihren Abstufungen und Nuancen nicht bloß in Schauspielen und Romanen, sondern auch in der wirklichen Welt spielt, wo sie ... die ernsthaftesten Beschäftigungen zu jeder Stunde unterbricht, bisweilen selbst die größten Köpfe auf eine Weile in Verwirrung setzt, sich nicht scheut, zwischen die Verhandlungen der Staatsmänner und die Forschungen der Gelehrten störend mit ihrem Plunder einzutreten, ihre Liebesbriefchen und Haarlöckchen sogar in ministerielle Portefeuilles und philosophische Manuskripte einzuschieben versteht, nicht minder täglich die verworrensten und schlimmsten Händel anzettelt, die wertvollsten Verhältnisse auflöst, die festesten Bande zerreißt, bisweilen Leben oder Gesundheit, bisweilen Reichtum, Rang und Glück zu ihrem Opfer nimmt, ja den sonst Redlichen gewissenlos, den bisher Treuen zum Verräter macht, demnach im ganzen auftritt als ein feindseliger Dämon, der alles zu verkehren, zu verwirren und umzuwerfen bemüht ist – da wird man veranlaßt auszurufen: Wozu der Lärm? Wozu das Drängen, Toben, die Angst und die Not? Es handelt sich ja bloß darum, daß jeder Hans seine Grete finde: weshalb sollte eine solche Kleinigkeit eine so wichtige Rolle spielen und unaufhörlich Störung und Verwirrung in das wohlgeregelte Menschenleben bringen?«

Immerhin befand Schopenhauer diese Kleinigkeit für so denkwürdig, daß er ihr eine ganze Abhandlung widmete und auch sonst in seinen Schriften mit Hinweisen auf den schlecht geratenen Charakter der »Weiber« nicht geizte. Er liebte das Thema und riet seinen philosophischen Kollegen, nicht bloß mit dem Kopfe, sondern auch mit dem Genitale aktiv zu sein, damit der garstige Graben zwischen Theorie und Praxis nicht zu breit wird. Dennoch eilte er in seinen Überlegungen der bestehenden Praxis weit voraus. So arbeitete er einen Vorschlag aus, der das Problem, daß vor allem Frauen im Alter schnell an Attraktivität einbüßen, zum Vorteil für beide Geschlechter lösen sollte. Zwei Männer, empfahl er, mögen sich doch in jungen Jahren eine Frau teilen, da diese zwar nicht in der Dauer der Lustfähigkeit, aber im Maß überlegen sei. Eine Frau vermag leicht mehr als einen Mann zu befriedigen. Wenn diese Frau älter geworden ist, sollten sich die beiden Männer noch eine zweite, jüngere hinzunehmen. Auf diese Weise, doziert Schopenhauer, kämen alle Beteiligten auf ihre Kosten: die Frauen, weil sie die Reichweite ihres Geschlechtstriebes legal ausdehnen könnten, und die Männer, weil ihnen auch noch in späteren Jahren bewegte Stunden im Bett geschenkt würden.

Schopenhauers Frage nach dem Sinn und Zweck der Geschlechtslust ist keineswegs neu. Galen schon, jener römische Arzt, der in den Kreisen Marc Aurels verkehrte, verknüpfte diese Schwierigkeit mit seinen medizinischen Forschungen: Warum ist mit dem Gebrauch der Geschlechtsteile eine so lebhafte Wollust verbunden? Er erklärt das Problem rein sexualphysiologisch: Die Wollust ist ein schöner Effekt des Drucks, der Spannung und ihrer Auflösung, vergleichbar mit der Entleerung der Harnblase. So daß, folgert Galen, die keuschen Menschen die Sinnenlüste nicht um des damit verbundenen Vergnügens willen gebrauchen, »sondern um eine Unpäßlichkeit zu kurieren«.

Sollte das wirklich alles sein, was sich hinter dem Zauber verbirgt? Die Botschaft hört man wohl. Adam opferte doch nicht die Freuden des Paradieses und ließ sich von seiner Eva verführen, nur weil sie ihn gelegentlich von einem unangenehmen Überdruck befreite. Auch König David hätte sich in diesem Fall bestimmt nicht soviel Mühe und Unannehmlichkeiten bereitet: erst auf höchst hinterhältige Weise der Bathseba schöne Augen zu machen, und, nachdem das Malheur passiert war, zur Buße den fünfzigsten

Psalm zu schreiben. Hätte Salomo das Hohe Lied der Liebe, diese Magna Charta der Erotik, gedichtet, da er der Erholung von den anstrengenden Nächten mit seinen tausend Frauen bedürftiger war? Und Romeo sich wegen seiner Julia ins Schwert gestürzt? Faust den Teufel bemüht, um an sein Gretchen zu gelangen? Die Weltgeschichte wäre anders verlaufen, hätte Kleopatra nicht eine so hübsche Nase besessen. Nein, man kann die Lust auch bis zur Unlust sezieren, wie der römische Doktor Galen.

Da war der schlagfertige Aristophanes ihrem Geheimnis schon viel näher, als er in der Runde der zum Gastmahl Versammelten aufstand, um das Märchen von den Androgynen zu erzählen. Platon hat diese Szene für seinen Dialog über den Eros erfunden. Der athenische Komödiendichter will die Sehnsucht, die die beiden Geschlechter zur Umarmung und Umbeinung treibt, in einem Ursprungsmythos darstellen. Am Anfang, schildert er, seien die Menschen nicht getrennt gewesen, weder Weib noch Mann, sondern eine sich selbst genügende Gestalt mit jeweils vier Gliedmaßen, zwei Gesichtern, den beiden Genitalien, und vor allem – kugelrund. Diese Geschöpfe besaßen alles an sich selbst, was sie – so ist der Mensch schon immer gewesen – sehr schnell verleitete, sich für etwas Besonderes zu halten. Den Göttern, die in Griechenland noch leicht neidisch wurden, mißfiel dieser Dünkel sehr. Um den Hochmut der Kreaturen ein wenig abzukühlen, beschlossen sie kurzerhand, die androgynen Wesen zu teilen, in zwei Hälften zu zerschneiden. Seitdem gibt es den Mann und die Frau.

Das ist eine bittere Geschichte. Den Menschen wird der Schneid von den Göttern abgekauft, denn sie müssen begreifen, daß der Teil nicht das Ganze, vielmehr: daß selbst die Summe der Teile noch nicht das Ganze ist. Aber ist das alles, was der Mythos berichtet? Er schildert die vollkommene Einheit ja auch als eine Gestalt, die an Häßlichkeit kaum zu übertreffen ist. Dem körperverliebten Griechen muß es ein Greuel gewesen sein, sich die Figur eines solchen Kugelmenschen vorzustellen. Das hellenische Ideal der Schönheit ist also zwar teuer bezahlt – die Schönheit hat ihren

Preis. Doch auch ihr Glück: Es wäre den Androgynen schwer verständlich zu machen gewesen, mit welch begeisterndem Feuer es die getrennten Menschenhälften zueinander zieht. Lust und Schönheit sind eine angenehm überraschende Folge des fürchterlichen Götterurteils. Ja, es verliert sogar etwas von seinem Schrecken, und am Ende blinzelt der Schelm Aristophanes, so, als ob er sagen wollte: Bei einer solchen Konsequenz nimmt man die Strafe gar zu gern an. Was will man mit der Einheit, wenn allein die Vereinigung Vergnügen verspricht?

Das ist die eine Seite, ihre Kehrseite hat Nietzsche beschrieben: Die Lust will Ewigkeit, »tiefe, tiefe Ewigkeit«. Sie sehnt sich nach dem ursprünglich Ganzen. Doch ihr gelingt nur die Verzauberung des Augenblicks. Was sie an Intensität, an Steigerung des Lebensgefühls bis an die Grenzen seiner Möglichkeiten auszeichnet, geht ihr ab an Beständigkeit. Die Wollust ist nicht treu. Wo werden mehr Meineide geschworen als auf Parkbänken in Vollmondnächten? Wann wird öfter die Unendlichkeit der Liebe zitiert als im Zustand heftiger Erregung? Die sexuelle Anziehung betrügt den Menschen in seiner Zeitvorstellung. Sie gaukelt ihm eine Ausdauer vor, die er nicht hat. Sie erhebt ihn zu einer Selbstgewißheit, in der die Schwüre nur so aus seinem Munde purzeln. Dabei weiß jeder, daß es sich eher um verzweifelte Beschwörungsformeln handelt als um ewige Gelübde. Auch wenn der glücklichste Moment die Phantasie verhext, irgendwo im Hinterkopf spuken dennoch Gedanken herum, die den Geist mahnen, der schönsten Situation nicht ganz zu trauen. Die Erfahrung hat schon immer eines Besseren schmerzvoll belehrt. In den hastigen Liebesbekundungen der Wollust versucht man den Augenblick zu ergreifen, ihn festzuhalten, diesen Augenblick, dessen ekstatische Fülle in so merkwürdigem Kontrast zu seiner Kürze steht. Nirgendwo lebt es sich leichter als im Bannkreis des Venusberges. Warum? Hier macht die Liebe blind.

»Sie war so betörend in ihrer blinden Liebe, und ihre Schönheit, die an die unbewachte Üppigkeit und den demütigen Liebreiz einer

Sklavin erinnerte, reizte und spornte ihn zu einer Leidenschaft ohne Grenzen und ohne Gnade an. Steht nicht irgendwo in der alten Mythe, daß Amor seine Hand auf Psyches Augen legt, bevor sie, süß berauscht, durch die glühende Nacht dahinsausen? Arme Fennimore! Wenn sie von dem Feuer ihres eigenen Herzens hätte verzehrt werden können, der, der sie hätte beschirmen sollen, würde in die Flammen hineingeblasen haben; denn er glich jenem trunkenen Herrscher, der, mit der Mordbrandfackel in seiner Hand, beim Anblick seiner brennenden Königsstadt jubelte, weil er seinen Rausch mit der spielenden Flamme steigerte, bis die Asche ihn nüchtern machte. Arme Fennimore! ... Sie wußte nicht, daß der Rausch, der heute emporhebt, seine Kraft den Flügeln des morgigen Tages entlehnt; und als dann schließlich die Nüchternheit schwer zu tagen anhob, da begann sie zitternd zu verstehen, daß sie sich bis zu einer süßen Verachtung vor sich selbst herabgeliebt hatten, zu einer süßen Verachtung, deren Süße Tag für Tag schwächer und schließlich bitter wurde.«

Es gibt eine Leidenschaft, die sich so sehr für die Liebe hält, daß sie die Liebe verdrängt. Sie blendet und hinterläßt einen essigsauren Nachgeschmack. Die Wollust ist ein Januskopf. Ausgerechnet an jenen rächt sie sich mit unnachsichtiger Strenge, die, von ihr verleitet, aufs Ganze gesetzt haben. Gewiß, der Androgynen-Mythos und Jens Peter Jacobsens Erzählung »Niels Lyhne« verkünden keine Moral. Angenommen, sie trügen doch eine vor, es wäre der Imperativ: Versprich dir von der Lust nicht zuviel, wenngleich sie selber dir alles verspricht! Man kann ihre Beteuerungen später nicht einklagen. Die Lust hat kein Gedächtnis.

Sie ist eine höchst dialektische Erscheinung. Wer die Lust analysiert, legt der schlaue Aristophanes seinen Gesprächspartnern auseinander, steht zuletzt vor einem Ärgernis: Das Menschenglück zeigt sich als unfreundliche Alternative. Entweder spitzt es sich zu in einem kurzen, intensiven Moment und bekommt Flügel zum Himmel, dann stürzt es auch sehr rasch wieder ab. Oder es läßt sich mit der Zeit ein, mit der Dauer, dann wird es fad und nüchtern. Das Vollkommene ist immer nur ein Gleichnis. Wer in der Lust die Ewigkeit sucht, verliert bald die Lust an der Lust. Er überfordert sie. Zuviel von ihr zu verlangen ist genauso lustfeindlich wie ihr zuwenig zu gönnen. Die Lust ist ein zerbrechliches Gut.

Als Aristoteles sich im dritten Buch seiner »Nikomachischen Ethik« diesem Thema widmete, behandelte er es unter dem Stichwort »Besonnenheit«. Da die einzigen Fehler, die man bei den natürlichen Begierden begehen könne, quantitativer Art seien, solle man Vorsicht walten lassen. Häufig will der Mensch zuviel an Lust – und somit von der Lust. Alle Fragen nach der präzisen Ausführung des sexuellen Aktes werden in dieser Ethik hingegen ausgeklammert. Das Problem lautet nicht: Welche Technik ist im Bett erlaubt, welche Praxis verboten? Sondern: Wieviel Kraft setzt man ein? Wie oft und zu welcher Zeit? Das Maß allein ist entscheidend, nicht der Modus: »Wenn die Begierden groß und heftig sind, dann drängen sie auch die Fähigkeit zu klarer Überlegung hinaus. Deshalb sollten die Begierden maßvoll und an Zahl beschränkt und in keiner Weise der richtigen Planung entgegengesetzt sein.« Diese Lehre des genügsamen Lustgenusses, die für das Griechentum insgesamt repräsentativ ist, bemüht sich um einen Ausgleich unter den Leidenschaften, ohne daß auch nur eine für sich verteufelt worden wäre.

Dennoch, nein: deswegen sprießen in ihr Sätze, die leicht zu verwechseln sind mit jenen engstirnigen Statuten, die von einer späteren Generation der gläubigen Gemeinde an das jungfräuliche Herz gelegt wurden. Der Unterschied zwischen den griechischen Ethiken und der kirchlichen Moral ist in der Tat so groß wie der zwischen dem Heidentum und dem Christentum. Da gibt es kaum Brücken, auch wenn die Wortwahl das Gegenteil vorspiegelt. So wie es der Antike allein um die rechte Ökonomie im Haushalt der Begierden zu tun war, empfahlen die Bußprediger, den Keuschheitsgürtel möglichst eng zu schnallen, um dem Teufel keine Chance zu lassen. Der Sexualtrieb war verderbt bis in die Schamhaare. Und da die Kirche in ihren heiligen Büchern für den rechten

Gebrauch des Geschlechtsteils kaum praktische Anweisungen finden konnte, stahl sie solche Regeln aus der griechischen Überlieferung, um ihre so anders begründete Moral mit Autoritätsbeweisen zu untermauern.

So konnte etwa der Aphorismus des Pythagoras, der den Beischlaf von der Jahreszeit abhängig macht, bei klerikalen Sittenwächtern durchaus Gefallen finden: »Den Liebesgenüssen mag man sich im Winter hingeben, nicht im Sommer; im Herbst und Frühling sind sie weniger schädlich, schädlich aber zu jeder Jahreszeit und der Gesundheit nicht zuträglich.« Vermochte nicht das, was nur als mäßigender Rat gedacht war, einer Reinheits-Ethik, deren Ideal die Unberührtheit des Gewissens und des Körpers ist, beste Dienste zu leisten?

Der Philosoph schlechthin aber war in der scholastisch-kirchlichen Tradition Aristoteles. Das verhinderte auch nicht jene berühmte Anekdote, nach der der Grieche sich in die Hetäre seines Schülers Alexander, Phyllis, so leidenschaftlich verliebte, daß er sich ihr besinnungslos hingab. Dieses launische Frauenzimmer befahl ihm, er möge vor ihr auf allen vieren kriechen und ihr als Reittier dienen. Ob es dieses demütigende Erlebnis war, das den weisen Liebesnarren veranlaßte, über das rechte Maß zu reflektieren?

Die Wollust ist ein Nimmersatt. Im Rausch, den sie über alles liebt, verliert sie das Gefühl für ihr eigenes Vermögen. Sie verlangt nach Steigerung und übernimmt sich dabei. Es ist dieses Grenzerlebnis, das an der Wollust reizt. Und wie es zur Erfahrung der Grenze gehört, daß man sie überschreitet, erwartet die Wollust vom Menschen, daß er aus sich herausgeht. Ohne Ausschweifung geht es nicht. Eine Ethik, vor allem die katholische Sexualmoral, vermag aber diese Bewegung zu provozieren, zu fördern, geradezu reizvoll werden zu lassen. Denn indem sie die Regeln für Amors Spielchen formuliert, fordert sie zu deren Übertretung heraus. Schon Paulus lehrte: Wo kein Gesetz sei, werde auch die Verfehlung nicht identifiziert. Wo die Gebote fehlen, mangelt es auch am Spaß, sich über sie hinwegzusetzen. Das aber ist die eigentliche

Freude an der Sexualität: im zärtlichen Spiel miteinander Normen zu verletzen. Daß gegen Regeln verstoßen, Schranken überschritten und Prinzipien nicht beachtet werden, ist die andere Seite einer blühenden Phantasie. Alle, die für eine Trennung zwischen Kopf und Körper, Verstand und Sinnlichkeit, Geist und Leidenschaft zugunsten des höheren Niveaus eintraten, haben eines nie begriffen: Die Wollust fordert vom Gehirn mindestens genausoviel wie vom Genital.

Es wäre allerdings hinterhältig, die Tabuisierung des amourösen Vergnügens zu rechtfertigen, indem man darauf verweist, daß der Fortpflanzungstrieb jeder noch so strengen moralischen Zuchtrute ausgewichen ist und sich gar verfeinert hat. Dafür liefert die Geschichte, in der die sexuelle Begierde an die Ketten der Sittenlehre gelegt wurde, zuviel Belastungsmaterial.

Nietzsche behauptet: »Das Christentum gab dem Eros Gift zu trinken – er starb zwar nicht daran, aber entartete, zum Laster.« Kommt man bei einer Vervollständigung des Steckbriefs zur Wollust auf diesem Weg weiter? Wann und wodurch geschah der Sündenfall der Liebe? Was ereignete sich, so daß die Lust bekämpft wurde, als sei sie der arg-böse Feind persönlich? Wie kam man auf den Gedanken, der Königsweg zum Himmelreich führe über die Entsagung? Ist die Moral angetreten, die Übel aus der Liebe zu vertreiben? Oder hat erst die Moral die Übel in die Liebe gebracht? Was war geschehen, daß Tertullian die rhetorische Frage stellen konnte: »Welche Lust kann größer sein als der Ekel an der Lust selbst?«

Es wäre vermessen, diese Entwicklung dem jüdischen Rabbiner und ersten christlichen Theologen Paulus anzukreiden. Es wäre aber auch fahrlässig, ihre Wurzeln nicht in seinem Wirken zu suchen. Vor allem im ersten Korintherbrief antwortet Paulus der Gemeinde auf Fragen zur Sexualmoral. Die griechische Hafenstadt Korinth war in der Antike berühmt wegen ihrer Mädchen; mehr als tausend Prostituierte arbeiteten damals allein im Aphrodite-Tempel, dem Zentrum der Sinnenfreuden. Nimmt es da noch wunder, daß der Apostel zu etlichen ethischen Schwierigkeiten, die in der kleinen Gruppe von Christen auftraten, Stellung beziehen muß? Er schreibt: »Es ist dem Menschen gut, daß er kein Weib berühre. Doch um der Unkeuschheit willen habe ein jeglicher seine eigene Frau, und eine jegliche habe ihren eigenen Mann. Der Mann leiste der Frau die schuldige Pflicht, desgleichen die Frau dem Mann... Solches sage ich aber als Erlaubnis und nicht als Gebot. Ich wollte wohl lieber alle Menschen wären, wie ich bin«, nämlich ehelos.

Man darf den Einfluß der paulinischen Empfehlung auf spätere leib- und sexualfeindliche Theorien nicht unterschätzen. Der Apostel begründet die Ehe negativ. Allein um der Sünde der Unzucht zu entgehen, möge man, in Gottes Namen, freien oder sich freien lassen. Niemand brauche auf eine regelmäßige fleischliche Gymnastik zu verzichten – wenn es denn unbedingt sein müsse. Diese Position hat Gründe. Und man wäre schlecht beraten, sie allzu schnell mit Prädikaten wie prüde, zimperlich oder spröde zu verurteilen. Es sind gewissermaßen welthistorische Aussichten, die Paulus veranlassen, so zu argumentieren. Er erwartete in naher Zukunft die Wiederkehr des Gottessohnes, die zugleich das Ende der Welt ankündigte. Sein Kopf war so besetzt von diesem gewichtigen Gedanken, daß es ihm überhaupt nicht in den Sinn kam, andere könnten weit irdischere Schwierigkeiten mit sich herumschleppen. Angesichts der unmittelbar bevorstehenden Wiederkunft Christi verschwand die Frage nach der leiblichen Unio zu einer erotischen Petitesse. Doch der Herr ließ auf sich warten. Er ist nicht so schnell gekommen, wie vermutet, so daß mit der Zeit die Probleme des niederen Lebens abermals an Bedeutung gewannen. Mußte man sie indes neu bewerten? Paulus hatte ja das Entscheidende schon gesagt, wenn auch unter ganz anderen Bedingungen. Die Kirchenväter, allen voran Augustin, nahmen die Ausführungen des Apostels willig auf und entwickelten sie zu den verschrobensten Vorstellungen über das Reich der Wollust.

Aurelius Augustinus war in Liebesdingen kein unbeschriebenes Blatt. Seine Jugend hatte er gierig genossen; er lebte, nachdem er in der Weltstadt Karthago sich vom Reichtum der sinnlichen Freuden hatte bezaubern lassen, zehn Jahre mit einer Frau in wilder Ehe zusammen. Selbst als sein Sohn Adeodatus zur Welt kam, dachte er nicht an Heirat. Im Gegenteil: Lieber hörte er auf die Stimme seiner christlichen Mutter, die ihn aufforderte, sich mit einer Jungfrau zu vermählen. Augustin verstieß seine Geliebte, die diesem Ideal ja nicht mehr genügte, und verlobte sich mit einem zwölfjährigen Mädchen. Zwei Jahre hätte er aushalten müssen, bis nach römischem Recht eine Eheschließung hätte stattfinden können. Die Zeit war ihm zu lang; er ertrug die Enthaltsamkeit nicht und zog wieder mit einer Freundin zusammen.

Im Rückblick las sich diese lebhafte Geschichte so: »Aus morastiger Gier des Fleisches und aus der Wirrsal aufbegehrender Manneskraft erhoben sich düstere Nebel und verhüllten mein Herz, daß es das heiter ruhige Strahlen der reinen Liebe nicht mehr zu scheiden vermochte vom Dunkel der Wollust. In wildem Gewoge durchbrandete beides mein Herz, und meine noch schwache Jugend ward durch die Abgründe der Leidenschaft hinweggejagt und in den Strudel der Sünde gestoßen.« Der Leib war ihm zum Feind geworden. Unter dem Einfluß einer gnostischen Sekte, der Manichäer, war er der Lust überdrüssig geworden; die paulinische Theologie half ihm schließlich nach seiner Bekehrung, seine Gedanken auszuformulieren in einer der ausgefallensten Visionen über den Urzustand des Menschen: Augustin war der Ansicht, daß im Paradies die Libido noch keine Rolle gespielt hat, obwohl Adam und Eva durchaus hätten Kinder bekommen können. »So würde die paradiesischen Glückes würdige Ehe, wenn es keine Sünde gegeben hätte, wohl liebenswerte Nachkommen erzeugt, aber keine beschämende Wollust gekannt haben... Es soll uns nicht unglaublich vorkommen, daß auch jenes Glied ohne Wollust dem Willen hätte dienen können, dem jetzt noch so viele Glieder dienen.«

Es entbehrt nicht der Komik, in welcher Weise Augustin den seligen Stand der Unschuld skizziert. Hinter seiner nüchternen Spekulation schaut aber die verzerrte Grimasse der Angst hervor, der Mensch könnte schon zu Anfang seiner Geschichte nicht Herr seiner selbst und vernunftgebietender Souverän über seine Triebe gewesen sein. Immer noch war es zuletzt die Scham über jene Stunden, in denen er sich nicht ganz im Griff hatte, die den Menschen gegen die Sexualität aufbrachte. Die Erinnerung an die frühere Macht des Willens verdrängt die täglich erfahrenen Niederlagen im Rausch der Begierden.

Allzugern hätte sicherlich der alte Goethe auf den augustinischen Willen zurückgegriffen, der so manches bewegt, was sich bei ihm nicht mehr regen wollte, als es darauf ankam. In seinem »Tagebuch« schimpft der Sechzigjährige: »Verfluchter Knecht, wie unerwecklich liegest du!/ Und deinen Herrn ums schönste Glück betrügest du.« Doch so weit ist es letztlich nicht gekommen. Die Situation entspannte sich – oder besser: spannte sich an – zur Zufriedenheit der Beteiligten, so daß der Dichterfürst im nachhinein notieren konnte: »Doch Meister Iste hat nun seine Grillen/ Und läßt sich nicht befehlen und verachten,/ Auf einmal ist er da, und ganz im stillen/ Erhebt er sich zu allen seinen Prachten.«

Die Sünde der Wollust scheint auch eine Frage des Alters zu sein. Irgendwann im Menschenleben erledigt sie sich offenbar von selbst. Daß sie überhaupt in den Katalog der schmutzigen Laster geriet, verdankt sie vornehmlich Augustin und seiner Theorie über die Paradiesesehe.

Aber nicht allein. So wie der Eva sich Adam zugesellte, so dem Bischof von Hippo der Wüstenmönch Hieronymus. Hieronymus, ein Zeitgenosse Augustins, differenzierte zwischen Liebe und Sexualität. Seitdem überstrahlt eine wahre, himmlische, göttliche, jungfräuliche Liebe die falsche, böse, verderbte, geschlechtliche Liebe. Hier wird die zweite »Kernspaltung«, wie Friedrich Heer sagt, vollzogen: Der Androgynen-Mythos in Platons Gastmahl trennt die ursprüngliche Einheit von Mann und Frau; Hieronymus zerschneidet nun auch noch deren letztes Band. Alles, was die Geschlechter zueinander führt, ist fortan eine einzige Schweinerei. Um der göttlichen Liebe willen muß auf die unzüchtige Lüsternheit verzichtet werden. Die Vernunft allein ist getauft, die Leidenschaften bleiben Heiden.

Seit dem Wirken des Hieronymus müssen wir lernen: Liebe und »Liebe« ist nicht dasselbe. Nach der einen gilt es mit glühendem Herzen zu eifern, vor der anderen sich zu hüten, auf daß nicht zuletzt die Schenkel glühen. Und immer hatte die Kirche das stärkste Argument auf ihrer Seite. Man vermochte die Liebe gegen die Sexualität selber auszuspielen. Diese vor Hieronymus schon lebendige, von ihm festgeschriebene Tradition brachte merkwürdige Früchte hervor.

Unter ihren Leidtragenden war Origenes einer der bekanntesten. In seiner Kirchengeschichte berichtet Eusebius von Cäsarea: »Origenes vollzog eine Tat, die zwar noch jugendlichen, unreifen Sinn verriet, aber zugleich auch ein herrliches Zeugnis von seinem Glauben und seiner Enthaltsamkeit gab. Er faßte das Wort ›Es gibt Verschnittene, die sich um des Himmelreiches selbst verschnitten haben‹ allzu wörtlich und unbesonnen auf« – und kastrierte sich. In der Hoffnung, man könne sich der Sünde enthalten, wenn man jenes Organ Gott preisgibt, das am ehesten von ihm trennt, befreite er sich von seiner Männlichkeit. »Von allen sexuellen Verirrungen ist die Keuschheit die seltsamste«, sagt Ludwig Marcuse.

Jede Theorie fordert ihre Opfer. Was die Patristiker zur Wollust zusammentrugen, besaß allerdings noch nicht annähernd den Rang eines wissenschaftlichen Lehrgebäudes. Die Werke der Kirchenväter sind so monolithisch, so wohlgeordnet und geschlossen nicht, wie die Fabel, die über sie umläuft. Eine Systematisierung der Lust – am Detail ergötzte man sich mit zunehmender Freude! – besorgte erst die Scholastik. Jetzt wurde das Ineinanderfluten der Individuen im Sexualakt zerlegt, seine Technik theologisch erörtert und moralisch bewertet. Bis dahin waren Augustins lebhafte Visionen über die Paradiesesehe, Tertullians Schmähreden und Hieronymus' Verachtung des Irdisch-Weiblichen bloß als Predigt-Zitate gegenwärtig. Die theologischen Summen des Albertus Magnus oder Thomas von Aquin fingen sie ein in einem Netz aus Sentenzen und Beweisen. Was war aus der augustinischen Spekulation über das Geschlechtsleben von Adam und Eva für die Ehemoral zu folgern? Der Aquinate war um eine Antwort nicht verlegen: Da Gott den Fortbestand der Menschenrasse wolle und die Erzeugung von Nachkommen an die Libido geknüpft habe, bedeutete die Verachtung der Lust eine Respektlosigkeit gegenüber dem Schöpfer selbst. Aber! »So kommen die Ehegatten allein in zwei Weisen zu einer Verneinung jeglicher Sünde, das heißt bei Erzeugung der Nachkommenschaft und der zu erstattenden Pflicht, andere Formen sind dabei Sünde, wenn auch läßlich.« Doch nicht genug: Zur ehelichen Pflicht gehörte auch stets die Absicht, den begehrenden Partner vor einem Fall in die Unzucht zu bewahren, so daß endlich nur die Vereinigung schuldlos ist, die zum Zwecke der Kinderzeugung geschieht. Also: Thomas mußte zähneknirschend anerkennen, daß an der Wollust, selbst wenn man sich noch so bemüht, nicht vorbeizukommen ist. Um die quicklebendige Sinnlichkeit aber wenigstens einigermaßen in die Schranken zu weisen, erfand man für sie den höheren Zweck der Vermehrung des Menschengeschlechts auf dieser Erde. Dieser heiligte zwar noch nicht die dazu erforderlichen rhythmischen Mittel, aber er legitimierte sie. Einfach aus Lust der Lust zu frönen – das jedoch war des Teufels. Wer die Kopulation als erotisches l'art pour l'art trieb, der war, obwohl seine Sinne in diesem Fall höchst wach sein konnten, nach katholisch-scholastischer Auffassung nicht ganz bei Sinnen.

Lust macht erfinderisch. Und so hatte es die penible Moraltheologie nicht ganz leicht, ihren Irr- und Abwegen schnell genug auf die Spur zu kommen. Mit der Zeit entwickelte sie zwar ein dichtes Raster an Verhaltensregeln, die das Liebesleben aufs genaueste ordneten. Doch kaum hatten die Sittenwächter eine neue Schranke installiert, war der Sexualtrieb auch schon wieder aus- und aufgebrochen zu einer Vergnügungsreise, die noch nicht im moralinsauren Prospekt der kirchlichen Anstands-Anstalt verzeichnet war. Die Handbücher für die Gläubigen wurden immer dicker und brauchten schließlich den Vergleich mit den altorientalischen Liebeslehren, mit Ovids »Ars amatoria« und den Abenteuern bei Apuleius nicht zu scheuen. List der Lust?

Die Gedanken, die Wünsche, die Stellungen beim Koitus und die Momente des höchsten Empfindens, die Berührungen und das Wortspiel: Alles gehörte in den Beichtstuhl. In einem Beichtspiegel aus dem neunzehnten Jahrhundert, dem »Unterricht für Beichtende« des Pater Segneri, wird der Bußfertige aufgefordert: »Erforsche alle deine Sinne, und besonders die beiden ersten: dein Sehen und dein Hören, und noch viel mehr dein Berühren. Erforsche in dieser Hinsicht die Gedanken, die Worte und die Werke... Halte endlich in dieser Sache keinen Fehler für gering. Dies ist eine abscheuliche Grube, aus der jeder Hauch verpestend und tödlich ist; ich will damit sagen: jede Lust und jedes Wohlgefallen, wenn es vollkommen freiwillig ist, ist eine Todsünde.« Zu Zeiten eines Sanchez war man noch genauer gewesen. Hier heißt es aber nur: »In dieser Sache will ich keine weitere Auseinandersetzung machen: denn sie gleicht einem Peche, das beschmutzt, man mag es berühren, wie man will; auch sogar, wenn man es wegzuschaffen gedenkt.«

Man fürchtete nicht allein die Lust. Die Wortwerdung des Fleisches war fast schlimmer. Es konnte nicht stimmen, daß in einer Organisation, die seit 1564 einen Index verbotener Schriften führt, in jedem besseren Beichtspiegel der Laie nachlesen konnte, was er gar nicht wissen durfte. Er hätte im verhängnisvollsten Fall für seine Schlafzimmerpraxis noch lernen können.

Die Kirche war angetreten, darüber zu wachen, daß das Bett nicht zum Lotterbett wird. An Keuschheit sollte es auch in der unkeuschesten Situation nicht mangeln. So empfiehlt sie den Eheleuten in einem neueren moralischen Lehrbuch von Häring: »Die Vereinigung soll von Angesicht zu Angesicht, Aug in Aug stattfinden, die Frau in empfangender, der Mann in führender, schenkender Stellung.« Von den Völkern der Südsee wird diese sittsame Haltung Missionars-Position genannt. In den Bußkatalogen, die das Strafmaß für Vergehen gegen die Sexualgesetze der Kirche festlegen, werden die unterschiedlichen Stellungen beim Liebesakt eingehend erörtert: für den Verkehr a posteriori etwa waren vierzig Tage Buße (manche bei Wasser und Brot) angesetzt.

Die Moral macht die Liebe freudlos. Gewiß, nicht jeder folgte den strengen Regeln dieser Asketengesellschaft. Und selbst jene, die sich zu ihr bekannten, werden sich gelegentlich wider ihren Geist versündigt haben. Sie handelten, wie alle anderen auch handelten – nur: Sie taten es mit schlechtem Gewissen. Das Gewissen entpuppte sich als Stachel im unzüchtigen Fleische. Wenn jemals der trostlose Satz: post coitum omne animal est triste, nach dem Lustgenuß folgt der Verdruß, – wenn jemals diese zynische Bemerkung eines Mannes, der offenbar nie wirklich geliebt hat, wahr gewesen sein sollte, so allein, weil eine lange herrschende Tradition kaum etwas unterlassen hat, den Makel des faden Geschmacks auf die Lust zu legen. »Die christliche Moral hat es am liebsten, daß die Trauer der Wollust vorangeht und diese ihr dann nicht folgt,« notierte Karl Kraus.

Dennoch hat die Lust sich immer wieder durchgesetzt. Vielleicht ist die Natur dem Auftrag eines weisen Planes gefolgt, als sie der Wollust die Gabe der Phantasie schenkte. Einer Einbildungskraft, die das reizvolle Spiel zwischen Entbergen und Verhüllen so vergnügt und so begeistert spielt, daß sie davon nicht lassen kann. Alles, was ihr im Wege steht, fordert sie nur zu neuen Einfällen heraus. Die Phantasie besitzt ihren eigenen Modus vivendi; sie erfreut sich an der versteckten Gestik, dem verstohlenen Blick und der verschlüsselten Sprache. Sie arbeitet im Untergrund – und dort ausgesprochen gründlich. Was auch immer sie bedrängen mag: um ein Wort ist sie nie verlegen. Aus einer solchen quälendengen Situation hatte sie einmal die Lust befreit mit einer Frage, die als scheinbar unschuldiger Schlager auftrat. Zuletzt offenbarte sie sich aber als subversiver Leitspruch einer ganzen Generation gegen die bestehende Moral: Kann denn Liebe Sünde sein? Es gibt Sünden, für die sollte man Gott danken, bevor man ihn um Vergebung bittet.

Zweite Todsünde
Der Zorn oder
Wie die Unterwelt den Kopf regiert

Tief liegen die Quellen des Lebens. Man muß hinabsteigen, weit hinab in die düstere Seelenhöhle, um ihr Gurgeln zu hören. Dort, in der schützenden Dunkelheit des Vergessens, wo das Urgestein des Daseins noch flüssig ist, angereichert mit wilden Instinkten und den giftigen Gasen der Verdrängungen, dort köchelt die Lebensmaterie leise vor sich hin. An den Anfang seiner Existenz gelangt der Mensch nur, indem er die Schichten abträgt, die ihn geformt haben. Aber selbst wenn der Schleier aller künstlichen Gestalten fortgerissen ist, in diesem reinen Raum des Ursprungs, bleibt vieles verborgen. Denn der Blick findet keinen Halt. Er wird aufgesogen von einer glühenden, wabernden Masse, die jederzeit bereit ist, sich nach außen und oben zu ergießen und die seltsamsten Verkrustungen zu bilden. Der Anfang ist unbestimmt – soll man ihn unergründlich nennen?

Es gibt Orte, die für die Vernunft unzugänglich bleiben. Gewiß, sie forscht sorgfältig und bohrt unnachgiebig. Auf ihrer Entdeckungsreise durch das Land des Bewußtseins vermißt sie den kleinsten Winkel. Sie setzt dem Leben ein Maß, erläßt Gesetze und errichtet Gebäude aus Begriffen. Die Vernunft bestimmt, wie der Mensch existiert, wovon er sich nährt, wo er wohnt. Nichts von dem, was sie erkennt, läßt sie in rohem Zustand. Aber daß er lebt, dieses Daß, in dem aller Anfang sich zusammengezogen hat, erreicht sie nicht. Der Ursprung ist unauslotbar.

Woher wir von dieser unheimlichen Unterwelt wissen? Die Haut des Menschen ist dünn, zu verletzlich, um der gewaltigen Macht des Daseins zu widerstehen, dem inneren Druck dauerhaft standzuhalten. Von Zeit zu Zeit durchbricht es die Fassade und zerreißt den Mantel aus Konventionen und Überlieferungen, mit dem sich der Mensch vor der gefährlichen Nähe des Lebens schützt. Oft genügen ein falsches Wort oder die ungeschickte Geste eines anderen – und sein Gesicht versteinert sich. Plötzlich bebt der ganze Körper, die Stimme zittert, die Augen flackern, all jene Vorboten stellen sich ein, die ankündigen, daß die Katastrophe, der Ausbruch, dieses fürchterliche Naturereignis unvermeidlich ist. Anstrengungen, das Hervorquellen der siedenden Gemüts-Magma zurückzuhalten, sind aussichtslos. Je größer der Einsatz ist, die Explosion zu verhindern, mit desto gewaltigerer Wucht entlädt sich kurz darauf die Spannung. Das Leben ist allemal stärker als das, was wir für das Leben halten. In solchen unvermittelten Eruptionen, die die Ruhe unserer Existenz empfindlich zu stören vermögen, bringt es sich in Erinnerung. Es irrt, wer glaubt, wir tanzten auf einem Vulkan: Wir sind einer.

In der Geologie der Leidenschaften haben sich die Wut und der Zorn zu einem merkwürdigen Gebilde formiert. Sie treten auf wie Zwillinge der Zerstörung. In ihnen äußert sich die ganze Vernichtungsmacht des Menschen, ohne Umschweife und Verstellungen. Und dennoch: Diese Kraft, der nichts als Verwüstung zu eigen ist, der nichts kostbarer ist als ihr grausames Werk, die vor nichts zurückschreckt und alle Hemmungen sprengt, diese verheerende Kraft ist – der Wille zum Leben. Was sich wie ein fauchender Dämon gebärdet, ist, Thomas Bernhard hat es gesagt, »eine

Folge der immer noch viel zu hohen Temperaturen der Schöpfung«. In den Abgründen eines Menschen arbeitet das ursprüngliche Chaos wie eine feurige Substanz. Ab und zu ebnet es sich mit brachialer Gewalt einen Weg nach oben und verschafft sich für einen Augenblick Erleichterung. Vor Glück, aus der atemraubenden Enge gesellschaftlicher und geschichtlicher Formen ausgebrochen zu sein, fängt es an zu jubeln. Doch wenn das Chaos jubelt, klingt es wie Gebrüll.

Nicht der Ordnung, aber der Zeit nach scheint der Zorn, oder genauer: das wütende Gebrüll die erste Leidenschaft zu sein. Kaum erblickt ein Mensch das Licht der Welt, läuft er schon blaurot an und beginnt zu schreien. Seine Hände sind zu Fäusten verkrümmt, der kleine Körper vibriert unter der Anstrengung dieses ersten extrauterinen Tobsuchtsanfalls. Noch hat er keinen Grund zu solchen Klagelauten, er vermag ihn freilich auch gar nicht zu haben, ist er doch aufgebracht, bevor sich irgend etwas gegen ihn verschwören könnte. Allein der Anblick dieser Welt scheint auszureichen, den Menschen unmittelbar nach seinem Eintritt ins Leben schon zu einer elementaren Wut zu reizen. Es genügt ein einziger Anlaß: der lästige Zwischenfall, daß diese Geburt überhaupt zustande gekommen ist. Daß er, dieser Mensch, so ist, wie er ist, und daß sie, diese Welt, auch nicht anders kann, und – was das Faß zum Überlaufen bringt – daß beide, ausgerechnet diese beiden einander finden mußten, wo sie sich doch nie gesucht hatten.

In der ersten Stunde des menschlichen Lebens röchelt das Chaos noch aus Verachtung über seine Kreation. Wieder ist nicht die Gestalt gelungen, die geschaffen werden sollte. Immer noch harrt die Welt auf ihre endgültige Erlösung. Solange die Säuglinge brüllen, sind Mensch und Welt unversöhnt. Denn der erste Schrei, dieser wutschnaubende Urlaut formuliert die Anklage des Lebens, daß diese Welt nicht die beste aller Welten ist. Alle Welt soll es erfahren und auf ihre Unvollkommenheit gestoßen werden.

In diesem Vorwurf versteckt sich aber auch die verzweifelte Ahnung, man selber könnte einen Vertrag auf Lebensdauer mit dieser fragmentarischen Welt geschlossen haben. Wie ein Schatten legt sich die Erkenntnis auf das neugeborene Leben. Mit dem Sich-Einlassen auf eine fehlerhafte Umgebung hat man den Makel angenommen, er klebt, als sei er Pech an der Hand, am Charakter und bedeutet, daß auch der Mensch nicht der beste aller Menschen ist. Nichts ist unerträglicher als ein solches Eingeständnis: Obwohl man prinzipiell ein anderer sein könnte, man bliebe auch in der Verwandlung derselbe. Vor der Instanz der uns allen gemeinsamen Unzulänglichkeit verschwinden die Unterschiede, die das Leben ausgebildet hat.

Dennoch versucht es der Mensch immer wieder; keine größere Sehnsucht scheint er zu kennen als die, ein anderer zu werden, vor sich und seinen beschränkten Möglichkeiten zu fliehen. Wer behauptet, an sich selber genug zu haben, vertuscht nur die Angst vor seiner Freiheit. Der Wunsch, sich zu verlassen, kennt keine Müdigkeit und ernährt nebenbei eine ganze Industrie, die Tourismusbranche. Meistens lacht die Wirklichkeit aber unseren schönen Träumen hohn. Von Erbarmen mit uns armen Menschenkindern will sie nichts wissen und erzieht ihre Zeitgenossen dazu, weniger zu erwarten und auf das Geringste zu hoffen. Gleichsam als Lohn wird ihnen jene Verzweiflung erspart, aus der sich die Wut unterhält: Wer aus seiner Haut nicht schlüpfen kann, fährt aus ihr heraus. Die Wut ist eine Aggression, die nichts zu ändern vermag. Daher läßt sie sich oft an toten Gegenständen aus. Bevor sich der Mensch vor Gram selber auffrißt, zerschlägt er lieber Porzellan. Ihre Gewalt bezieht die Wut aus der Ohnmacht. Das ist ihre verbissene Paradoxie: Weil sie nichts zu bewirken vermag, reagiert sie so heftig. Dem, der kaum glaubt, daß sich andere Möglichkeiten durchsetzen werden, dem, der auf alle Auswege verzichtet hat, dem bleibt nur noch der eine: die Vernichtung. Die Wut ist zu klug. Sie weiß alles besser. Aber sie verzagt an diesem Wissen. Es ist das nicht gelebte Leben, das sie quält.

Für den Säugling bedeutet der Austritt aus der Geborgenheit des Mutterleibes einen tiefen Einschnitt in seine künftigen Möglichkeiten. Deswegen schreit er. In der Geburt annonciert sich der Beginn des Sterbens, des Endes ungezählter Wege, die ein Mensch nie begehen wird. Sein schrilles Gebrüll, ein Gemisch aus Angst und Anklage, protestiert gegen die Ungerechtigkeit einer Welt, die einem viele Möglichkeiten verheißt, wenige gönnt und zuletzt nur eine einzige Wirklichkeit übrig hat: den Tod.

Als Anatol Ludwig Stiller, der Mann, dem man seine Identität nachweisen mußte, weil er sich weigerte, sie anzuerkennen, den man überführen mußte, er selbst zu sein, da er ein anderer zu sein vorgab, als dieser Stiller seinem Vater gegenüberstand und von ihm wiedererkannt wurde, brach er zusammen. Wie wahnsinnig raste er, schäumend vor Wut darüber, daß seine Vergangenheit ihn eingeholt und alle seine neuen Hoffnungen zunichte gemacht hatte, weggewischt, als seien sie bloß mit Kreide auf eine Tafel gemalt gewesen: »›Schluß jetzt!‹ schrie ich, und meine Lächerlichkeit, ich fühlte es, war so grenzenlos, der Augenblick so unerträglich – aus purer Hilflosigkeit ergriff ich irgendeine Gips-Sache, anfänglich nur, um zu drohen, sah aber das gelassene Gesicht der schönen Julika, ihre kaum lächelnde Gewißheit, daß ich, ihr Stiller, niemals wagen würde, irgend etwas gegen sie zu schleudern, und siehe da, ich wagte es auch nicht. Ich schmetterte das Gips-Zeug irgendwohin, meiner Lächerlichkeit bewußt, wie gesagt, und wütend über diese meine Lächerlichkeit (die andern verhielten sich durchaus würdig) nahm ich das nächste, einen Kopf, schmetterte ihn auf den Boden, wo er bloß rollte und nicht zersprang, ich fühlte eine Ohnmacht wie in bösen Träumen, eine Ohnmacht sondergleichen, so kräftig ich das Zeug auch schleuderte, dabei übrigens von niemand behindert, auch mein Verteidiger und Knobel sahen nur zu, verdutzt, jedoch vollends überzeugt, daß ich der verschollene Herr Stiller bin und somit das Recht habe, in diesem Atelier alles kurz und klein zu schlagen, nur das Hundchen bellte, und ihr Mißverständnis spürte ich wie eine Lähmung, derart, daß ich diese Dinger kaum von den Sockeln zu heben vermochte, also hielt ich mich an die kleineren Figuren, knallte sie gegen die Wand, einige zersprangen dann doch, was mich in Lust versetzte, doch drohte schon die Blamage, daß meine Wut nicht ausreichen würde, alles zu zerschmettern, nur so das Kleine, während die größeren Arbeiten, weil ich sie nicht vom Sockel heben konnte, meine Wut überdauern würden. Und diesen Hohn, worauf sie nur warteten, glaubte ich nicht ertragen zu können, ja, eigentlich war es nur noch meine Angst vor diesem Hohn, was mich weiter zu toben nötigte. Nur jetzt nicht auf halber Strecke bleiben!«

Kein Argument vermochte Stiller noch zu retten, weder irgendwelche Beteuerungen noch sein schauspielerisches Können. Man hatte ihn in einen Hinterhalt gelockt, eingekreist und in die Ecke gedrängt. Die Fakten, so wie sie Max Frisch in seinem Roman konstruiert hat, sprachen gegen ihn. Jede nur denkbare Aussicht auf eine Flucht war verstellt. Sein Spiel mit einem anderen Leben, das mußte er sich jetzt unwiderruflich eingestehen, war zu Ende. Stiller sprach es aus, nein, stieß es gequält heraus: »Schluß jetzt!« schrie er. In diesem Schrei ist alles enthalten: die Einsicht in die bedrückende Eindeutigkeit seiner Lage, die keinen Seitenschritt oder Absprung mehr zuließ; das Bekenntnis, er sei tatsächlich genau der, für den die anderen ihn hielten; und die Verzweiflung über die armselige Nacktheit dieser Wahrheit. Stiller wurde mit sich selbst konfrontiert. Wer erträgt das schon? Ihm wurde ein Spiegel vorgehalten und das Bild, das sich hinter der Glasscheibe abzeichnete, ein für allemal fixiert. Nie mehr würde er von sich weglaufen können, nie mehr ausbrechen – da brach es aus ihm heraus. Ausgerechnet sein Vater, dieser Mann, der ihn gezeugt und damit alle Verantwortung für sein Schicksal, das wie ein Nachtmahr auf ihm lastete, übernommen hatte, ausgerechnet dieser Vater legte ihn fest, definierte ihn nun zum zweiten Mal, erkannte ihn wieder, nein erkannte nur das wieder, was er als ein Bild von seinem Sohn stets mit sich herumgetragen hatte. Du sollst dir kein Bildnis machen: Dieser uralte Imperativ, der einst zum Schutz Gottes formuliert worden war, um ihn nicht ungerechtfertigterweise in seinem Tun festzulegen – wieviel mehr müßte er für den

Menschen gelten, dem nur wenige Möglichkeiten in Aussicht gestellt sind.

Stiller wurde durch seinen Vater auf seinen Anfang zurückgeworfen. Als wenn ein Vorhang weggerissen worden wäre, sah er plötzlich deutlich, daß alles, was er lebte, nichts anderes gewesen ist als dieser Anfang selbst, der sich mit ihm auf den Weg zu seinem Ende gemacht hat, so daß er diesen Anfang und damit sich selbst niemals loswerden würde. Es fiel ihm in dieser entscheidenden Stunde wie Schuppen von den Augen, was er als Kind nur geahnt hatte, und in seinem Schrei wiederholte er das Gebrüll, mit dem er diese Welt einst begrüßt hatte: »Schluß jetzt!« Seine Wut war eine Flucht ohne Ausweg. Die Wut ist immer solch ein seltsamer Zwitter, stets die Möglichkeit des Unmöglichen. Stiller tat das, was er einzig noch tun konnte. Er verwischte die Spuren, die er bisher in dieser Welt hinterlassen hatte. Wenn er sich schon selber nicht ändern konnte, wenn er sich ungewollt treu bleiben mußte, vernichtete er wenigstens sein Werk.

Zur Wut gehört eine eigentümliche Komik. Wer von ihr ergriffen wird, schlägt um sich wie eine ungezähmte Furie, mit lautem Getöse inszeniert er ein furchterregendes Tohuwabohu, wirft mit Gegenständen, tritt gegen Türen, brüllt unverständliche Wortfetzen und zerreißt Manuskripte. Dem Wahnsinn nahe, stürzt er sich auf alles, was ihm in die Quere kommt. Und doch erreicht er nichts. Seine Lage ist seltsam hilflos. Der Wütende kennt nur eine Parole: Platz schaffen! Er ringt nach Luft, nach frischer Atemluft, weil er die Einschränkung seiner Lebensmöglichkeiten als physische Bedrohung erfährt. Um dieser Erstickungsgefahr zu entgehen, um sich aus dieser Schlinge zu befreien, die ihm den Hals zuschnürt, beseitigt er Dinge, die ihm plötzlich hinderlich erscheinen. Da er nirgendwo einen Weg mehr sieht, räumt er alles aus dem Weg. In den Augenblicken ihrer höchsten Ekstase ist der Wut nichts heilig. Wie eine Walze fährt der Aufgebrachte über seine Umgebung hinweg.

Komisch wirkt die Wut, weil sie die Verhältnisse umdeutet,

ihnen ein verzerrtes Angesicht verleiht. Die Ohnmacht gebärdet sich als Macht; die Hilflosigkeit als Herrschaft. In der Verachtung und Geringschätzung von Dingen und Menschen, die sich in der Wut undifferenziert austobt, tritt aber nur die ganze Lächerlichkeit unserer kümmerlichen, im Verhältnis zu den großen Zwängen dieser Welt selber geringen Existenz zutage. Da der Wütende dies wahrnimmt, findet sein Ausbruch keinen Halt mehr. Er ärgert sich zugleich über seine Lächerlichkeit und tobt bis zur Erschöpfung.

Das ist das Unglaubwürdige an der Wut und am Zorn: daß sich jemand anmaßt, Herrschaft über andere auszuüben, wo er sich doch nicht einmal selbst im Griff hat. Gerade dadurch, daß er seine Gewalt andere spüren lassen möchte, verliert er sie. In dem extremen Willen zur Macht, der sich in der Wut versinnbildlicht, verbirgt sich ein ausgeprägtes Minderwertigkeitsgefühl. Nicht selten sitzt dieser Stachel so tief in der Seele, daß jedes Berühren der Wunde, gewollt oder versehentlich, einen kaum noch verständlichen Ausbruch verursacht. Denn das Gefühl der Inferiorität ist nur die ins Psychische übersetzte Erkenntnis, daß der Raum zum Leben mit seinen scheinbar unzähligen Versprechungen in Wahrheit sehr begrenzt ist. Es ist jenes Gefühl, das sich eines Stiller bemächtigte, als er vor den Scherben seiner zusammenphantasierten neuen Existenz stand und der Glaube an die Unendlichkeit des Möglichen zerbrach. Wut ist ein Verzweiflungsakt. Daher berührt sie das Komische. Wo sich Gegensätze aneinander reiben und ineinander umschlagen, wo sich der Ohnmächtige als mächtig ausgibt und der in die Ecke Gedrängte als ein schnaubender Angreifer, dort wohnen Hoffnungslosigkeit und Komik wie Geschwister einer Seelenfamilie nahe beieinander.

Man kann sich kaum tolpatschiger benehmen als der Wütende. Blind tappt er in die vor ihm aufgestellte Falle und mißachtet das einfachste Gesetz der Macht: Wer sie ausreizt und bis an ihre Grenzen gebraucht, dem glaubt man sie nicht mehr. Macht gedeiht nur, wo sie nicht bis ins Letzte angewendet wird. Der Rasende jedoch antwortet stets maßlos auf seine Verletzung.

Es gibt ein Spiel, das die Eigenschaft der Wut, gleich mit allen Geschützen aufzufahren, boshaft ausnutzt: Man muß nur gelassen bleiben, um den Gegner zur Weißglut und somit endgültig aus dem Gleichgewicht zu bringen. Nichts vertragen Wut, aber auch der Zorn weniger als eine Umwelt, die sich von ihrem wilden Tosen nicht beeindrucken läßt. Wer die Herrschaft über sich verloren hat, weil er sich ärgert, vermag nicht mehr zu spielen. Der Wütende nimmt alles ernst – sich selbst am allermeisten. Er hat die distanzierende Heiterkeit seines Daseins eingebüßt. Wer einem aufbrausenden Zerberus ins Angesicht zu lächeln vermag, gibt zu erkennen, daß er die Armseligkeit von dessen Situation durchschaut. Im Zweikampf zwischen dieser Leidenschaft und der Gelassenheit siegt stets die Gelassenheit. »Nicht durch Zorn, sondern durch Lachen tötet man«, lehrt Nietzsches Zarathustra die Menschen.

In der Gelassenheit spricht sich die Erfahrung aus, daß man den Wütenden nicht aufhalten kann. Dennoch ist sie die böswilligste Antwort auf einen Anfall. Sie provoziert und garantiert, daß der Tobende zur Bestie wird. Der, dem alles ernst ist, muß es als die schlimmste Beleidigung auffassen, wenn er selber nicht ernstgenommen wird. Wenn auf die Wut das Erschrecken nicht folgt, hat sie ins Leere gebissen. In der Anstrengung des Rasenden, seiner Leidenschaft Bedeutung zu verleihen, steigert er aber nur die Komik seiner Gesten zur Ungeschicklichkeit und fordert das Gespött geradezu heraus.

Der französische Skeptiker Montaigne, der ein feines Gespür für die absonderlichen Verstrickungen der Menschen besaß, benutzt die Unbeholfenheit im Ärger, um im Streit der Geschlechter mit der männlichen Überlegenheit zu kokettieren: »Jene, die mit eigensinnigen Frauen umzugehen haben, mögen aus Erfahrung wissen, in welche Raserei man sie bringt, wenn man ihren Ausbrüchen nur Schweigen und Kälte entgegensetzt und es verschmäht, ihrem Zorn Nahrung zu geben. Der Redner Caelius war von Natur ungemein zornmütig. Als er einst mit einem Manne von sanftem und umgänglichem Wesen zu Abend aß, der es, um ihn nicht zu reizen, für geraten hielt, alles zu billigen, was Caelius sagte, und ihm stets beizustimmen, hielt es dieser endlich nicht länger aus, daß seine Zanksucht so leer ausging, und fuhr ihn an: So widersprich mir doch einmal, bei allen Göttern, damit wir unser zwei sind. Desgleichen die Frauen: sie brausen nur auf, damit man wider sie aufbrause, nach dem Vorbild der Liebe... Es gibt keine schneidendere Antwort als eine solche Verachtung.«

Die Wut ist der Zorn der Hilflosen. Da sie, was sie vom echten Zorn unterscheidet, keinen wirklichen Angriffspunkt besitzt, gegen den sie sich wenden und den sie mit ihren angestauten Aggressionen überschütten könnte, schlägt sie blind um sich. Der Wütende handelt ohne Ziel. Nähme er es genau, müßte er sich selbst vernichten. Denn in der latenten Unzufriedenheit mit sich, die in der Wut herausbricht, verbirgt sich eine lebenszerstörende Fehleinschätzung seines Ich. So aber macht er für seinen Mangel die Welt verantwortlich, er schiebt ihr die Schuld an seinem Unglück einseitig zu, da sie ihn, wie er nicht müde wird zu beklagen, in der Entfaltung seiner Existenz behindert. Ein in sich unstimmiger Mensch muß auf alles empfindlich reagieren, was ihm zu nahe tritt. Wo auch nur der Verdacht aufkommt, jemand könnte seine Selbstunsicherheit entlarven, jene Identitätsschwäche, die sich in den Traum geflüchtet hat, es könnten, wenn dieses Leben nicht gelingt, andere Möglichkeiten warten – wo dieser Argwohn aufkeimt, wird die vermeintliche Gefahr im Gebrüll niedergehalten. Wer wütend wird, der steht nicht fest.

Die Wut ist also ein Schutz – freilich nicht vor anderen, vor denen sie die Selbstzweifel verbergen möchte, nein: diesen verrät sie das Geheimnis. Denn die Wut, ob sie es will oder nicht, ist meist ein untrügliches Indiz, im inneren Haushalt eines Menschen könnte etwas durcheinandergeraten sein. Wer seiner Stärke nicht gewiß ist, glaubt, es sei besser, um sich zu schlagen, als sich in die prekäre Lage bringen zu lassen, seine Schwäche eindeutig, also: auch vor Zeugen eingestehen zu müssen. Er versteckt sie im Getöse – und macht sie somit offenbar.

Aber die Wut bewahrt davor, daß sich die zerstörerischen Kräfte des Menschen gegen ihn selbst richten. Für den Augenblick ihrer heillosen Tat befreit sie ihn von der Qual, mit sich allein sein zu müssen. In ihr zeigt sich der Wille zum Leben. Doch auch für sie gilt, was Walter Benjamin dem destruktiven Charakter überhaupt attestiert. Er »lebt nicht aus dem Gefühl, daß das Leben lebenswert sei, sondern daß der Selbstmord die Mühe nicht lohnt«. Was der Wut an Sinn abgeht, wenn sie willkürlich kostbare Vasen zertrümmert oder sich an Menschen vergreift, die zufällig in ihren Wirkungskreis geraten sind – es ist fast zynisch, dies zu sagen, aber –, das holt sie ein, indem sie verhindert, daß sich das Leben selbst vernichtet. Aus ihr spricht der Selbsterhaltungstrieb eines Menschen, der nicht von außen angegriffen worden ist, sondern mit sich im Krieg lebt.

Nicht so der Zorn. So ähnlich sich beide Affekte zu sein scheinen, nicht allein im Ausdruck, auch in manchem ihrer Antriebe, sosehr muß man auf ihre Unterschiede achten. Die Sprache mag dabei ein wenig behilflich sein, indem sie auf Differenzen im Reich der Leidenschaften aufmerksam macht. Die Wut, sagen wir, hat man im Bauch. Der Zorn indessen scheint, nimmt man diese Körper-Metapher auf, höher angesiedelt zu werden, vernünftiger zu sein, eine Kopfgeburt im Vergleich mit dem tierischen, dem überstürzten Ausbruch der Wut. Die Wut ist blind, heißt es weiter. Der Zorn hingegen spricht nicht nur scharf, er sieht auch sehr genau, weshalb er seinen Gegner ins Auge faßt und nicht irrlichternd hin- und herschweift. Des Zornigen Augen funkeln, die des Wütenden flackern. Auch schnaubt der Zorn nicht wie die Wut. Er ist ein Waffenträger des Geistes, während der vor Wut Rasende nicht einmal richtig zu sprechen vermag. Meist wird der Zorn von der Stimme beherrscht. Ein Dröhnen, ein aufgeblähtes Brüllen kennzeichnet demgegenüber die Wut: Einem ist die Galle übergelaufen, und er trägt sie nun auf der Lippe. Der Wütende »kennt nicht das Glück eines vollendeten Satzes«, sagt Herbert Heckmann. Er speit Flüche aus, weil er den Ärger zu lange in sich hineingefressen hat und diese Kost ihm nicht bekommen ist. Sein Reden erinnert mehr an ein Bellen.

Wut und Zorn – das gilt nun gleichermaßen! – besitzen kein Gesicht, sondern verzerren die Züge zur Grimasse. Diese Dämonen bleiben nicht in ihrer düsteren Höhle, sie finden vielmehr Vergnügen daran, andere mit ihren Fratzen zu erschrecken. Seneca, zu seinen Zeiten der mächtigste Mann im römischen Reich – vergißt man einmal den Kaiser –, verabscheute den Zorn auch aus diesem Grund. Er eiferte – aber »eifern« wäre wohl für einen stoischen Philosophen nicht das rechte Wort, hätte er nicht gleich drei Bücher über das Thema hinterlassen, in denen er keine Mühe scheut, auf die Nachteile des Zorns hinzuweisen –, er ließ also kaum eine Gelegenheit aus, für ein von Erschütterungen freies Leben zu streiten. Seneca schreibt: »Nicht ist irgendeiner Leidenschaft Ansehen von größerer Verstörtheit gezeichnet: die schönsten Gesichter entstellt sie, wilde Mienen macht sie aus den ruhigsten; es verläßt aller Anstand die Erzürnten; mag die Kleidung ihnen geordnet gewesen sein nach Vorschrift, sie lassen schleifen ihr Gewand, und alle Sorgfalt mit sich selbst lassen sie fahren, mag die Frisur von Natur oder durch Kunst nicht unansehnlich sein, mit dem Gemüt bäumt sie sich auf; es schwellen die Adern; erschüttert wird von raschem Atem die Brust, der wütende Ausbruch der Stimme bläht den Hals; dann die Glieder zitternd, unruhig die Hände, am ganzen Körper Aufruhr. Wie ist drinnen, deiner Meinung nach, die Seele beschaffen, deren äußeres Abbild so scheußlich ist?«

Zwischen Drinnen und Draußen verläuft eine Leitung. Man sieht, wer im Inneren haust, man kann ihn identifizieren. Was Seneca noch als Frage formulieren mußte, hat im vergangenen Jahrhundert Charles Darwin zu einer Wissenschaft, zu einer Phänomenologie des Ausdrucks der Gemütsbewegungen, ausgebaut. »Die meisten unserer Gemütsbewegungen«, behauptet Darwin, »sind so innig mit ihren Ausdrucksformen verbunden, daß sie kaum existieren, wenn der Körper passiv bleibt – es hängt nämlich die Natur der Ausdrucksform zum hauptsächlichsten Teile von der Natur der Handlungen ab, welche unter diesen besonderen Seelenzuständen gewohnheitsgemäß ausgeführt worden sind.« Darwin hat beobachtet, daß sich die Gesichtszüge beim Wütenden in der Mundpartie konzentrieren, der Wütende fletscht die Zähne. Beim Zornigen hingegen spielt sich das wilde Leben um die Nasenwurzel herum ab: auf der Stirn, an den Brauen und in den Augen. Wenn sich aber die Physiognomie so eng an die Affekte anlehnt, wenn also Unterschiede im Verhalten auf Differenzen in der Sache offenbar hinweisen – was ist am Zorn so anders als an der Wut?

Der Zornige kennt seinen Feind, er weiß, wer ihn verletzt hat; der Wütende kennt nur sich. Überhaupt muß dem Zorn eine Verwundung vorausgegangen sein. Es fließt Blut: Der Kopf taucht tief ins Rote. Irgendwo im Gemüt klafft eine Blessur, die schmerzt, die so sehr schmerzt, daß der Mensch aufschreit, nicht mehr ein noch aus weiß in seinem Leid und wild gestikulierend auf den unglücklichen Verursacher zuschießt. Der Zornige haut zwar auch manchmal mit der Faust auf den Tisch und sucht sich für sein Gewitter einen anderen Blitzableiter, aber nur, weil er noch ein wenig bei Verstand ist und den Gegner nicht physisch treffen will. Ließe man dem Zorn die Zügel locker und gewährte ihm freien Lauf, er stürmte geradlinig auf ein bestimmtes Ziel zu. Ein Augenzeuge berichtete von einem Vorfall im Berliner Reichstag, der Bismarck außerordentlich in Rage gebracht hatte. Mitten in seiner Rede meinte der Reichskanzler den Zwischenruf »Feigling!« gehört zu haben. Daraufhin verließ er das Pult, stürzte in den Saal, brach in die Abgeordnetenbänke ein, indem er einen Politiker nach dem anderen bei der Schulter griff, durchschüttelte und mit sich überschlagender Stimme schrie: Wer hat Feigling gerufen? Der Zorn sucht sich seinen Feind, sollte er ihn nicht sofort entdecken. Die Wut hingegen verliert gleich den Kopf und damit auch die klare Sicht. Noch ein anderes, wesentliches Element birgt diese Erzählung. Der Zorn eines Menschen wird herausgefordert, wenn ihm die Ehre verletzt oder gar geraubt worden ist. Der Vorwurf »Feigling!« kränkte Bismarck zutiefst. Ausgerechnet ihm, dem eisernen Kanzler, der Weinkrämpfe bekam, konnte er seinen Willen nicht durchsetzen, wurde Zaghaftigkeit angehängt. Es gibt Sätze, die man nicht auf sich sitzen lassen kann, ohne sein Gesicht zu verlieren, selbst wenn man noch so sanft oder geduldig veranlagt ist. Der Zorn schüttelt ab, was an den Festen der Persönlichkeit nagt. Es ist ein äußerer Einfluß, von dem er sich befreit. Der Zorn antwortet auf den Diebstahl eines Besitzes: Meine Ehre gehört mir. Die Wut hingegen fällt einer Täuschung zum Opfer: Möglichkeiten können mir gar nicht weggenommen werden, denn sie sind in Wahrheit nie mein Eigentum. Jeder Mensch hat ein Recht auf Zukunft, aber er besitzt kein Recht auf eine bestimmte Zukunft. Diese kann er nur sich selber zur Aufgabe wählen. Der Zorn verlangt, daß ein anderer mich anerkennt. Er zwingt ihn, mich als den anzusprechen, der ich bin. Die Wut nährt sich aus der Verzweiflung, daß ein anderer in mir allein das sieht, was ich bin – und nicht das, was ich von mir erträume.

In der Bewegung zum zornigen Ausbruch durchläuft der Angegriffene einen ganz sensiblen Punkt, jenen Moment, in dem sich entscheidet, ob die Ehrverletzung als Beschämung hingenommen oder mit einem scharfen, mächtigen Gegenschlag erwidert wird. Mancher ist gleich so getroffen, daß er Mühe hat, seine Kräfte zu sammeln, um entsprechend stark dagegenhalten und die drohende Katastrophe einer peinlichen Entblößung und Kränkung vermeiden zu können. Die Scham ist die andere Seite des Zorns, seine heimliche, schwächere Verbündete.

Wie eng Zorn und Scham ineinander verschlungen sind, davon hat das dramatische Genie Heinrich von Kleist einiges gewußt. Kaum jemand in seinem Zeitalter hat so subtil die besinnungslose Rache, den fanatischen Haß und den exzessiven Jähzorn behandelt wie er. Michael Kohlhaas, der einen ganzen blühenden Landstrich verwüstete, weil ihm zwei Pferde mißhandelt worden waren, und der meinte, sich nicht anders Gerechtigkeit verschaffen zu können als durch diesen maßlosen Frevel, mag als ein Beispiel genügen.

Dabei galt Kleist – so schildert ihn Thomas Mann – als ein Mensch von sonderbarem Betragen, der in Gesellschaft sich unsicher bewegte, leicht in Verlegenheit zu bringen war, stotterte und errötete. Er kannte den Augenblick, in dem die Verletzung umschlägt, sehr genau. Ob sie im Zorn oder in der Scham endet, ist hier für einen winzigen Moment noch unentschieden. In einem Satzfragment, in den Worten, mit denen Odysseus in »Penthesilea« eine Charakterisierung der Amazonenkönigin einleitet, hält Kleist diesen empfindlichen Punkt fest (ohne allerdings zwischen Wut und Zorn zu differenzieren): »Drauf mit der Wangen Rot, wars Wut, wars Scham ...«

Das Erröten allein verrät noch nicht, welche Reaktion sich ankündigt. Zunächst macht sich nur die Wirkung der Aufputsch- und Katastrophendroge Adrenalin bemerkbar; die Blutgefäße weiten sich und signalisieren höchste Aufmerksamkeit. Daß es nicht immer zu einem Kampf kommt, daß sich das eigentlich geforderte Duell, das erwartete Aufbrausen zuweilen auch in Schmach umkehrt, ist nicht allein eine Folge von Charakterschwäche. Es gibt Menschen, die zum Zorn nicht fähig sind, weil sie sich nicht gehenlassen können. Solche Menschen vermögen auch nicht zu lieben. Sie konzentrieren ihre gesamte seelische Leistungsfähigkeit auf sich, um sich im Gleichgewicht zu halten, und können es sich nicht erlauben, Kräfte, aggressive oder libidinöse, abzuziehen. Dennoch wahrt die Scham die Ehre dessen, dem sie genommen worden ist. Beschämt sie doch in ihren äußeren Erscheinungsformen zuletzt den, der sich in die innere Sphäre eines Menschen zu weit hineingewagt hat. So wie der Zorn die klare und deutliche Setzung einer Grenze ausspricht, die nicht überschritten werden darf, so schreit die Scham im Stillen, daß man nicht weitergehen soll, da man längst zu weit gegangen ist.

Wieder ist es der Blick, als unzweideutiges Merkmal, der jetzt die Scham als die andere, die gedrückte und verhinderte Seite des Zorns vorstellt. Ohne vielleicht wirklich im Unrecht zu sein, glaubt sich der Beschämte von einer höheren Instanz, dem Gewissen etwa, verklagt. Er muß die Augen gedemütigt senken. Er fühlt sich, auch wenn nichts gegen ihn spricht, bloßgestellt; den Anblick eines anderen erfährt er als durchbohrenden Pfeil. Worte wie Blicke dieses anderen treten plötzlich genau mit jener Macht auf, die dem Zorn ursprünglich zu eigen ist. Denn der Zorn soll ja seinen Gegner beschämen. So aber erreicht dieser Gegner, indem er durch seinen Angriff einen Menschen aus seinen normalen Lebensverhältnissen herausholt und in den Blickfang stellt, den Sieg. Auf diese Weise angesehen, verschwindet dessen Aggressivität; die Kränkung oder Ehrverletzung wird von dem Gefühl, tatsächlich im Unrecht zu sein, verdeckt, von einem Gefühl, das alle Handlungen lähmt. Nichts wünscht sich der Beschämte mehr, als im Erdboden zu verschwinden, sich zu verstecken und der höhnischen Anteilnahme der anderen auszuweichen, der er, ohne sein Zutun, wehrlos ausgeliefert ist. In dieser Niederlage klammert sich die Scham hilfesuchend an einen Imperativ, den auszurufen sie nicht einmal mehr die Stimme hat und der schließlich als zaghafte Sehnsucht verkümmert: »Weg mit mir von dir!« Er ist präzise die Umkehrung des Befehls, der dem Zorn die Rechtfertigung zu seinem stürmischen Ausbruch liefert. Der Zorn beruft sich auf die Weisung: »Weg mit dir von mir!«

Auch die anderen Todsünden ziehen solche Imperative an. Die Wollust, die mit dem Zorn nicht nur darin verwandt ist, daß sie ebenso schnell vergeht, wie dieser verraucht, wenn sie beide ihr Ziel erreicht haben, dieser Trieb also, spricht man ihn in einer Formel aus, artikuliert sich so: »Hin mit mir zu dir!« Die Völlerei hingegen, die zusammen mit der Lust von der Tradition zu den leiblichen Sünden gezählt worden ist, hält es mehr mit den Dingen des Genusses: »Her mit diesen zu mir!« sagt sie raffgierig. Der Geiz wiederum hält seine Hand sorgsam über dem Eigenen und meint: »Weg mit dir von meinem!« Der Neid stiehlt Talente und Eigenschaften, natürlich nicht wirklich, sondern so, daß er sie einem anderen nicht gönnt. Er wünscht sich: »Her mit dem deinen zu mir!« Stolz wird der Mensch genannt, dessen Bewunderungssucht in der Selbstbespiegelung gipfelt. Sich selbst sieht er am liebsten, und er hört nicht auf, von sich zu verlangen: »Hin mit mir zu mir!« Und die Melancholie? Jene in sich selbst verliebte, sich selbst hassende und in diesem Zwiespalt verzweifelnde Verkrümmung des Ich? Sie hofft, befreit zu werden von ihrer Gespaltenheit – hofft sie das wirklich? Ihr Imperativ gerät zu einer skeptischen, zuletzt verdrossenen Frage: »Weg mit mir von mir?!«

Wer kann zornig werden? Warum ist ein solcher Ausbruch manchen Menschen zuwider? Francis Bacon, der englische Erneuerer der Wissenschaften, Philosoph und Politiker, der wegen eines Widerspruchs im Parlament bei der leicht verletzlichen Königin Elisabeth in Ungnade fiel und dessen staatsmännische Karriere dadurch einen kleinen Knick erhielt, dieser Bacon schreibt in einem seiner Essays: »Der Zorn ist offenbar eine Charakterschwäche, was sich aus der Haltlosigkeit derjenigen am besten erkennen läßt, die er beherrscht: Kinder, Weiber, Greise, Kranke.« Sind es wirklich nur die Sensiblen, die zartbesaiteten Seelen oder die mit einem aufgescheuerten Nervenkostüm, welche zornig werden? Ist der Zorn eine Angelegenheit des Temperaments, wie es Seneca behauptet?

Man braucht ein festes Herz, um explodieren zu können. Auch wenn sich nicht kühle Überlegung im Zorn äußert, Überlegenheit ist es allemal. Der Zornige besitzt das Bewußtsein, sich in seiner wuchtigen Antwort auf einen Angriff auf eine Instanz berufen zu können, die ihm zuletzt recht gibt. Wann immer in der Geschichte von einem heiligen Zorn die Rede gewesen ist, er hatte stets ein gutes Gewissen. Zum Zorn gehört Größe, die Erkenntnis und Anerkenntnis einer Rechtssphäre, die niemand ungestraft mißachten darf. Nur so sind die gewaltigen Aufmärsche zu erklären, die Massenbewegungen, die diktatorische Regierungen gestürzt haben, oder Zweikämpfe, in denen einer nicht eher ruhte, als bis er seinen Feind vernichtet hatte. Daher stritten auch schon die Götter Homers untereinander, waren sie sich doch oft selber uneinig darüber, was einem Herrscher auf dem Olymp rechtens ist und ihm geziemt.

Der Zorn ist mit Macht ausgestattet, um das Recht durchzusetzen. Das ist seine vornehmste Aufgabe. Er hat den Zweck, diejenigen zu entlarven, die ihre Herrschaft sich illegitim oder illegal angemaßt haben. Der Zorn enthüllt die Macht, die auf keiner Autorität gründet, die nicht zugesprochen worden ist, als Ohnmacht. Im Namen des Rechts, dem selber Unrecht geschehen ist, da man es verletzt hat: indem man das Eigentum oder die Intimsphäre nicht schützte, die Arbeitsleistungen durch zu schlechte Bezahlung beleidigte oder die Freiheit beschnitt, als Anwalt dieses Rechts wendet sich der Zorn gegen den, der es mit Füßen getreten hat. »Nimm dem König seinen Zorn, dann wird ihm nicht nur keiner mehr gehorchen, sondern man wird ihn sogar von seiner Höhe stürzen«, so spekuliert Laktanz in seinem Traktat über den Zorn Gottes: »Ja, nimm diesen Affekt irgendeinem Menschen niederen Standes, wer wird ihn dann nicht ausplündern, verspotten und mißhandeln?«

Der Bürger, genauer seine komische Deformation: der Spießbürger ersetzt den Zorn durch Empörung. Sie ist gehemmter Zorn, von moralischen Vorsätzen und konventionellen Regeln behindert. In der Empörung grollt der Unmut über ein geschehenes Unrecht, ohne daß er sich Luft verschaffen könnte. Wendungen wie: »Das verbitte ich mir!« oder: »Das gehört sich nicht!« bemühen zwar den guten Geschmack oder anerzogene Gewohnheiten, ihnen fehlt allerdings jene erfrischende Spontaneität, die den Zorn erst glaubwürdig macht und erfolgreich sein läßt. Der weinerliche Unterton, in dem die Empörung vorgetragen wird, reizt selber gelegentlich zum Zorn über ihre Kraftlosigkeit. »Während echter Zorn immer hitzig ist«, schreibt der Philosoph Hermann Schmitz, »kann Entrüstung in kalter, trockener Rechthaberei aufgehen.«

Natürlich gehört der Spießbürger in eine ferne, längst vergangene Welt, die sich allenfalls in ihren eigenen Ruinen, in gewissen Zirkeln des Beamtenapparats etwa, überlebt hat. Seitdem die Moral als Klammer der Gesellschaft nicht mehr funktioniert und vieles nur noch durch einen gemeinsamen, geradezu zentral gesteuerten Egoismus zusammengehalten wird, löst die Betroffenheit die Empörung ab. Man könnte sie fast als eine noch sanftere Variante der Unrechtserfahrung kennzeichnen. Da sie sich allein auf ein subjektives Empfinden beruft – das freilich alle gleichermaßen erreicht hat und somit die ehemals verbindliche, gesellschaftsübergreifende Norm ersetzt –, gerät ihre Beteuerung zu einer schlechten Karikatur des Zorns. Sie ist so harmlos, wie sie gleich in Massen auftritt. Man muß heute noch Menschen suchen, die sich nicht für betroffen halten. Vor einiger Zeit machte eine Parole Furore, deren Formulierung an das Aufflammen des Zorns entfernt erinnerte: »Entrüstet euch!«, eines jener Wortspiele, mit denen vom Frieden Bewegte ihre Zeitgenossen zur Rettung der Welt ermuntern wollten und sich selbst dabei in Laune hielten. Doch in ihr offenbart sich auf listige, beinahe heimtückische Weise das Dilemma des Protestes: Wer zum Zorn erst auffordern muß, gerät in den Verdacht, im Unrecht zu sein. Man kann zum Zorn nicht anstiften, noch vermag man ihn zu heucheln. Er ist nicht verschlagen, weswegen ihn Aristoteles rühmt. Aber er schlägt manchmal über die Stränge. Hier kommt die Entrüstung dem Zorn am nächsten. Das Wort leitet sich her von: aus der Rüstung bringen, die Fassung verlieren. Der Zorn vergißt zuweilen das Maß. Seneca tadelt ihn vornehmlich wegen dieser Eigenschaft: »Keine Leidenschaft nämlich ist zu strafen begehrlicher als der Zorn und eben deswegen zu strafen unfähig: vorschnell und kopflos wie beinahe jede Begierde, ist er selber sich hinderlich bei dem, was er sich als Ziel gesetzt hat. Daher war er weder im Frieden noch im Krieg jemals von Nutzen; den Frieden nämlich macht er ähnlich dem Krieg, in Waffen aber vergißt er, daß Mars unparteiisch ist und unter fremde Gewalt kommt, wenn er nicht in der eigenen bleibt.«

Die Vernunft hat es mit dem Zorn nie leicht gehabt. Ohne daß sie beschwichtigend einzugreifen vermag, neigt jeder Anfall dazu, die Grenzen dessen, was sie ertragen kann, zu überspringen und sich selbständig zu machen. Selbst der abwägende Bacon, der es für eine »Prahlerei der Stoiker« hält, den Zorn abtöten zu wollen, mahnt, wie bitterböse man sich auch immer zeige, man solle sich nie zu Handlungen hinreißen lassen, die unwiderruflich sind. Der Zorn, im Vergleich mit der Wut geradezu ein kühler Kopf, hat dennoch etwas Bewußtloses an sich und ignoriert, läßt man ihn nur fahren, die Ideale der Vernunft. Dem Wahren, Schönen, Guten hat sie sich verschrieben. Der Zorn hingegen schafft sich Feinde, macht häßlich und will gelegentlich dem anderen Böses. Wissen wir denn noch, was wir tun, wenn wir zornig sind?

Aristoteles ist sich so sicher nicht: »Es läßt sich nämlich beobachten, daß der Zorn in gewissem Grad auf die Stimme sachlicher Reflexion hinhört, aber sie nicht richtig hört. Es ist wie bei den voreiligen Dienern: noch ehe sie alles gehört haben, was man ihnen sagt, rennen sie davon und bringen dann den Auftrag durcheinander; oder wie bei den Hunden: wenn draußen ein Geräusch ist, bellen sie und schauen gar nicht, ob es ein Bekannter ist. So stürmt der Zorn wegen der ihm eigentümlichen Hitzigkeit und Übereiltheit zur Vergeltung: dabei hat er zwar etwas gehört, aber das Gehörte mit einem tatsächlichen Auftrag verwechselt. Denn Reflexion oder Einbildungskraft zeigen uns an, daß uns etwas Verletzendes oder Geringschätziges angetan ist – worauf der Zorn gleichsam zu dem Schluß kommt, daß so etwas bekämpft werden müsse, und sofort in Wallung gerät.«

Gehört also der Zorn zu den unüberlegten Ratgebern? Aristoteles' Lehrer Platon zählt ihn dazu, wie auch die Hoffnung. Zorn und Vernunft achten aufeinander schon allein deswegen so selten, weil sie einer je anderen inneren Geschwindigkeit gehorchen. Der Zornige hat es eilig, er rast ungeduldig; wer zu lange überlegt, dem kann es geschehen, daß er ihn anfährt. Die Vernunft als verantwortungsbewußte Lebenslenkerin indessen lebt bedächtig. Ihr ist Sorgfalt lieber als ein zu schnelles Handeln, oder wie Seneca es ausdrückt: »Die Vernunft will das Urteil fällen, das gerecht ist – der Zorn will das für gerecht angesehen wissen, was er als Urteil gefällt hat.«

Cato – nicht der, dem die Zerstörung Karthagos stets auf der Zunge lag, der andere, der jüngere Cato – plädierte einst in einem Prozeß, als ihm Lentulus, Mitverschwörer des Catilina, ins Gesicht spuckte. Cato blieb ruhig, wischte sich den Speichel ab und sagte: »Ich werde allen bestätigen, Lentulus, daß sich die irren, die behaupten, du seist keine Großschnauze.« Die Gelassenheit erweist sich als überlegen, nicht nur über die Beleidigung, der man auch anders hätte begegnen können, sondern selbst über den Zorn. Sie erreicht damit eine Schärfe, die mehr schmerzt und beschämt als eine lautstarke, explosive Erwiderung. In der Gelassenheit verbünden sich der Zorn und die Vernunft zu einer höheren Synthese und gewinnen eine stechende Sprachform, hinter der die schnell verbrauchte Kraft einer schnaubenden Reaktion weit zurückbleibt. Gelassenheit ist nicht bloß eine Spielart des Zorns. Wer diese Haltung erreicht hat, ist durch die Unruhe des aufschäumenden Gemüts längst hindurchgegangen und weiß, wovon der Zornige redet. Sie schätzt aber auch das natürliche Maß des Zorns richtig ein. So wild er sich zu geben vermag, nichts verschwindet rascher von der Bühne als ein Mensch, der Gelegenheit hatte, sich auszutoben. Zum Zorn gehört der Hang, sich selbst zu überwinden und aufzuheben. Die Gelassenheit hat diesen Charakter des Zorns ein für allemal übernommen, sie hat ihn auswendig gelernt und hütet ihn als eine Lebenskunst.

Es existiert eine Verkommenheit des Geistes, die der Gelassenheit seltsam ähnlich sieht. In der Gleichgültigkeit hat diese einen traurigen Doppelgänger gefunden. Gleichgültig ist derjenige, der die Maxime vernunftgeleiteter Gelassenheit, man möge sine ira et studio die Geschäfte des Lebens betreiben, verwechselt mit der Aufforderung zum Desinteresse. Der Gleichgültige schützt sich vor einer Zeit, welche sich selbst zuviel zumutet, da sie sich zu nichts mehr – und zum Denken am allerwenigsten – Zeit nimmt. Sie hat die Muße, die Geburtshelferin lebendiger Gedanken, der Schnelligkeit ihrer Taten geopfert. Atemlos hetzt sie hinter sich selber her. Der Gleichgültige besitzt nicht die Kondition für diesen

Parforceritt. Er läßt seine Zeit davoneilen, die ihm nichts mehr bieten kann, obwohl, nein: weil sie ihm alles anbietet. Er enthält sich des Urteils, könnte er dessen Begründung doch schon nicht mehr überschauen: Warum also sollte er sich noch aufregen – und worüber? Der Zorn ist dem Gleichgültigen ein Fremdwort. Lieber sich nicht erregen als dabei ertappt werden, daß man sich für Unwichtiges eingesetzt hat. Das Risiko, daß die Dinge, für die man gestern noch stritt, heute schon vergessen sind, ist zu groß. In der Gleichgültigkeit hat sich die Angst festgebissen, man könnte zu spät kommen. Welche Geschwindigkeit muß diese Zeit haben, daß sie selbst den Zorn zu überholen vermag? Kaum etwas wirkt aber lächerlicher als ein Zorn, der nicht schnell genug gewesen ist, der seinen Gegner verpaßt hat und der sich nicht einmal auf ein Urteil, auf irgendeine Instanz berufen kann, die ihm, obwohl er ins Leere gegriffen hat, recht gibt. Dieser Zorn, der mit sich allein bleibt, muß in Resignation versinken und zur Wut erkalten, einer Wut, die sich an nichts mehr wirklich reibt, sondern ein Reaktionsschema blind aufrechterhält. »Herrgott, wie sehne ich mich nach etwas Enthusiasmus! Ganz gewöhnlichem menschlichem Enthusiasmus ... Niemand denkt, niemand ist interessiert an etwas. Kein Glaube, keine Überzeugungen. Keine Begeisterung.« Zornig werden, heiße beteiligt sein, schreibt John Osborne, der Dramatiker des Zorns, der den verzweifelten, hilfesuchenden Ruf nach Enthusiasmus seiner Figur Jimmy Porter in den Mund gelegt hat.

Die Überlieferung kennt einen Tag, an dem das Urteil wieder zu seinem Recht kommt und der Zorn in seine Macht eingesetzt wird: diem irae, diem illam. In einem Hymnus, der beim katholischen Traueramt erklingt, ist die Erinnerung an das endgültige Weltgericht festgehalten. An diesem Tag spricht der Zorn Gottes aus, was unter den Menschen ein offenes Geheimnis gewesen ist: daß diese Welt nicht die beste aller Welten ist. Dieser Tag des Zorns wird aber auch der Jüngste genannt, weil er der erste eines anbrechenden, neuen Reiches sein soll. Indem der fehlerhaften Welt ihr unverzerrtes Gegenbild, die Verheißung einer ungetrübten, durch nichts beeinträchtigten Zukunft, auf die sie kaum noch zu hoffen gewagt hat, vorgehalten wird, gehört ihr Fluch ein für allemal der Geschichte und somit der Vergangenheit an. Hatte der Mensch unmittelbar nach seiner Geburt in einem wütenden Schrei die Klage über eine mit Makeln belastete Welt formuliert, so verwandelt sich dieses Geschrei der Machtlosen, noch während der Welt die Anklageschrift vom Gericht verlesen wird, in den Jubel über den Richter. Die Wut muß verstummen, weil der Zorn Gottes sie zum Schweigen bringt.

Der Apostel Paulus hatte seiner Gemeinde einen Rat hinterlassen: »Zürnet ihr, so sündiget nicht; lasset die Sonne nicht über eurem Zorn untergehen.« In dieser Empfehlung verweist er auf die unwiderrufliche Entscheidung des Gerichts: Es gebührt nur einem, das letzte Wort zu haben, bevor die Nacht hereinbricht. Ein Zorn, der den Untergang der Sonne überdauert, wird alt. Ein Zorn, der alt geworden ist, schlägt um in Haß. Der Haß aber ist blind. Ihm vermag der Zorn Gottes am Jüngsten Tag nicht als das zu erscheinen, was er in Wahrheit ist: als die Traurigkeit seiner unendlichen Liebe.

Dritte Todsünde
Der Neid oder
Wie der Mensch sich selber frißt

Berlin, im Jahr 1820. Die Revolutionswellen, die vom aufgebrachten Frankreich nach Preußen herüberschwappten, sind verebbt. Eine seltsame Behaglichkeit ist in die Stadt eingekehrt. In den Burschenschaften wird wieder gezecht, statt politisiert. Das Publikum zieht den einst sich überschlagenden Ereignissen auf der Weltbühne die gemäßigte Darstellung der Welt in Theater und Oper vor. Nirgendwo sonst vermag sich der bürgerliche Lebensstil so ungehemmt auszubreiten wie in der Hauptstadt Preußens, die mit einem Schlag aus der provinziellen Versenkung zum geistigen Zentrum der deutschen Nation aufgerückt ist. An der eben gegründeten Universität lehren die glänzendsten Namen: Friedrich Karl von Savigny, der Vater der Historischen Rechtsschule; der Völkerkundler Carl Ritter, der als erster überhaupt eine Professur in Geographie innehat; und die beiden Kontrahenten, der theologische Philosoph Georg Wilhelm Friedrich Hegel und der philosophische Theologe Friedrich Schleiermacher.

Zu dieser Zeit nimmt auch ein junger, aufstrebender Gelehrter einen Anlauf, in den erlauchten Kreis der Professoren vorzudringen. Kaum jemand hat bisher von seinen Veröffentlichungen Notiz genommen, eigenwilligen Arbeiten, die so gar nicht zu den wissenschaftlichen Arrangements mit der preußischen Staatsdoktrin passen wollen, wie sie in den Berliner Hörsälen vorgetragen werden. Was dieser Mann denkt, ist anders – er selber hält es für besser, radikaler und fühlt sich reif genug, den philosophischen Zeitgeist herauszufordern. Noch vor Abschluß seiner Habilitation ersucht er also den Dekan der Berliner Fakultät, eine Lehrveranstaltung anzukündigen über die »gesammte Philosophie, d. i. die Lehre vom Wesen der Welt und dem menschlichen Geiste«. Ein stolzes Programm, anspruchsvoll und anmaßend zugleich. Doch es genügt ihm nicht. Als ob er seine Vermessenheit noch auf die Spitze treiben müsse, bittet er, seine Vorlesung für dieselben Stunden anzusetzen, »wo Herr Prof. Hegel sein Hauptkollegium liest«.

Arthur Schopenhauer bezahlt für sein tolldreistes Ansinnen mit dem Verlust der Universitätskarriere. Während sich unter seinem Katheder fünf Zuhörer versammeln, bei ihm, der so eloquent vorzutragen weiß, hören Hegels dunklen, kaum vernehmbaren Sätzen in einem überfüllten Raum mehr als zweihundert Studenten zu. Schopenhauer, der die dialektische Philosophie fortan mehr denn je verachtet, sie als »Afterweisheit«, »Tollhäuslergeschwätz« und Hegel, ihren Vertreter, als »Unsinnsschmierer«, »Scharlatan« und »geistigen Kaliban« beschimpft, hat alles gewagt und alles verloren. Nie mehr erholt er sich von dieser Schmach. Voller Haß und gekränkter Eitelkeit wird er zeitlebens das Wirken des großen Philosophen begleiten.

Oktober 1858. Schopenhauer liest in der Londoner Times: »Es gibt kein Laster, dessen ein Mensch schuldig sein kann, keine Gemeinheit oder Herzlosigkeit, die unter seinen Mitmenschen, Freunden und Nachbarn so große Entrüstung hervorruft wie sein Erfolg. Dies ist ein so unverzeihliches Verbrechen, daß kein Grund es entschuldigen, keine Unterwürfigkeit es mildern kann.« Inzwischen, zwei Jahre vor seinem Tod, hat sich auch bei ihm der langersehnte Ruhm eingestellt. Hegel ist längst gestorben, dessen Philosophie von seinen Schülern und Gegnern bis zur Unkenntlichkeit verzerrt und von den Hochschulen vertrieben. Schopenhauer, in der Gewißheit, nicht vergebens gearbeitet zu haben, hebt sich diesen Artikel aus der Times auf, um ihn als Anmerkung in einen Text zur Ethik einzufügen. Dort illustriert er – den Neid: »Er ist bei persönlichen Vorzügen am unversöhnlichsten, daher eben Verstand und gar Genie sich auf der Welt erst Verzeihung erbetteln müssen, wo immer sie nicht in der Lage sind, die Welt stolz und kühn verachten zu dürfen.« Erst Jahrzehnte nach seiner Berliner Demütigung aufgeschrieben, machen diese Sätze dennoch den Eindruck, als seien sie ein unmittelbarer Kommentar zu der Niederlage des Jahres 1820.

Unter den Todsünden ist der Neid die Leidenschaft mit der größten Ausdauer. Schopenhauer plagte sich lebenslang mit ihm und seinen Varianten herum. Hat sich der Neid erst einmal festgebissen, so läßt er nicht mehr los. Wie ein mörderischer Virus befällt er gleich mehrere Organe. Der Neid trübt die Augen; er krampft die Kehle zusammen und verdüstert das Gemüt. Anfänglich harmlose Symptome wie der kaum merkliche Stich im Herzen, da man erstmals des Objekts der Begierde gewahr wird, treten künftig in rascheren Folgen auf. Aus den punktuellen Lebensrhythmus-Störungen entwickelt sich ein ziehender Schmerz, der keine Ruhe mehr gibt. Natürlich muß eine solche Leidensgeschichte nicht immer so ausgehen wie bei Schopenhauer, dessen Ressentiments sich schließlich zur boshaften Misanthropie auswuchsen. Aber der Neid ist hartnäckig und wehrt sich vehement gegen Versuche, ihn zu vertreiben. Dabei gelingt es ihm, das Urteil eines Menschen über einen anderen einschneidend, vielleicht sogar ein für allemal zu manipulieren. Hat sich das Sodbrennen des Neides erst einmal tief in einen Menschen eingefressen, so erscheint ausnahmslos alles als eine Bestätigung und Rechtfertigung dieser Leidenschaft. Durch nichts wird der Glaube dieses Menschen, das Glück mache um ihn einen weiten Bogen, dann noch zu erschüttern sein.

»Der Neid hält keine Feiertage«, lautet ein römisches Sprichwort. Im Unterschied zum Wollüstigen, dem die Zeit im Sekundentakt verrinnt, aber auch im Unterschied zum Zorn, der sich nach dem Maß seines Anlasses zur Raserei beschleunigt, bohrt der Neid anhaltend und heftig. Er arbeitet langsam, gründlich, kühl – nicht wie die Gelegenheitstäter unter den Todsünden, die bei allzu hohen Betriebstemperaturen sich schnell verausgaben. Treu wie ein Parasit nährt er sich genüßlich von der körperlichen und seelischen Substanz des Menschen, bis er ihn ausgezehrt hat. Er teilt mit ihm das Leben und flüstert ihm ein, ohne ihn nicht mehr existieren zu können. »Die anderen Übel haben doch wenigstens ihre Grenze, und jedes Vergehen, das begangen wird, ist mit seiner Ausführung zu Ende. Der Neid aber hat keine Grenze, er ist ein ununterbrochen fortdauerndes Übel, eine Sünde ohne Ende, und mit je besserem Erfolg der Beneidete vorwärtskommt, zu desto mächtigerem Brand entzünden sich beim Neidischen die Flammen der Mißgunst.« Maßlosigkeit zeichnet den Neid aus, wie jedes andere Laster auch; aber seine Maßlosigkeit macht sich bemerkbar, indem er in der Zeit, wie Cyprian, der Kirchenvater aus dem dritten Jahrhundert beklagt, ohne Grenze ist. Diese Hartnäckigkeit erreicht er mit einer List. Er täuscht die Menschen und suggeriert ihnen, sie könnten nur leben, wenn sie anderen das Leben beschneiden. Als ob auf dieser Welt vom Leben nicht genügend vorhanden wäre, unterstellt der Neid, daß allein der ausgiebige Diebstahl von Talenten, Erfolg und Ruhm das Leben lebenswert macht. Dabei verwandelt er eine zentrale Wahrheit über die menschliche Existenz in ihr Zerrbild, die Einsicht, daß man ohne den anderen nichts ist.

Der Andere – das ist der Stachel im Fleisch des Neidischen. Er ist der Schlüssel zum Geheimnis dieser Leidenschaft. In der Sprache des Neides muß der Andere groß geschrieben werden. Denn er hat es besser im Leben. Er besitzt mehr Reichtümer und genießt größeren Erfolg, zu ihm hat sich der repräsentativere Partner gesellt, und er wurde im Wettbewerb um die Gunst des Chefs vorgezogen. Der Andere hat alle positiven Komparative dieser Welt auf sich vereinigt. Sollte sich der Neidische mit ihm also nicht vergleichen?

Im Vergleich verliert der Andere allerdings sein nacktes Anderssein. Ohne daß er selbst dafür kann, wird er in einen Prozeß hineingerissen, der ihm augenblicklich sein unschuldiges Dasein, seine natürliche Fremdheit raubt. Wie eiskalt berechnende Präzisionsinstrumente erfassen die Augen des Neidischen alle Talente des Anderen nach Größe, Gewicht und Qualität und messen sie aus. Die Liste dieser Eigenschaften, die der Neid in seinem Meßwahn aufstellt, liest sich wie eine Anklageschrift. Hinter jeder Besonderheit, jeder über die Norm sich setzenden Begabung, jedem Auserwähltsein ist verzeichnet, wie sehr einen dieser unverschämte Glanz im einzelnen beleidigt. Der Andere gerät unversehens in den Verdacht, schuldig zu sein – weil er so ist, wie er ist. Seine Charaktermerkmale sind plötzlich nicht mehr nur anders; sie haben einen Wert bekommen, sind taxiert worden und erscheinen in einem grell blendenden Licht. Sobald sich der Vergleich des Menschen bemächtigt hat und zum Maßstab seines Verhaltens geworden ist, wird das Anderssein des Anderen zur unerträglichen Last. Es erhebt auf einmal einen stillen Anspruch.

Der Neidische fühlt sich stumm aufgefordert zu antworten. Sein Dasein taucht der strahlende Schein des Anderen in eine entlarvende Helle: Warum besitzt nicht er das diamantschwarze Cabrio, das seit kurzem nebenan parkt? Weshalb gleitet der Andere so ungehemmt leicht durchs Leben, nimmt alles von der spielerischen

Seite, wohingegen er grübelt, vor jedem Entschluß ungebührlich lang zögert, bevor er ihn ausführt und sich selber blockiert? Warum nur kann er nicht sein wie dieser da? Der Vergleich, dieses zwanghaft-unruhige Hin und Her zwischen Menschen entfernt den Neidischen von sich – zu seinem Schaden. Denn die gesuchte Nähe des Anderen entpuppt sich als gefährlich für ihn; er erfährt sie ungewollt als peinigenden Verlust eines Teils seiner Selbstachtung. Bisher hatte er sich für einen pointensicheren und wortgewandten Redner gehalten. Nun muß er feststellen, daß ein anderer in der Gunst des Publikums aufgrund seines charmanten Witzes höher steht. Das ist das unberechenbare Moment am Neid: Charakterzüge eines Menschen, die einen stets gleichgültig ließen, versetzen einen mit einem Schlag in hellen Aufruhr. Man merkt, daß etwas fehlt, etwas, das dieser Andere besitzt.

Es kennzeichnet den Neidischen, daß er die Einsicht, ins Hintertreffen geraten zu sein, nicht mit der Kraft verbinden kann, sein Manko auszugleichen. Die Energie des Neidischen ist nicht schöpferisch, sie wirkt negativ und kehrt sich, an seinem Selbstwertgefühl nagend, gegen ihn selber. Sein ehemals stolzes und gewisses »Ich bin ich« wird durch die Gegenwart des Anderen eingeschränkt. Von nun an muß er sich eingestehen: Ich bin ich, indem ich weniger bin als er.

Warum vergleichen sich die Menschen untereinander? Schon im Kindesstadium beginnt das lauernde Schielen. Kaum eine Sache wird im Leben so genau genommen wie die gerechte Güterverteilung. Hat der Bruder auch nur eine einzige Erdbeere mehr auf seinem Teller, ertönt sofort ein schrilles Protestgeschrei. Das »Ich auch«, mit dem man seine Mitgliedschaft in der Konkurrenzgesellschaft annonciert, ist eines der ersten Satzfragmente, die ein Mensch lernt. Keiner möchte – also darf keiner zu kurz kommen?

Dieses Verständnis von Gerechtigkeit räumt mit der alten Überlegung auf, nach der jeder das Seine erhalten sollte und verheißt, es gebe nur einen einzigen Weg zum Glück: Alle bekommen dasselbe. Dabei unterstellt diese Vorstellung, wir könnten das Lebensglück vorausschauend festlegen. Zum Glück aber wissen wir nicht von vornherein, was Glück ist. Denn: »Wüßten wir es«, folgert Hans Blumenberg, »könnten wir sicher sein, daß keiner es erreicht, weil alle dasselbe haben wollten. Schon der Mord Kains an Abel war von dem Verdacht motiviert, der Bruder wisse vom Glück durch die Opfergunst des Gottes und wolle es nicht teilen.«

Das Glück des einzelnen ist weder im Vorgriff erkennbar noch teilbar – mitteilbar vielleicht. Kein Mensch verlangt ja nach Glücksanteilen, jeder ist so anspruchsvoll, nach dem ganzen Glück zu streben. Es wäre daher fatal und für jede Gesellschaft der unwiderrufliche Tod, existierte nur ein einziger Weg zum Glück. Der Kampf aller gegen alle hätte den Menschen dann längst den Garaus gemacht. So weit ist es nicht gekommen. Die Rivalen blieben einander erhalten, in ihrem Kampf gedämpft von weisen Ratschlägen und scharfen Vernunftbestimmungen, denen es ab und zu gelingt, die Angst der Menschen, vom Glück nicht genug zu erhalten, sinnvoll zu hemmen. Dennoch: Solange der Mensch nach seinem Glück sucht – es ist eine Lebensaufgabe –, wird er allerorten andere Menschen treffen, die mit derselben Aufgabe befaßt sind, Mitsucher, die ihm sein Glück scheinbar streitig machen. Der Glaube, das Glück sei nur ein einziges, ist unausrottbar. Auch der Neidische ist diesem Glauben verfallen, mehr als andere, und zieht die zwingende Konsequenz: Wenn das Glück nur ein einziges ist, aber nicht teilbar, schließt er, so muß das Wohlergehen des Anderen verantwortlich sein für mein Mißgeschick. Denn jedes Mehr wird dann an anderer Stelle mit einem bitteren Weniger erkauft. Um sich davor zu schützen, um zu verhindern, daß der Glückskonkurrent sich an seinem Wohl vergreift, vergleicht der Mensch. Wenn er schon Mitbewerber um das ganze Glück dieser Welt zu dulden hat, so sollen diese – das ist sein Minimalziel – wenigstens davon nicht zuviel erhalten. Der Vergleich ist eine Vorsichtsmaßnahme, er bewahrt davor, in Angelegenheiten des Lebensglücks nicht hinters Licht geführt zu werden. Man will wissen, wie der Andere seine Zufriedenheit erworben und wieviel er für sie eingesetzt hat.

Nichts ist somit für den Vergleichenden gefährlicher als der Rückzug des Anderen ins Private. Das weckt sein Mißtrauen: Was macht er dort? Warum kann er sein Tun nicht öffentlich zeigen? Was verheimlicht er? In diesen Fragen steckt die ängstliche Vermutung, der Andere könnte sein selbstgewähltes Alleinsein ausnutzen, um in ungestörter Atmosphäre Listen auszutüfteln, mit denen er dem von Neid Erfüllten schadet. Wer kann wissen, ob nicht nach Wochen unbeobachteter Arbeit der Andere plötzlich mit einem überraschenden Projekt aufwartet, das alle eigenen Bemühungen in dieser Sache zunichte macht. Unter Kollegen grassiert die Furcht vor dem genialen Einfall des Anderen wie eine Epidemie. Einer überwacht mit Argusaugen den Freiraum des anderen und sorgt dafür, daß die Bedingungen, unter denen neue Gedanken gedeihen können, gar nicht erst entstehen. Nicht weil man seine Gegenwart schätzt, sieht man den Kollegen gern, sondern weil man seine Abwesenheit nicht erträgt. Wo immer Menschen sich zurückziehen, argwöhnt der Neidische, sie könnten vom Lebensglück klammheimlich über die Maßen kosten. Der Vergleich ist die Art, wie der Neidische die Verteilung des Wohlergehens kontrolliert.

Daß der Neidische dennoch oft genug die Erfahrung machen muß, wie ihm die Kontrolle aus den Händen geraten ist, spricht für die Phantasie des Glücks. Trotz feingewirkter Intrigen und ausgelegter Fußangeln scheint der Andere von Zeit zu Zeit geradezu in einen Erfolgssog zu geraten. Nichts vermag ihn mehr aufzuhalten. In gespenstischer Fügsamkeit gerät ihm, was immer er auch anfaßt, zu seinem höheren Ruhm. Mit verschnürter Kehle bleibt der Neidische zurück: Warum nur kann er nicht verhindern, daß sich das Glück den Falschen aussucht? Fortan wird der mit dem Vergleichen beschäftigte Neidische die ersehnten Güter des Anderen im Blick behalten und sich selber krankhaft vernachlässigen. Wie von einem mörderischen Zwang besessen, verliert er alle Selbstachtung; seine Leidenschaft saugt ihn aus, und er würde sich gar zu Tode grämen, könnte er damit erreichen, daß der betörende

Glanz am Glück des Anderen aus dieser Welt verschwindet, dieses Blendwerk, das ihm so in den Augen sticht.

Es hilft auch nicht, wenn der Beneidete an seinen Gaben und Vorzügen teilhaben läßt, sie gar in den Dienst und die Förderung des Neidischen stellt. Dies verschlimmert das ohnehin vergiftete Verhältnis der beiden allenfalls. Wer sich einmal, wie der Neidische, in seiner Überzeugung, das Glück sei für alle nur ein einziges, eingerichtet hat, läßt sich durch wohlmeinende Ratschläge auch nicht mehr von dem eingeschlagenen Weg abbringen – weder durch das Versprechen, dieselben Privilegien zu erhalten, wie er sie am Anderen begehrt, noch durch den Einwand, das Lebensglück enthielte für alle genügend, die vielfältigsten Schätze und unermeßlichsten Reichtümer.

Und wenn zwei nach demselben streben? hält der Neidische entgegen. Die Güter dieser Welt sind, mag das Lebensglück auch den Überfluß bereithalten, nicht nach dem Maße ihres Begehrtwerdens verstreut. Zumindest an der Spitze kann stets nur einer stehen; der Beste wird es freilich nicht immer sein. Aber nicht nur auf dem Weg nach ganz oben verdirbt einem das Gedränge und Gerangel um die aussichtsreichste Position die Freude am Aufstieg. Die Wenigsten wollen ja dorthin. Ein Bauer beneidet nicht den König, sondern seinen Nachbarn. Überall, wo Menschen einander zu nahe treten, findet der Neid einen ertragreichen Nährboden. »Die Grade dieses Gefühls«, erklärt der Arzt Mandeville in seiner Bienenfabel, einer scharfsinnigen Gesellschaftsanalyse, »hängen je nach Umständen hauptsächlich von der Nähe oder Entferntheit der betreffenden Objekte ab. Wenn einer, der zu Fuß gehen muß, einen großen Mann beneidet, weil er sich einen Wagen mit sechs Pferden hält, so wird dies nie mit der Heftigkeit geschehen oder ihm den Verdruß bereiten, wie einem Manne, der selbst einen Wagen hat, aber sich bloß vier Pferde leisten kann.« Der Neid ist also ein sensibles Instrumentarium, das die Distanz zwischen Menschen aufzeichnet. Niemals haben großzügige Einblicke in die schmuckvolle Einrichtung einer Prominentenvilla, wie sie von bunten Blättern oder Fernsehreportagen gewährt werden, den Neid der Bürger erregt, immer ist es der zufällig entdeckte Gehaltsstreifen des Kollegen gewesen. Dem Gleichgestellten, so formuliert es der stille Vorwurf, darf es nicht besser gehen. Es ist unter Personalberatern ein offenes Geheimnis, daß viele Angestellte bei Gehaltsforderungen weniger nach irgendeiner absoluten Lohnhöhe trachten, als darauf achten, daß der gebotene Abstand zum minder eingeschätzten Kollegen gewahrt bleibt. Die monatliche Abrechnung soll in unbestechlichen Zahlen die Wahrheit der Distanz zum Anderen dokumentieren. Wehe, wenn diese Grenzen nicht eingehalten werden. Schon Banalitäten können sie verletzen: die getönten Scheiben des Dienstwagens wie die vom Geschäftsführer bewilligte Reise nach Fernost. Der Soziologe vermerkt dies ungerührt: »Im ganzen hat man den Eindruck, daß die Menschen sich niemals um solcher Kleinigkeiten und Nichtigkeiten willen lieben, wie sie sich hassen«, notiert Georg Simmel. Der Prosaist hingegen wundert sich: »Sonderbar, daß die kleinen Nuancen des Lebens so viel Feindseligkeit unter den Menschen bewirken – und das allen gleiche Sterben-Müssen so wenig Solidarität«, sagt Alfred Polgar.

Solange man die Wurzel des Neides zu benennen weiß, solange man Gründe angeben kann für das größere Ansehen des Anderen, solange der Neid auch nur einigermaßen vernünftig erklärt werden kann, bleibt er zahm. Die ausgesuchten Erklärungen sorgen schon dafür, daß die Entstehungsbedingungen des beneideten Vorzuges ungeschützt und nackt daliegen. Man entdeckt unversehens kleine Fehlstellen, man sieht manche Schwäche und die verzweifelten Anstrengungen, deren es bedurfte, damit der Beneidete jene Höhe erklimmen konnte, die ihm nun so uneingeschränkt Bewunderung einbringt. Der Neid wird stumm angesichts der mannigfaltigen Umwege und Hindernisse, die es zu meistern galt. Aber was ist, wenn all diese wenig begehrenswerten Entstehungsbedingungen undurchsichtig bleiben? Wenn die Gründe für den Erfolg nicht aufgedeckt werden können? Was ist, wenn man in Dingen, die von der menschlichen Willkür nicht beeinflußbar sind, die Gerechtigkeit vermissen muß? Wenn einer, ohne daß man dafür einleuchtende Begründungen bemühen könnte, spielend leicht alle anderen überflügelt? Was ist, wenn die von den Menschen mit Macht betriebene und streng gehütete Gleichheit eine Schwachstelle, eine Lücke an ihren Rändern aufweist, die für Bevorzugungen aller Art durchlässig ist? Wenn Natur und Zufall, Glück und Beliebigkeit die Anstrengungen der Menschen um Gerechtigkeit hohnlachend ignorieren und ihrem Streben nach Gleichheit ein Schnippchen schlagen, indem sie irgendeinen auswählen, den sie mit ihren besten Gaben auszeichnen – was ist dann?

Dann hat sich das Geheimnis der Ungleichheit, vor dem sich alle fürchten, unter den Menschen offenbart. Es umfängt beide, den Beneideten wie den Neidischen, den einen hebt es heraus, dem anderen wird es zum Skandal und Ärgernis. Einem Ärgernis, das Herman Melville in seiner Erzählung »Billy Budd« zum Thema macht: »Gibt es etwas Geheimnisvolleres als jene tiefe ursprüngliche Abneigung, die in gewissen seltsamen Sterblichen beim bloßen Anblick eines anderen, noch so harmlosen, Sterblichen aufwachen kann, ja vielleicht gerade durch diese Harmlosigkeit hervorgerufen wird... ›Dunkle Worte‹ werden einige sagen. Aber warum? Nur weil sie ein wenig nach der Heiligen Schrift schmecken und ihrem Worte von dem mysterium iniquitatis.«

Woher rührt das? Von Anfang an spürt man, daß von einem Menschen eine merkwürdig bedrohliche Ausstrahlung ausgeht. Niemals zuvor im Leben hatte man mit ihm zu tun, und dennoch hat er, der vielleicht vor Minuten erst in den eigenen Gesichtskreis getreten ist, etwas Unheimliches an sich. Es ist zwecklos, nach den Ursachen dieses Gefühls zu forschen. Der Neid legt sich wie ein kalter Nebel lautlos über die Wahrnehmung; man erfährt nicht, wo er seinen Ausgang genommen hat und warum er einen umhüllt. Aber er ist da, als deutlich spürbare Last, die verhindert, daß man frei und unbeschwert atmen kann. Claggart, dem Schiffs-Waffenmeister in Melvilles Erzählung, ist es so ergangen. Mit nichts hatte

Billy, dieser Junge, dem er später alles, selbst das Leben mißgönnte, aufzuwarten. Durch nichts war er ausgezeichnet – und doch war er so aufreizend anders als alle Matrosen und Offiziere in der Mannschaft. Claggart wußte sich des in ihm hochkriechenden Neides nicht zu erwehren. Wo auch hätte er ansetzen sollen? Er, der Waffenmeister, war entwaffnet. Weder gegen sein Ressentiment noch gegen diese unwiderstehliche Ausstrahlung des Jungen fand er ein probates Mittel. Unversehens wurde er in einen tödlichen Kampf hineingerissen. Das Geheimnis der Ungleichheit hatte sich seiner gewaltsam bemächtigt.

Es gibt eine Abneigung, die man nicht mit Gründen zu belegen vermag. Sie ist das genaue Gegenstück zu den außergewöhnlichen Fällen, da einer, ohne daß sein Leben dafür Anlaß gibt, vom Erfolg mit reicher Zuneigung bedacht wird. Solange solche scheinbar irrationalen Kräfte in der Geschichte wirken und einzelne unscheinbare Menschen mit der grundlosen Gnade des Ruhms bescheren, wird der Neid nicht aus dieser Welt auszurotten sein. Warum ist einer Lieblingsjünger oder Vorzugsschüler? Und warum läuft ein anderer stets hinterher und streckt sich vergebens nach der Sympathie des Lehrers, obwohl er mindestens vergleichbare Talente aufweist? Die Vernunft wird sich an Fragen dieser Art die Zähne ihrer Logik ausbeißen – was sie nicht hindert, diese Fragen zu stellen.

Um diese Lust der Vernunft an ihrem Untergang nachvollziehen zu können, bedarf es einer neuen Überlegung. Der Hinweis auf die so unberechenbare Eigenschaft des Menschen, sich immer wieder unter seinesgleichen nach dem Maß der Sympathie einzelne auszusuchen und mit seiner Liebe und Fürsorge zu bedenken, reicht nicht aus, den verbohrten Charakter des Neides zu verstehen. Von diesem Laster wird ja nicht nur der Zu-kurz-Gekommene geplagt, jener, der an seinen Lebensplänen unablässig Abstriche machen muß. Im Gegenteil: Man könnte alles besitzen, und doch wäre man vor diesem dünnlippigen Dämon namens Neid nicht sicher. Gewiß, der Neid ist ein Dieb, aber er stiehlt auch, was ihm selber schon gehört. Von seinem Besitz hat er allerdings nichts. Sobald er sich das begehrte Objekt einverleibt hat, wird es wertlos und nichtig; der gierige Blick des Neides richtet sich längst wieder auf eine andere Sache. Der Neid ist das Sinnbild unermeßlicher Leere. Nur augenscheinlich will der Neidische den Reichtum des Anderen an sich raffen, seine hervorragenden Leistungen. Viel mehr beeinträchtigt sein Wohlbefinden, daß die eigenen Qualitäten, an denen er sich ja selber erfreuen könnte, ihm nicht exklusiv zugedacht sind. Es gibt einen Neid, der nicht am Mangel, sondern am Überfluß leidet. Diesem Mißgünstigen bereitet Verdruß, daß die meisten seiner glanzvollen Charaktermerkmale – er hätte allen Grund, auf sie stolz zu sein –, als seien sie gespiegelt worden, in Gestalt von anderen noch einmal existieren. Allein diese Verdoppelung wurmt ihn. Denn durch sie büßt der Mensch seine Stellung im Zentrum der Bewunderung ein; jene Einzigartigkeit, für die er bisher alles gab, scheint angesichts des Anderen mit einem Schlag verloren zu sein. Nicht was einer hat, beschäftigt diese Variante des Neides, sondern daß er hat – genauer: daß er das Haben hat, daß er überhaupt die Vorzüge des Besitzens genießen darf. Kein Ding dieser Welt vermag die Leere des Neidischen ganz und gar aufzufüllen – und wenn alle ausdenkbaren Begabungen sich, wie von wundersamen Kräften angezogen, in ihm versammelt hätten, bräche seine Mißgunst sofort auf, sobald ein anderer mit ebenfalls begnadeten Fähigkeiten neben ihm aufträte. Der Neid will nicht nur alles haben; er will auch, daß andere nichts haben. Erst dann gibt er sich zufrieden. Zutiefst neidet der Neidische dem anderen also weniger den Gegenstand des Habens als das Haben selber: Dieses, gleichsam metaphysische Gerippe des Neides stützt alle seine blassen Verkörperungen.

Im Futterneid, der am eigenen Überfluß lieber ersticken würde, als von ihm abzugeben, vermag man die Struktur des Neides präzise zu studieren. Wie groß muß die innere Leere sein, wenn nicht einmal das Gefühl der Sattheit verhindern kann, dem Anderen die Mahlzeit zu lassen. Was ist das für ein Drang, mehr haben zu wollen – mehr als man selber verträgt? Man kann diese Variante des Neides auch an anderer Stelle beobachten: Einer möchte ein Buch ausleihen. Jahrelang hatte man es nicht mehr angeschaut; es lag vergessen im Regal. Doch plötzlich, als seien durch die Bitte um Ausleihe verdrängte Besitzerinstinkte und ein vorauseilender Neid wachgerufen worden, verspürt man einen bitteren Geschmack bei dem Gedanken, das Buch für einige Zeit in den Händen eines anderen zu wähnen. In solchen Situationen verschwimmen die Grenzen zwischen den Leidenschaften: Der Neid gerät in die Fänge des Geizes, wie der Futterneid fast schon die feiste Fratze der Völlerei angelegt hat. Dabei verfolgt er nur ein Ziel: Der Andere, der Konkurrent soll keinesfalls an dem eigenen Haben teilhaben können.

Es ist das häßlichste, aber auch das wahre Gesicht, das der Neid in solchen Augenblicken offenbart, er zeigt seinen nihilistischen Charakter. Niemand hat die vernichtende Kraft des Neides so feinsinnig aufgezeichnet wie Nietzsche. In einem Aphorismus mit dem düsteren Titel »Der Weltvernichter« skizziert er den logisch-psychologischen Kurzschluß dieser Leidenschaft, nach dem die persönliche Misere mit dem ganzen Kosmos verrechnet wird: »Diesem gelingt etwas nicht; schließlich ruft er empört aus: ›So möge doch die ganze Welt zugrunde gehen!‹ Dieses abscheuliche Gefühl ist der Gipfel des Neides, welcher folgert: weil ich etwas nicht haben kann, soll alle Welt nichts haben! soll alle Welt nichts sein!«

Es gehört zu den zerstörerischen Paradoxien des Neides, daß er fähig wäre, sich erst durch die ganze Welt zu fressen, bis von ihr nichts mehr vorhanden ist. Die tödliche Konsequenz, mit der er wütet, kennt nur einen Gedanken: Das Vernichtungswerk muß beendet werden, auch wenn er sich selbst dabei opfern müßte. Der Neid ist ein radikaler Nihilist. Er will das Nichts, da das Ganze nicht zu haben ist. Er trachtet nach dem Leben.

Wohl kein Bühnenstück hat dieses Motiv so herausgearbeitet wie Peter Shaffers »Amadeus«, die Geschichte des vom Neid zerfressenen Wiener Hofkapellmeisters Salieri, der noch durch die Verbreitung des Gerüchts, er habe Mozart ermordet, versucht, am Ruhm des genialisch-leichtfüßigen Notendichters teilzuhaben. Blanker Haß und enthemmte Mißgunst spinnen in diesem Drama die Fäden, in denen Mozart sich zuletzt tödlich verfängt. Einer, der sich auserwählt dünkt, Salieri, wird in seinem Glauben enttäuscht, als er dem jungen Komponisten aus Salzburg begegnet und dessen überreiche Begabung sofort erkennt.

»Amadeus« ist das Drama der Mittelmäßigkeit, die nur zu einer grenzenlosen Leidenschaft wirklich fähig ist: zum Neid. In einem anklagenden Gebet zu Gott bekennt Salieri seinen unerträglichen Schmerz: »Capisco! Ich kenne mein Los. Ich fühle jetzt zum ersten Mal meine Leere, wie Adam seine Nacktheit fühlte... Heute abend steht irgendwo in dieser Stadt ein kicherndes Kind, das, ohne auch nur seinen Billard-Queue recht aus der Hand zu legen, ganz nebenbei, Noten zu Papier bringt, die aus jeder, die ich in aller Sorgfalt je geschrieben habe, leblose Krakel macht. Grazie, Signore. Du gabst mir das Verlangen, Dir zu dienen – das die meisten Menschen nicht haben – und sorgtest dann dafür, daß diese Dienste in den Ohren Deines Dieners nichtig klingen. Grazie!... Du gabst mir die Fähigkeit, das Unvergleichliche zu erkennen – das sich den meisten Menschen verschließt – und hast Dich damit auch versichert, daß mir meine Mittelmäßigkeit bewußt wird. Warum?! Wo liegt meine Schuld? Ich habe mich bis zu diesem Tage streng an die Tugend gehalten. Ich habe mich lange Stunden für meine Mitmenschen abgemüht. Ich habe an dem Talent, das Du mir gewährtest, gearbeitet und gearbeitet. Du weißt, wie hart ich gearbeitet habe. Und alles doch nur, um in der Ausübung meiner Kunst schließlich Deine Stimme zu hören! Jetzt höre ich sie allerdings – und sie nennt nur einen Namen: Mozart. Den gehässigen, kichernden, aufgeblasenen, infantilen Mozart – der noch keinen Augenblick in seinem Leben gearbeitet hat, um einem anderen zu helfen – Mozart, der, mitsamt seiner popoklopfenden Gemahlin, Scheiße im Maule führt!«

Salieris Gebet liest sich wie ein Curriculum durch die Psychologie des Neides. Alle seine Ausdrucksformen sind in dieser Rede vereint: die unvorstellbare Leere wie der unvermittelt sprühende Haß, die sinnlose Lust an der Zerstörung wie die eiskalte Berechnung. In allem aber entpuppt sich der Neid als ein intellektueller Grübler. »Capisco – ich habe verstanden«, so leitet Salieri seinen Leidenspsalm ein. Natürlich hat er in Wahrheit nichts verstanden – würde er sonst sich mit dem »Warum?« herumquälen? Und doch hat er begriffen, wie hoffnungslos endgültig seine Lage ist. Salieri muß einsehen, daß er sich in der Überzeugung, als einziger auserwählt zu sein, geirrt hat. Gewiß, auch der berühmte Hofkapellmeister ist mit einer unvergleichlichen Gabe ausgezeichnet worden – nur, es ist nicht die Musik, die ihn, wie er sich erträumte, über alle hervorragen läßt, sondern sein Gehör, das ihm die Genialität Mozarts bewußt werden läßt. Zwischen dem »Capisco« zu Anfang seines trotzigen Klageliedes und dem aufbegehrenden »Warum?« wankt das Verständnis Salieris hin und her. Ihn martert bis an sein Lebensende, nicht der Beste zu sein. Der stärkste Rivale Mozarts sieht und erkennt doch nicht: Warum der Andere und nicht vielmehr ich – das ist die verzweifelte Grundfrage des Neidischen.

Heimtückisch und klug benutzt Salieri seinen Neid schließlich als Werkzeug: Er beutet Mozart aus. Mit immer aufwendigeren und häufiger erteilten Aufträgen hält er das junge Genie in Atem, quetscht es aus, bis keine Note mehr aus ihm herauszupressen ist. Mozart stirbt über dem Requiem für seinen Vater – die letzten Takte vermochte er nicht mehr zu schreiben.

Es ist ein wohldurchdachtes Ende, mit dem der Autor Peter Shaffer seine Geschichte beschließt. Der Neid, der das Talent des Anderen nicht schmälern kann, fördert es im Übermaß und läßt es an sich selbst zugrunde gehen. Er gewinnt, indem er die Schwäche einer Begabung hemmungslos für seine Zwecke ausnutzt: nicht zu wissen, wo ihre Grenze verläuft. Kaum ein Genie, das sich nicht prinzipiell für schrankenlos hält. Das ist Salieris Chance gewesen.

Salieri tötet Mozart gleichsam mit dessen eigenen Fähigkeiten und demonstriert – hier wendet sich der Neid ins Theologische und wird, wie die Tradition sagt, zur Todsünde – Gott, daß der Mensch unter den vollkommenen Geschenken seines Schöpfers zerbrechen muß, da er ihnen nicht gewachsen ist. Sollte der Schöpfer also in Wahrheit ein abgefeimter, durchtriebener Vernichter sein, der seinen Kreaturen Möglichkeiten gibt, an denen sie erbärmlich zugrunde gehen müssen? »Dio Ingiusto! – Du bist der Feind! Ich nenne Dich jetzt – Nemico Eterno! Und das schwöre ich Dir: Ich werde bis zu meinem letzten Atemzug Deine Absichten auf Erden durchkreuzen, wo ich kann! Zu was soll der Mensch sonst taugen, wenn nicht dazu, Gott eine Lektion zu erteilen?« Salieris Schachzug, von der blitzenden Genialität der Bosheit entwickelt, die Mozarts Charisma in nichts nachsteht, zeigt, mit welch geschickter Hinterlist der Neid wirkt. Der Konkurrent wird beseitigt, ohne daß Spuren bleiben; der Hofkapellmeister selber hat keine Hand an Mozart gelegt. Er könnte zufrieden mit sich sein, wäre da nicht – die Musik. Sie vermag Salieri nicht wegzuschaffen aus dieser Welt, und in jeder Viertelnote, in jedem Pausenstrich und in jeder Synkope erinnert sie den gequälten Neider an sein unfreiwillig unvollkommenes Zerstörungswerk. Als sei diese absolut schöne Musik die Rache Gottes für Salieris Hybris, seinen Auserwählten in das Verderben getrieben zu haben, werden Mozarts Stücke, seine Opern, Klavierkonzerte und Symphonien, unmittelbar nach seinem Tod in ganz Europa berühmt.

Was ist der Neid? Ein blinder, stumpfer Vernichter oder ein irregeleiteter Schöpfer? Bewirkt er Gerechtigkeit unter den Menschen oder Mittelmaß? Sorgt er dafür, daß keiner vorgezogen wird, damit niemand zu kurz kommt, oder verkürzt er Ausnahmeerscheinungen, damit niemand vorgezogen wird? Was ist der Neid? Ein kleiner, unvollständiger Gang durch die Philosophiegeschichte liefert folgende Antworten:

»Neid und Eifersucht sind die Schamteile der menschlichen Seele«, sagt Nietzsche.

»Hat aber je einer im Ernste zugegeben, daß er neidisch sei?« fragt Melville.

»Der Neid bereitet sich selbst Pein wie einem Feind«, bemerkt Demokritos, ganz zu Beginn der Geschichte des Denkens, und verallgemeinert seine Einsicht: »Scheelsucht schafft den Anfang der Zwietracht.«

Auch Goethe kennt diesen Charakterzug und dichtet im »Tasso«: »Doch hält der stille Neid mit kalter Hand / Die edelsten Gemüter auseinander.«

Der Soziologe Schoeck, der ein grundlegendes Buch über den Neid verfaßt hat, behauptet hingegen: Der Neid »ist der große Regulator für alle zwischenmenschlichen Beziehungen«.

Marx widerspricht nicht: »Der rohe Kommunist ist nur die Vollendung dieses Neides.«

»Aber der Neid ist nicht bloß Betrübnis über das Glück eines andern: er ist auch Freude am Unglück eines andern.« So beschreibt ihn der amerikanische Schriftsteller Walker Percy.

Schopenhauer kommentiert: »Der schlechteste Zug in der menschlichen Natur bleibt aber die Schadenfreude, da sie der Grausamkeit enge verwandt ist, ja eigentlich von dieser sich nur wie Theorie von Praxis unterscheidet, überhaupt aber da eintritt, wo das Mitleid seine Stelle finden sollte, welches als ihr Gegenteil die wahre Quelle aller echten Gerechtigkeit und Menschenliebe ist. In einem andern Sinne dem Mitleid entgegengesetzt ist der Neid.«

»Mitleid aber überwindet den Neid«, meint Francis Bacon.

Wohingegen noch Pindar sang: »Besser als Mitleid ist Neid.«

Schärfer und verschränkter denkt Kant: »Der Neid (livor) als Hang, das Wohl anderer mit Schmerz wahrzunehmen, ob zwar dem seinigen dadurch kein Abbruch geschieht, der, wenn er zur Tat (jenes Wohl zu schmälern) ausschlägt, qualifizierter Neid, sonst aber nur Mißgunst heißt (invidentia), ist doch nur eine indirekt bösartige Gesinnung, nämlich ein Unwille, unser eigen Wohl durch das Wohl anderer in Schatten gestellt zu sehen.«

Kant könnte Hobbes gelesen haben. »Der Schmerz über die

Bevorzugung eines anderen, verbunden mit eigenem Streben, ist Nacheiferung; verbunden aber mit dem Wunsch, den Bevorzugten zurückzudrängen, Neid.«

»Der Neid hat scharfe Augen«, so kennzeichnet Schiller diese Leidenschaft.

»Neid sieht wohl den Bärenpelz, aber nicht die Motten«, führt dagegen ein altes Sprichwort aus.

Und Herbert Heckmann zieht die Summe: »Kurz gesagt: Er ist weder noch.«

Also: Was ist der Neid? Offenbar ein vielgestaltiges Wesen, ein Proteus, der sich in allerlei Formen gefällt, um so mit den Menschen seinen betrüblichen Schabernack zu treiben, ihnen das Leben zu erschweren, und der sich dabei hinter seiner verlogenen Maskerade bedeckt hält. Der Neid ist, ähnlich der Melancholie, reich an Widersprüchen. In solchen Spannungen fühlt er sich wohl. Er ist gehemmte Liebe und verhinderter Haß, ein Gerechtigkeitsfanatiker oder rachsüchtiger Unhold, der nur auf seinen Vorteil bedacht ist. Mal verbirgt er sich hinter dem freundlichen Lächeln eines Gratulanten – »wie beneidenswert!« –, ein anderes mal lugt er aus den Augenwinkeln des nächsten Freundes. Seine Farben wechselt er täglich. Zwischen Gelb und Grün weiß er sich nicht zu entscheiden. Zuweilen taucht er auch als ein blasses, magersüchtiges Gespenst auf. Die Römer wiederum schrieben dem Neidischen bläuliche Gesichtszüge zu. Woran also soll man den Neid identifizieren können?

Am Blick. Es ist das Auge, das den Neidischen verrät. Zu empfindlich, zu durchlässig ist dieses Organ, als daß nicht die ganze Schmach, die ein Mensch in der Wahrnehmung eines exzellenten Konkurrenten verspüren kann, wieder aus ihm herausbräche. Der Mißgünstige vermag seine Augen vor seinem Unglück nicht zu verschließen. Zwanghaft muß er aufs genaueste verfolgen, wie sich die hervorragenden Eigenschaften des Anderen auf seine unmittelbare Umgebung auswirken. Dennoch ist der Blick des Neidischen nicht offen; er lauert aus dem Winkel heraus; er schielt. Das

Schielen ist die Art, wie sich der Neid an seiner verwundbarsten, weil offensten Stelle davor schützen möchte, entdeckt zu werden. Es schielt nur, wer sehen will, ohne gesehen zu werden, genauer: wer sehen will, ohne daß sein Sehen gesehen wird. Nichts ist dem Neidischen peinlicher als bei seinem geheimen Messen und Wägen ertappt zu werden. Dann nämlich müßte er sein Tun bekennen.

Natürlich ist es zu einfach, diesen unbedingten Willen, im dunkeln zu wirken, auf das schlechte Gewissen des Neidischen zurückzuführen. Der Neid braucht sein sicheres Versteck vielmehr als notwendige, unerläßliche Arbeitsbedingung. Seine Augen dürfen nicht den Blick eines anderen streifen – nicht nur, weil so alles verraten wäre, sondern vor allem, weil allein ein unbeobachtetes Beobachten sich beim Messen nicht verrechnet. Im Vermessen ist der Gemessene ausschließlich Gegenstand des Messens. Wo sich aber in einem Augenspiel die Augenpaare berühren und einer den anderen erblickt, also: im Erblicken erblickt wird, dort hört – Sartre hat es ausgeführt – die Objektivität, die Gegenständlichkeit des Gegenübers auf. Abgelenkt voneinander erfassen die beiden wechselseitig ihre Existenz; die Augen sehen nicht mehr die Augen des Anderen, sondern schauen in sie hinein. Zwischen ihnen spielt sich mehr ab als die Wahrnehmung eines Objekts: Ein Verhältnis wird geboren, das dem Neid höchst unzuträglich ist. Er hat daher guten Grund, darauf bedacht zu sein, daß niemand sein düsteres Sinnen bemerkt.

Die Alten haben seit jeher die enge Verschlingung zwischen dem Neid und dem Gesichtssinn gekannt. Zwar ist die Rede vom »bösen Blick«, deren sie sich oft bedient haben, aus unserem Sprachschatz fast verschwunden – von der »bösen Zunge« und dem verhaltenen Abwehren, man möge einen möglicherweise glücklichen Ausgang aus einer beklemmenden Lage nur nicht »beschreien«, bevor er gelungen ist, hört man indessen häufiger. Aber noch im Wort »Scheelsucht« oder in Luthers »Schalksauge« hat sich der Aberglaube an den bösen Blick hartnäckig bewahrt.

Jeder Aberglaube ist eine entstellte Wahrheit. So formuliert die

Rede vom bösen Blick eine selten unbestätigte Erfahrung: daß es sich in Gegenwart neidischer Menschen nicht gut leben läßt. Wer kennt nicht den Millionär, der sein teures, handgefertigtes Sondermodell in der Garage stehenläßt, weil er sich so freier bewegen kann. Eine Genealogie des schlechten Gewissens müßte mit der Angst vor dem Beneidetwerden anheben. Der Neid entschuldigt sich gern selbst, indem er auf die unerhörte Provokation hinweist, die allein durch die Existenz des Beneideten und sein Gehabe gegeben ist.

Daß der böse Blick freilich auch weniger harmlos als solche geradezu grotesken Begleiterscheinungen zeitigt wie das besorgte Verhalten des Reichen, der seine Schätze nicht zur Schau stellt, belegen die Hexenprozesse. Seit dem 5. Dezember 1484, dem Tag, an dem die berüchtigte Bulle des Papstes Innozenz VIII. »Summis desiderantes affectibus« veröffentlicht wurde, nahmen Verfolgung, Knechtung, Geißelung und Verbrennung unschuldiger Frauen ihren Lauf. Im »Hexenhammer«, einem Buch, das die beiden Inquisitoren für Nord- und Süddeutschland, Heinrich Institoris und Jacob Sprenger, verfaßten, erhält der jahrhundertealte Aberglaube ein wahnwitziges Dokument des Schreckens. In diesem Werk wird der böse Blick viel bemüht und verurteilt.

Die Angst vor dem bösen, schielenden Blick, die der »Hexenhammer« für seine Zwecke dienstbar machte, führte in manchen Gegenden zu den absonderlichsten Ritualen. In Mecklenburg zum Beispiel durfte ein »Scheelsüchtiger«, dessen Augenmuskulatur ja nur einen natürlich bedingten Defekt aufwies, nicht beim Buttern zugegen sein. Die Furcht vor dem Neid kannte keine geographischen oder intellektuellen Grenzen. Selbst der aufgeklärte und kritische Geist Kant warnt den Reichen davor, seinen Reichtum schon mit Glückseligkeit zu verwechseln: »Wie viel Sorge, Neid und Nachstellung könnte er sich dadurch nicht auf den Hals ziehen«.

Der Begabte oder Vermögende versammelt alle Aufmerksamkeit auf sich. Doch je weiter er von denen entfernt ist, die seinen außerordentlichen Reichtum erkennen, desto eher erreicht ihn, statt Neid, leidenschaftliche Bewunderung. Zwischen Bewunderung und Neid existiert eine merkwürdige Verwandtschaft. Dieselben Begabungen, derselbe hervorragende Charakter vermögen dem einen nur ein verächtliches Naserümpfen zu entlocken, wohingegen der andere in helle Begeisterung ausbricht. Der Neid ist selber eine Art Bewunderung, ein unglückliches und verunglücktes Staunen über die Möglichkeiten anderer Menschen. »Mißgunst«, notiert Sören Kierkegaard, dem in der schillernden Welt der Leidenschaften keine unbekannt geblieben war, »ist versteckte Bewunderung. Ein Bewunderer, der fühlt, daß er nicht glücklich werden kann, wenn er sich hingibt, wählt es, mißgünstig demgegenüber zu werden, was er bewundert. So spricht er eine andere Sprache; in seiner Sprache heißt es jetzt, daß das, was er eigentlich bewundert, ein Nichts ist, etwas Dummes und Fades und Sonderbares und Überspanntes. Bewunderung ist glückliche Selbsthingabe, Mißgunst hingegen unglückliche Selbstbehauptung.« Die Worte sind verräterisch. Unter dem beschwichtigenden Gestus der Mäßigung verabscheut und diffamiert der Neidische alles Außergewöhnliche; er zieht es herab; er erfindet andere Begriffe, mit denen er glänzende Fähigkeiten lächerlich macht und denunziert: Der Tapfere ist nur verwegen und riskiert grundlos sein Leben. Der Kluge ist eigentlich altklug, der Gerechte grausam. Der Reiche gehört in die soziale Klasse der Neureichen, was allein schon Anlaß genug gibt, ihn zu meiden. Über allem aber thront das Ideal der Bescheidenheit, jenes scheinbar untadelige und unantastbare Regulativ, das sich aber in Wahrheit dem unersättlichen Ressentiment verdankt, welches nicht dulden kann, daß anderswo Verdienste ungeschmälert öffentlich werden. Die Bescheidenheit als sittlicher Wert verlangt von allen, die in den Verdacht geraten können, durch hervorstechende Leistungen aufzufallen und auf diese Weise Neid und Bewunderung zu erregen, sich diese Leistungen zu versagen, um keine unnötige Unruhe zu stiften. Mittels der Bescheidenheit hat sich der Neid in die Moral Einlaß verschafft und diktiert nun aus sicherem Versteck seine Forderungen der Welt der Außergewöhnlichen. Nichts ist verlogener als der leise vorgetragene Anspruch, man möge doch bescheidener sein. Wie ein scharfes Messer ebnet er alles ein, was jemals überragte; er nivelliert ohne Aufsehen und Anteilnahme die besten Köpfe auf eine arithmetisch bestimmte Ebene Null. Der Neid verträgt die Höhe nicht, ihm schwindelt leicht.

Nirgendwo ist es der Mißgunst gelungen, sich in die Alltagswelt eines Volkes so fest einzunisten wie bei den alten Griechen. Ob in der politischen Gepflogenheit des regelmäßig veranstalteten Scherbengerichts oder der Mutmaßung und Warnung der griechischen Dichter, die leicht reizbaren Götter könnten das Glück der Menschen mit Mißfallen honorieren – der Neid wirkte allenthalben stimulierend und regulierend, er stachelte die verborgene Lust am Wettkampf an und sorgte zugleich dafür, daß auch genügend Anlässe vorhanden sind, sich im direkten Vergleich mit dem Konkurrenten zu messen. Man kann die besten Errungenschaften dieser begnadeten Kultur ohne den Antrieb des Neides wohl kaum begreifen. Wieviel Kunstwerke, Skulpturen, Gemälde und Vasen, blieben unvollendet oder wurden, mit einem winzigen häßlichen Fehler versehen, an einer Stelle verunstaltet, allein aus Angst, durch die Vollkommenheit des Stückes die lauernde Rivalität der anderen, der Götter zumal, zu provozieren. Jacob Burckhardt, der einen »tiefen, böswilligen Neid« unter den Bürgern der Polis konstatiert, spricht in seiner »Griechischen Kulturgeschichte« den Wunsch aus, es solle einmal aus dem vereinten Bemühen eines Altertumskenners und eines erfahrenen Kriminalisten ein abschließendes Urteil hervorgehen können »über die schikanösen Fälle in den athenischen Gerichtsreden, im quantitativen und qualitativen Vergleich mit den vor heutigen Gerichten vorkommenden Fällen ähnlicher Art. Es würde sich dann weisen, ob in irgendeiner anderen Gegend der Weltgeschichte das Teuflische, das Vergnügen am Verderben von anderen sich so hat öffentlich laut machen dürfen.« Auch Nietzsche, sein Basler Kollege, färbt den ganzen griechischen Charakter ein in der trüben Farbe des Neides: »Der Grieche ist neidisch und empfindet diese Eigenschaft nicht als Makel, sondern als Wirkung einer wohltätigen Gottheit: welche Kluft des ethischen Urteils zwischen uns und ihm!« heißt es in einer der Vorreden zu fünf ungeschriebenen Büchern.

Am ehesten noch macht sich dieser ungebändigte Hang, nicht ertragen zu können, daß einer aus der Reihe der freien Bürger über Gebühr heraustritt, bemerkbar in einer Einrichtung, die die politische Natur der Griechen hervorgebracht hat. Das Scherbengericht, das sich in dem Augenblick durchsetzte, als Kleisthenes zu Anfang des fünften Jahrhunderts mit der Einführung einer neuen Verfassung die Chancengleichheit aller einklagte, sollte das sensible Gleichgewicht des Staates bewahren. Denn nun fürchtete man, es könnten in der Volksversammlung Männer sich Geltung und Ansehen verschaffen, die nichts anderes als die in der jungen Demokratie tief verabscheute Tyrannenherrschaft im Kopf hatten. Man benötigte also ein wachsames Korrektiv und fand es im Ostrakismos. Alljährlich wurde in einer Art Referendum geforscht, ob sich ein Politiker in der letzten Zeit besonders hervorgetan hatte und in der Lage wäre, die Wähler für sich einzunehmen. Sein Name wurde auf Tonscherben notiert. Vereinigten sich auf seinen Namen mehr als sechstausend Stimmen, galt er als allzu mächtig und durfte, allerdings ohne Schmälerung seiner Ehrenrechte und seines Vermögens, für zehn Jahre die Polis nicht mehr betreten. Das Scherbengericht war eine Auszeichnung, eine in geheimer Abstimmung vollzogene Bestätigung der Vermutung, einer könnte besser als die Regierenden sein. Und doch mußte der vermeintlich Beste gehen, damit den Archonten für längere Zeit die Möglichkeit gegeben wurde, unbehelligt und ohne Furcht vor dem aussichtsreichsten Rivalen zu handeln.

Man kann dem Scherbengericht, dieser seltsamen negativen Auszeichnung, einige übergeordnete, von der unmittelbar staatlichen Not abgesetzte Aspekte abgewinnen. Enthält es doch wesentliche Elemente des Neides. Der Ostrakismos nivelliert, ja stürzt überragende Menschen, er ist unduldsam allem gegenüber, was die Erbärmlichkeit des eigenen Lebens offenbaren könnte, und verbirgt seine Mißgunst außerdem noch hinter einem hehren politischen Gedanken, hinter der Absicht, die Tyrannis zu vermeiden. Dennoch entrinnt das Scherbengericht nicht einer hinterhältigen Dialektik: Mit der Ausweisung aus den Grenzen der Polis erkennen die Bürger die begnadeten Fähigkeiten des Vertriebenen ungewollt an. Es ist, so charakterisiert Kierkegaard das Scherbengericht, »eine Art Notwehr des Gleichgewichts wider das Ausgezeichnete«, und er rückt es strukturell ganz in die Nähe des Neides, dieser ebenfalls unglücklichen Liebe zum Besonderen. Denn unglücklich ist diese Liebe, da sie nicht haben kann, was sie begehrt, aber auch – im Gegenzug – nicht restlos hassen kann, was sie verachten muß, so daß die Verachtung, wie im Ostrakismos, die Anerkennung verrät und die Gier die Vergeblichkeit. Auch Mandeville stellt, ähnlich wie Kierkegaard, einen Zusammenhang zwischen dem Scherbengericht und dem Neid her: »Der Ostrazismus der Griechen war eine Opferung verdienstvoller Männer zugunsten einer Neidepidemie und wurde oft als unfehlbares Heilmittel verwendet, um die üblen Folgen allgemeiner Unzufriedenheit und Erbitterung zu verhüten oder wiedergutzumachen. Ein staatliches Opfer beschwichtigt oft das Murren eines ganzen Volkes, und spätere Geschlechter wundern sich häufig über derartige Barbareien, die sie unter gleichen Umständen selbst begangen haben würden. Sie sind Komplimente vor der Bosheit des Menschen, der nie besser gedient ist, als wenn sie sehen können, wie ein großer Mann gedemütigt wird.«

Es ist die Entlarvung sozialer Mißstände, die sich hier eines historischen Vorbildes als Formel bedient. Mandeville wie Kierkegaard – Nietzsche wird sich dieser Methode »vergnügten Sinnes« in den Weihnachtstagen des Jahres 1872 widmen, wenn er sich an die Verfassung seiner fünf Vorreden macht – sie alle, der Basler Altphilologe dürfte sicherlich am ehesten unter ihnen noch die Ausnahme sein, denken kaum an die wirklichen Bedingungen des

Scherbengerichts, eher an ihre eigenen Absichten, den Neid als Motiv der in ihrer Zeit gesellschaftlich gerechtfertigten Mittelmäßigkeit herauszustellen. Der Ostrakismos wird bloß als Beispiel eines klassischen kulturkritischen Topos gewählt. Ob die Griechen ihn wirklich aus mißgünstigen Antrieben heraus eingerichtet haben, mag man anzweifeln. Wahrscheinlicher scheint zu sein, daß auch an dieser Stelle ein zentraler Gedanke dieser reichen Kultur Gestalt geworden ist: die Ausrichtung des Lebens nach dem rechten Maß. Noch in der Unduldsamkeit gegenüber den Besten bewahrheitet sich der Wahlspruch des antiken Menschen: Nichts zuviel.

Bei den Tragödiendichtern und Sängern wird diese maßvolle Grenze in der Vorstellung festgeschrieben, die Götter seien neidisch auf das ausufernde Glück der Menschen. Eine beklemmende Lebenserfahrung transzendierten die Griechen so auf den Olymp: daß das Glück, kaum daß man es gewinnt, wieder zerrinnt. In der Ortung des Neides als Götteraffekt sind die Verantwortlichen für die ärgerliche Unstetigkeit des menschlichen Wohlergehens gefaßt. Man hat den flatterhaften Launen des Glücks Namen gegeben. Die Griechen wußten, woher die Kapriolen des Daseins ihren Ausgang nehmen, wenngleich deren Unberechenbarkeit nicht verschwand. Bevor ein Leben nicht abgeschlossen war, mußte jeder damit rechnen, für seinen frevelnden Übermut von höchster Stelle bestraft zu werden.

Es ist diese ängstliche Vorsicht, die sich in einer Lehrgeschichte Herodots widerspiegelt. Der älteste griechische Historiograph berichtet, daß der berühmte athenische Gesetzgeber Solon auf seinen Reisen zum unvorstellbar reichen König Kroisos gelangt und von diesem gefragt wird, wen er für den glücklichsten Menschen der antiken Welt halte. Natürlich will der König aus berufenem Munde sich selbst an die erste Stelle gesetzt sehen. Doch Solon erzählt von drei Verstorbenen, über die er auf seinen weiten Fahrten viel erfahren hat und die er für preiswürdig erachtet. Daraufhin wird Kroisos ungeduldig und spricht: »Gastfreund aus

Athen, und unser Glück wirfst du beiseite, wie ein Nichts?« Solon aber entgegnet: »Kroisos, mich, der ich weiß, daß die höhern Mächte allesamt eifersüchtig sind und verwirrend, befragst du, wie es steht um der Menschen Dinge. Sieh, die Zeit dauert lang, und da gibt es viel zu sehen, was man nicht mag, und auch viel zu erleiden.«

Es grenzte an Hochmut, die olympischen Götter herauszufordern dadurch, daß man vor seinem Lebensende für unwiderruflich glücklich erklärt werden will. Darauf reagierten sie mit Neid, jenem Sensorium, das ihnen signalisierte, ihre eigene Welt sei vor menschlichem Zugriff nicht mehr sicher. Der Mensch hatte also allen Anlaß zur Furcht vor der Maßlosigkeit. So auch der Agamemnon des Aischylos. Von Troia siegreich nach Hause zurückgekehrt, ist er in Sorge, den Neid der Götter zu erregen, wenn er die ausgebreiteten Purpurteppiche seiner Gemahlin Klytaimnestra betritt: »Daß ich, ein Mensch, auf bunten Prachtgewanden soll / Dahingehen, mir ist's Grund zu mehr als eitler Furcht, / Als Menschen, sag' ich, ehrt mich, nicht als einen Gott! ... / Und schreit' ich über diese Purpurtücher hin, / Nicht treffe fernher Neid mich aus der Götter Aug'.«

Der Neid behält den Abstand im Blick. Er garantiert, daß der Gott Gott bleibt und der Mensch Mensch, obwohl es den Göttern, sagen die Dichter, zuweilen gefiel, in Menschengestalt sich unter das Treiben der Sterblichen zu mischen, und auch unter den Menschen hervorragende Geister sich fast bis auf den Olymp aufschwangen. Es nimmt also nicht wunder, daß Aristoteles dort, wo er die philosophische Existenzform, das Ideal der reinen Theorie verhandelt, noch einmal zu der überkommenen Rede vom Neid der Götter zurückfindet. Denn auch das Denken, das metaphysische zumal, erhebt den Anspruch, in Gefilde vorzudringen, die eigentlich nur eines Gottes würdig sind. Der Philosoph scheint die Neidgrenze zu berühren, ja zu überschreiten. Was über ihm ist – soll ihn das nichts angehen? Muß nicht das Denken, das sich den Anfängen, den Prinzipien, den ersten Dingen dieser Welt zuwendet, notwendig den gefürchteten Frevel begehen, die wohlgehüteten Vorrechte der Unsterblichen zu verletzten? Den Verdacht, dem sich Aristoteles zu Beginn seiner»Metaphysik« aussetzt, räumt er aus, indem er auf die tägliche Erfahrung verweist. Der Theorie eilt die Empirie diesmal rechtfertigend zu Hilfe: »Sollte aber an dem, was die Dichter behaupten, doch etwas sein, und sind die Götter neidisch, so müßte das hier besonders zutreffen und alle, die in dieser Wissenschaft hervorragten, müßten unglücklich sein. Doch die Gottheit kann nicht neidisch sein, lautet doch das Sprichwort: Vieles lügen die Sänger; und keine andere Wissenschaft ist höher einzuschätzen als diese. Die göttlichste nämlich ist auch die ehrbarste.« Es ist ein überraschend schlichtes Argument, mit dem Aristoteles der weitverbreiteten Vorstellung vom Neid des Gottes beizukommen sucht: Es könnte, folgert er, wäre die Gottheit wirklich mißgünstig gesonnen, die höchste Erkenntnis nicht von glückhaften Augenblicken begleitet sein. Die Erfahrung, daß das reine, theoretische Denken dem Denker zugleich Wohlbefinden beschert, genügt, um sich von dem Glauben an den Neid der Unsterblichen verabschieden zu können.

Wenn das aber richtig ist – wie erklärt man die Schwierigkeiten der Vernunft mit sich selbst, das gequälte Stochern im Dunkeln der Erkenntnisräume? Welchen Stellenwert erhält dann die erschreckende Einsicht, mit den Gedanken nicht nur das Glück der Menschen gesucht, sondern auch deren Verderben vorbereitet zu haben? Rächt sich da nicht doch ein Gott an den allzu hochfliegenden Träumen der Menschen? Macht die vom Ballast des Alltagsgeschäfts gereinigte Theorie wirklich so glücklich, wie Aristoteles es versichert? Selten noch hat sich der Geist in seiner Geschichte als ein fröhlicher Glücksbringer erwiesen. Wer in den Kreis der Vernünftigen geraten ist, bekommt seinen Hunger nach Glück kaum gestillt. Das Denken schließt nicht die aufgerissene Lebenswunde, von deren pochendem Schmerz es ehedem herausgefordert wurde. Vielmehr wühlt es sich tiefer und tiefer in das beißende Übel hinein und hält es so im Bewußtsein. Aristoteles scheint zu irren. Das Lebensglück ist keine Sache der Vernunft. Also ist die Gottheit doch neidisch?

Jahrhunderte später gewinnt diese Fiktion, mit der die griechischen Dichter zwischen den Welten der Sterblichen und Unsterblichen unterschieden, noch einmal an Bedeutung. Hegel nimmt sie wieder auf, um dem Problem seine letzte Schärfe zu geben und es zu überwinden. Wie kann die uralte Angst, auf dem Weg des Geistes in die Höhen des reinen Denkens den Existenzraum Gottes zu verletzen, beruhigt werden? Gibt es eine Grenze der Vernunft nach oben? Die antike Sorge, es könnte das, was über uns ist, uns nichts angehen, wird, so behauptet Hegel, im Christentum aufgehoben. Man kann künftig auf das Glücksargument des Aristoteles verzichten. Denn es gehört zu den zentralen Einsichten des christlichen Glaubens, daß Gott selber demonstriert hat, wie wenig der Neid zum Repertoire seiner Leidenschaften zählt. Daß zwischen Gott und Mensch ein unüberbrückbarer Abstand klaffen könnte, diese Vorstellung wird widerlegt in der Menschwerdung des Sohnes. Nicht das in der theoretischen Erkenntnis erworbene Lebensglück des Menschen weist also nach, daß das höchste Wesen nicht neidisch ist, sondern das in der Lebenspraxis erduldete Leid Gottes. Im Mitleid Gottes wird dem Neid jede Existenzgrundlage entzogen. Hegel notiert: »Platon und Aristoteles haben der Vorstellung von einem göttlichen Neide widersprochen; noch mehr tut es die christliche Religion, welche lehrt, daß Gott sich zu dem Menschen herabgelassen habe bis zur Knechtsgestalt – daß er sich ihm geoffenbart, daß er damit das Hohe nicht nur, sondern das Höchste dem Menschen nicht nur gönne, sondern eben mit jeder Offenbarung es demselben zum Gebote mache, und als das Höchste ist damit angegeben, Gott zu erkennen.«

Vierte Todsünde
Der Geiz oder
Wie das Geld seinen Glanz verliert

Zum vierten Jahrestag der Oktober-Revolution am 6. November 1921 erschien in der »Prawda« ein Aufsatz »über die Bedeutung des Goldes jetzt und nach dem vollen Sieg des Sozialismus«. In diesem Artikel, der den Übergang vom hastigen Wüten der revolutionären Bewegung zu behutsameren Reformen im jungen Sowjetstaat rechtfertigt, ist das Gold die Metapher, an der der Erfolg einer radikalen Umgestaltung der Weltverhältnisse sichtbar gemacht werden kann. Solange die Diktatur des Proletariats noch nicht ganz und gar durchgesetzt sei, fordert das Dokument, habe der Revolutionär das Gold als Kampfmittel einzusetzen. Erst nach Vollendung seiner Ziele könne er der wahren, der nichtswürdigen Natur dieses Metalls entsprechen und es verschleudern. Man muß mit den Wölfen heulen, wenn sie noch nicht ausgerottet sind.

Das sind Vorstellungen aus geschichtlichen Zwischenphasen. Keine Revolution hat jemals erreicht, wofür sie eingetreten ist. Um so größer und kühner gerieten in den Zeiten der Verlangsamung des historischen Prozesses ihre Utopien. Lenin, der Autor und Unterzeichner dieses Zeitungstextes, wendet sich in solch einer Situation spürbarer Ernüchterung gegen zwei Parteien. Den geschworenen Gegnern der Revolution gilt es zu zeigen, daß der Übergang zu vorsichtigeren Reformen keinesfalls das Eingeständnis eines Zusammenbruchs bedeutet. Viel wichtiger aber ist es, die Befürworter der eigenen Sache in ihrer Zuversicht auf eine bessere Zukunft zu stärken und die gegenwärtigen Mühen und Enttäuschungen als vorübergehende, notwendige Erscheinungen im revolutionären Kampf auszuzeichnen. Alles kommt darauf an, in Augenblicken heraufziehender Resignation durchzuhalten. Doch wie soll man erklären, daß der Kommunismus auf den Handel mit der Großindustrie noch nicht verzichten kann?

Lenin entwickelt eine Vision: »Wenn wir dereinst im Weltmaßstab gesiegt haben, dann werden wir, glaube ich, in den Straßen einiger der größten Städte der Welt öffentliche Bedürfnisanstalten aus Gold bauen. Das wäre die ›gerechteste‹ und beste anschaulich-belehrende Verwendung des Goldes für die Generationen, die nicht vergessen haben, wie man des Goldes wegen zehn Millionen Menschen niedergemetzelt und dreißig Millionen zu Krüppeln gemacht hat in dem ›großen Befreiungs‹krieg 1914 – 1918.« Durch die Verwendung des Goldes als Grundmaterial für Pissoirs könnte das siegreiche Proletariat ein Zeichen setzen: Die Arbeiterklasse verurteilt, indem sie die Verherrlichung des Kapitals verachtet und verspottet, dessen Eigner. Latrinen aus Gold entschädigen zwar nicht die Opfer des Krieges, aber jede Nutzung vermittelt das Gefühl moralischen Triumphs. Deutlicher: wo gegen goldene Wände gepißt wird, verschwindet – unter Lustgewinn – der Glanz. Daß sich diese, von Lenin gewählte symbolische Antizipation künftiger Verhältnisse letztlich doch wie ein Eingeständnis von Schwäche und Ohnmacht liest, lag nicht in der Absicht des Verfassers. Denn den Rachedurst der Revolutionäre abzulenken, indem man ihnen skurrile Mahnmale in die Städte zu bauen verspricht, die die Verführungen des Reichtums anprangern, das wirkt angesichts der Lebensgefahr der Kämpfenden als Verniedlichung nur zynisch. Als ob die Beschmutzung des Goldes die Greueltaten des Krieges vergessen machen, geschweige denn sühnen könnte.

Hinter diesem Bild verbirgt sich denn auch ein anderes Interesse. Die Revolution krankt an einer Schwäche: Man benötigt das Gold noch. Die Imagination der Bedürfnisanstalten soll die Aufmerksamkeit des Artikellesers in die Zukunft richten, deren unmittelbar erwartete Ankunft sich verschoben hat. Das große Ziel, da alle Werte umgewertet sein werden, darf nicht aus den Augen verloren werden – auch wenn die Vermehrung des Kapitals noch betrieben werden muß. Mit der präzisen Prophezeiung eines zweiten, verheerenden Krieges begründet Lenin seine Aufforderung, es gelte einstweilen, wider allen revolutionären Willen, beim Gold Sparsamkeit walten zu lassen.

Lenins Text spielt mit den Metaphern einer alten Geschichte: Vespasian, heißt es, wurde von seinem Sohn Titus zur Rede gestellt, weil er eine Latrinensteuer in Rom erlassen hatte. Der Sohn tadelte, es sei unter der Würde eines Kaisers, aus dem Urin, dessen Ammoniak als Grundstoff zum Gerben diente, Kapital zu schlagen. Der Biograph Sueton bemerkt zu dieser Begebenheit, der Kaiser mache gern Witze »über seine nicht eben sauberen Finanzoperationen«, und erzählt, wie Vespasian die Vorhaltungen seines Sohnes erwiderte: Der Kaiser hielt ihm eine Münze aus der ersten Abgabe unter die Nase mit der Frage, ob der Geruch störe, und als dieser verneinte, sagte er, und doch sei sie vom Urin. Mehr als in einer Variante wird diese Begebenheit in der alten Literatur aufgeführt; bekannt und sprichwörtlich geworden ist die Pointe: non olet – Geld stinkt nicht.

Man kann sich die Metaphern nicht immer aussuchen. Es gehört zur Magie der Sprache, daß die Gegenstände nicht mit beliebigen Wortbildern Wahlverwandtschaften eingehen. Zwei unterschiedliche Episoden, durch Jahrhunderte getrennt, entsprechen einander in einer einzigen Assoziation: Zwischen der Natur des Geldes und der Natur der Natur, des Stoffwechsels, herrscht mehr als die Beziehung, die ein Sprachzufall herstellen könnte.

Warum diese und nicht andere Geschichten? Sie enthalten die beiden Erscheinungsformen der im lateinischen Mittelalter so genannten Todsünde avaritia, des Geizes: die Habsucht und die übersteigerte Sparsamkeit. Vespasian wird von Sueton als ein raffgieriger Herrscher geschildert, der sich nicht scheut, aus Schmutz Geld zu ziehen. Lenin hingegen zeigt sich in seinem Artikel als ein vorsichtiger, sensibler Taktierer, dem Sparsamkeit noch als ein edler Wert gilt, bevor, am Ende der Revolution, das Geld in den Schmutz gezogen werden kann. Der eine macht Profit ohne Bedenken – Geld stinkt nicht; dem anderen ist genau dieser Charakter des Geldes, daß es nicht stinkt, höchst anrüchig.

Das Non olet wird zum Symbol für die Verwerflichkeit dessen, der, wie der Geizige, nach dem Geld strebt: Sein Herz an ein Abstraktum zu hängen ist verkehrt. Stänke das Geld, es wäre nicht anrüchig. So aber kennzeichnet die Geruchslosigkeit das Geld als ein geschichtsloses Element, als ein Mittel, dem man seine Herkunft nicht anmerkt. Ob es der Lohn harter Arbeit ist, ob es der Gewinn eines Betruges ist und geradewegs aus einer Geldwaschanlage kommt – man wird es wohl kaum erfahren. Geld ist diskret, es verrät seine Vergangenheit nicht. Muß also nicht der, der sich im Übermaß um dieses charakterlose Geld kümmert, selber von üblem Charakter sein?

Mandeville bestimmt den Geiz als »schmutzige Liebe zum Geld« und verwendet, als zwänge ihn die Sprache, die bekannte Metapher. Was macht diese Leidenschaft so unsauber? Verführt die Absurdität intensiven Bemühens um eine kalte, leblose Materie immer wieder zu Bildern dieser Art: In der Reinheit des Geldes spiegelt sich die Hingabe des Menschen als moralische Verschmutzung? Es ist diese auffällige Hartnäckigkeit im Gebrauch der Metapher, die auf einen Vorgang schließen läßt, der tief ins Psychologische reicht. Nie ist hier der Schmutz nur äußerer Natur, wie auch die Sauberkeit, als geschätztes Pendant, stets den Anspruch erhebt, mehr zu sein als die Reinheitsqualität eines Gegenstandes.

»Es ist rührend zu sehen, wie die Habundgut ihrem Geld eine Serviette umbindet, vor der Mahlzeit. Sie hat nicht gern, wenn es schmutzig wird, sie hat's gern sauber. Zwar kommt es vor, daß sie Noten erhält, die nicht neu sind. Aber unter ihrer Pflege verwandeln sie sich und strahlen wie am ersten Tage.« In der kleinen Skizze Elias Canettis muß das Geld geschützt werden. Seine Unversehrtheit könnte es im Gebrauch verlieren. Der Satz, pecunia non olet, sagt in diesem Fall nichts über die Natur des Geldes aus; er ist allenfalls das Ergebnis einer intensiven, sorgfältigen Betreuung, die allein der Geizige aufzubringen vermag. In Gegenwart der »Habundgut«, der Reinlichkeit über alles geht, verschwindet die im Verkehr erworbene Unsauberkeit des Geldes. Der Geizhals, so zeichnet ihn Canetti, ist der einzige unter den Menschen, der das Geld um seiner selbst willen schätzt. In schönster Analogie zu einer Formel des kategorischen Imperativs behandelt er das Kapital, nicht die Person, »jederzeit zugleich als Zweck, niemals bloß als Mittel«.

Geiz, Sparsamkeit, Ordnung, Reinheit und Schmutz erscheinen in den herangezogenen Geschichten als Elemente einer Assoziationsreihe, die das Geld in den Kontext des Anrüchigen und Bedenklichen versetzt. Radikal stößt Lenin in seiner Vision von den goldenen Bedürfnisanstalten das Geld ab: Es ist naturgemäß schmutzig – was also hindert, es noch mehr zu beflecken? Ein Gegenbild zu dieser Imagination ist die Anekdote über den römischen Kaiser Vespasian: Man kann das Geld nicht beschmutzen, da es seinem Wesen nach sauber ist. Mandeville wiederum faßt den Unterschied zwischen Reinheit und Beflecktheit als Differenz in den Einstellungen zum Geld: Der Mensch beschmutzt sich, indem er das Kapital verabsolutiert, im Verzicht auf seinen Gebrauch. Das Geld selber bleibt metaphorisch unberührt. In der Charakterstudie Canettis endlich verändert sich die Perspektive noch einmal: Das

Geld ist nur so lange sauber, wie es aus dem Verkehr gezogen ist. Der Geizige erscheint als Reinlichkeitsfanatiker.

Unter dem lakonischen Titel »Olet« vermerkt Adorno in den »Minima Moralia«: »In Europa hatte die vorbürgerliche Vergangenheit überlebt in der Scham, für persönliche Leistungen oder Gefälligkeiten sich bezahlen zu lassen. Davon weiß der neue Kontinent nichts mehr.« Daß Geld nicht stinkt, gerät hier zum Merkmal einer Degeneration. Der Satz ist Ausdruck nicht allein für eine unbekümmerte und geduldete Ausweitung der Lohnarbeit in den Vereinigten Staaten, ja aller Formen des Erwerbs, und der Hemmungslosigkeit Geldgeschenken gegenüber, er enthält auch einen Hinweis auf die mit dem entfesselten Tausch einhergehenden Veränderungen im Subjekt. Wo die Schranken des Stolzes, sich für Freundlichkeiten bezahlen zu lassen, gefallen sind, wird alles in den Sog des Tauschgeschäfts gerissen. Der Geist ist käuflich geworden. Adorno könnte sich in seiner Erinnerung an die vorbürgerliche Scham auf Aristoteles berufen, für den die aristokratische Tugend der Großzügigkeit im Geben fast maßlos ist, wohingegen sie im Nehmen eine Scheu an den Tag legt. Diese vornehme Zurückhaltung ist durch den entgrenzten Geldverkehr korrumpiert worden. Nur in entlegenen, symbolischen Resten wird sie noch bewahrt. So konstatiert Adorno, an die Schmutzmetapher auch in deren Negation erinnernd, Überreste der verlorenen Scham in der Kulturindustrie: »Das übermäßig Blanke, hygienisch Saubere der industrialisierten Kultur ist das einzige Rudiment jener Scham, ein beschwörendes Bild, vergleichbar den Fräcken der obersten Hotelmanager, die, um nur ja nicht mehr wie Oberkellner auszusehen, die Aristokraten an Eleganz überbieten und damit wieder als Oberkellner erkennbar werden.« In dem trügerisch-blendenden Auftritt der unbestechlich wirkenden Kulturindustrie, der nur die Berührung von dem schmutzigen Geld kompensieren soll, scheint eine neue Bedeutungsvariante des alten Satzes, pecunia non olet, erreicht zu sein: Jeder kennt die Verführung durch Geld, aber keiner gibt sie mehr zu. Diese Verschwiegenheit, eine Mischform aus Selbsttäuschung und Verdunkelung, ist der Boden, auf dem die Macht des Kapitals erst richtig gedeihen kann. Pecunia non olet: Alle wissen das Gegenteil – und handeln doch, als ob der Satz wahr wäre. Das Geld stinkt nicht, weil es nicht stinken darf.

Der Geizige unserer Zeit, »le nouvel avare«, wie Adorno ihn in einem früher geschriebenen Aphorismus in Anspielung auf die französische Überlieferung nennt, hat aus diesen veränderten gesellschaftlichen Bedingungen Konsequenzen gezogen: Er akzeptiert die Universalität des Tausches und gewinnt daraus seine Vorteile. »Zeitgemäß ist der Geizige, dem nichts für sich und alles für die andern zu teuer ist. Er denkt in Äquivalenten, und sein ganzes Privatleben steht unter dem Gesetz, weniger zu geben, als man zurückbekommt, aber doch stets genug, daß man etwas zurückbekomme.« Es ist offenbar kaum noch möglich, innerhalb der vielfältigen Wirtschaftsverflechtungen der modernen Welt den Charakter des Geizes rein auszubilden, als bloße Habsucht, so wie sie von Molière oder Balzac geschildert worden ist. Das Erklärungsmuster des Geizes als pure Habgier gerät angesichts eines Typus, der den Besitz nicht mehr unmittelbar verabsolutiert, sondern als Resultat eines dialektischen Tauschprozesses begreift, an seine Grenze.

Dieses Interpretationsgerüst entnahm unser Jahrhundert einer kleinen Studie Freuds. Als Pikanterie wurde sie jahrelang herumgereicht, als vorsichtiger Beitrag zu einer Metapherngeschichte indessen ist sie angelegt. Freud notierte im Jahr 1908 einige Auffälligkeiten, die ihm während seiner Arbeit als Arzt mit einer für ihn seltsamen Regelmäßigkeit untergekommen waren. So hielt er es für bemerkenswert, daß zwischen Ordnungsliebe, Geiz, Eigensinn, Sparsamkeit und einem Typus, der der Afterzone besondere, lustvolle Aufmerksamkeit zuwendet, ein unverkennbarer Zusammenhang herrscht. »Die innere Notwendigkeit dieses Zusammenhangs ist mir natürlich selbst nicht durchsichtig«, sagt er einschränkend, dennoch enthält die kleine Schrift »Charakter und

Analerotik«, die später den Freud-Schüler Ferenczi zu zwei Folgearbeiten herausgefordert hat, Elemente einer Minimaltheorie.

Die Konzentration dieser Eigenschaften auf bestimmte Charaktere deutete Freud als sublimierte Analerotik; zu offenkundig waren ihm die Beziehungen zwischen der Geldneurose des Sparsamen, des Geizhalses und deren Defäkationsproblemen. »Jedem Arzte, der die Psychoanalyse geübt hat, ist es wohl bekannt geworden, daß sich auf diesem Wege die hartnäckigsten und langandauerndsten sogenannten habituellen Stuhlverstopfungen Nervöser beseitigen lassen. Das Erstaunen hierüber wird durch die Erinnerung gemäßigt, daß diese Funktion sich ähnlich gefügig auch gegen die hypnotische Suggestion erwiesen hat. In der Psychoanalyse erzielt man diese Wirkung aber nur dann, wenn man den Geldkomplex der Betreffenden berührt und sie veranlaßt, denselben mit all seinen Beziehungen zum Bewußtsein zu bringen. Man könnte meinen, daß die Neurose hierbei nur einem Winke des Sprachgebrauchs folgt, der eine Person, die das Geld allzu ängstlich zurückhält, schmutzig oder filzig (englisch: filthy = schmutzig) nennt.« Die Neurose wiederholt archaische Denkmuster, in denen sich die Vorstellungsnähe von Geld und Dreck manifestiert hat. In der Symbolisierung des Goldes als Höllenkot – ein Topos altbabylonischer Geschichten – oder in der Figur des Dukatenscheißers ist diese sprachliche Fügung überliefert worden. Freud folgert: »Wenn also die Neurose dem Sprachgebrauche folgt, so nimmt sie hier wie anderwärts die Worte in ihrem ursprünglichen, bedeutungsvollen Sinne, und wo sie ein Wort bildlich darzustellen scheint, stellt sie in der Regel nur die alte Bedeutung des Wortes wieder her.«

Aber kann es für eine Erkenntnis des Geizes ausreichen, daß man auf vage Verbindungen zur Frühgeschichte gestoßen wird? Woher rührt die Schmutz-Metaphorik, und was will sie sagen? Wenn die Neurose eine ins Krankhafte gesteigerte Übersetzung alter Vorstellungen sein soll, deren Bildersprache unmittelbar körperlich ausgedrückt wird, so stört die Zufälligkeit dieser Erklärung. Weshalb sollen diese überkommenen Sprachelemente jenen inneren Zusammenhang mit dem Geldkomplex besitzen, dessen Notwendigkeit Freud nicht nachweisen konnte? Kann die Metapher noch anders als in eine Neurose »übersetzt« werden?

Bilder führen das Denken nicht nur, sie verführen es auch. Es ist ein großer Vorzug der Beobachtung Freuds, daß sie bei der Analyse des Geizes als pathologisches Phänomen auf Verwandtschaften in der Sprache zurückgreifen und der auffälligen Metaphorik des Geldes ein lebensgeschichtliches Fundament zuordnen kann. Und umgekehrt verleiht sie dem Fund ältester Wortbilder Bedeutsamkeit. Aber sie muß zugleich wichtige Elemente des Geizes ausblenden. Die Konzentration auf den Krankheitsverlauf, auf dessen Assoziationen zum Haben und Behalten, läßt nicht zu, auch die ökonomischen Spielregeln, auf die der Geizhals reagiert, in die Charakterstudie mit einzubeziehen.

Daß sich die Vorstellung vom Geiz weithin über seine literarische Behandlung in der Komödie, in Anekdoten und deren Schmutz-Metaphorik ausgebildet hatte, hat die Perspektive auf das Haben und Behaltenwollen verengt. Noch Ferenczi deutet den Besitz als ein Kopro-Symbol: Das Gesäß verteidigt den Wertgegenstand durchs Daraufsitzen. Können in dieser Art Assoziationen die Sprachbilder erschöpft sein? Eine listigere Variante des Geizes ist sein souveränes Spiel mit den Gesetzen des Geldverkehrs; er versteht es, sich im Wechsel zwischen Geben und Nehmen die Vorteile des Mehrwerts zu verschaffen. Der moderne Habgierige kann seinen angehäuften Reichtum nicht bloß zusammenhalten wollen, wie es die Psychoanalyse nahelegt, zeitweise muß er sich von seinem Geld trennen, um es zu vermehren. Verweise auf Symbole für nervöse Stuhlverstopfungen wirken angesichts dieses kalkulierten Geldflusses wie aus einer Zeit, in der die Goldmünzen noch im Sparstrumpf verschwanden.

Kaum ein Gegenstand sträubt sich so sehr, gedacht zu werden, wie das Geld. Als ob sich der antike Streit über die Frage, ob die Philosophen gegen Honorar lehren dürften – die Bezahlung war verpönt –, festgesetzt und ausgeweitet hätte im Bewußtsein, scheinen die Animositäten und Berührungsängste zwischen dem Geld und dem Denken so leicht nicht zu vertreiben zu sein.

Als im Mai 1889 Georg Simmel seine Erkenntnisse über das Geld und den Geiz im staatswissenschaftlichen Seminar Gustav Schmollers vortrug, nannte er seinen Beitrag noch bescheiden »Zur Psychologie des Geldes«. Er brauchte seine Zeit, bis er dieselben Gedanken in einer großangelegten Arbeit veröffentlichte, der er zutraute, daß sie auch die begrifflichen Voraussetzungen erfüllt, das Geld zu denken. Diese »Philosophie des Geldes« erschien 1900, im selben Jahr, auf das Freud die Erstausgabe seiner »Traumdeutung« vordatierte, in der er erstmals von einem Zusammenhang zwischen der Schmutz-Metaphorik und dem Geiz berichtete. Der Übergang von der Psychologie zur Philosophie dokumentiert Simmels Entschluß, aus einer einzelnen Sache die Totalität der Lebensbeziehungen zu entwickeln. Im Geld spiegelt sich das ganze Dasein. Da konnten Sprachbilder wie das vom Stinken der Münze wenig helfen. Das Denken des Geldes vermochte sich dieser Symbole nicht zu bedienen; das Geld wurde selber zur Metapher für das Leben. So mag es nicht verwundern, daß Simmel in seiner frühen Schrift, der »Psychologie«, das Non olet nur noch am Rande erwähnt: »Das Geld ist das absolut Objektive, an dem alles Persönliche endet. Darum hat es auch keine Geschichte in dem Sinne, wie sie jedem anderen Besitzstück für unser Gefühl den verschiedensten, positiven und negativen, oft durch nichts aufzuwiegenden Wert verleiht; die Vorstellung, daß an einem bestimmten Gelde ›Blut klebt‹ oder ›Ein Fluch haftet‹ ist eine sentimentale Projizierung ohne Berechtigung und mit wachsendem Geldverkehr notwendigerweise immer seltener werdend; im höchsten Maße gilt das non olet von ihm.« Je mehr die Lebenswirklichkeit des Menschen vom Geld bestimmt wird, desto eher verschwinden auch die Sprachbilder, die dem Abstraktionsgrad des Kapitals nicht mehr gewachsen sind. In der Geschichte seiner Bemächtigung der Wirtschaftsprozesse überwindet das Geld auch seine Metaphern. Wo für magische Vorstellungen kein Raum mehr ist, muß nicht einmal gesagt werden, daß das Geld nicht stinkt. Keiner, der unter diesen Voraussetzungen mit dem Geld arbeitet, käme ernsthaft auf den Gedanken, es könnte über seine abstrakte Funktion als Zahlmittel und Rechnungseinheit hinaus einen Eigenwert besitzen.

Dann wäre der Geiz nicht nur eine Ausnahme, er wäre auch ein Anachronismus, der den Regeln des ökonomischen Flusses nicht gehorcht, so sehr er sich auch anstrengt, mit deren Hilfe Gewinn zu erwirtschaften. Der Geizhals verehrt das Geld nämlich als einen Wert an sich, ist eine Art Wirtschaftsspielverderber, der die Banknoten nur sporadisch in den Umlauf bringt, nicht aber darin hält. Wie kommt es, daß einer wie er das Geld verabsolutieren kann? Ist Magie nun doch beteiligt? Trügt der Schein des Abstrakten? Woher rührt, daß das Geld verführt?

Die Verführungskraft des Geldes verhindert, daß der Geizhals den nominellen Wert, den er stets zu steigern bestrebt ist, einlöst. Ein uneingelöster Wert aber ist wie ein vergessenes Versprechen: Seine Anweisung auf die Wirklichkeit verliert an Kredit. Dem Charakter des Geizes haftet diese Unglaubwürdigkeit auf zwiespältige Weise an. Niemand aus dem näheren Umkreis des Knickers rechnet ernsthaft damit, von ihm jemals profitieren zu können. Die Hoffnung, an den Schätzen seines Reichtums teilhaben zu können, ist in bittere Enttäuschung umgeschlagen. Nun hofft man zeitlebens nur noch eines: daß der Geizhals bald sterben möge und seinen Besitz freigebe. In Vorwegnahme seines erwünschten Todes wird der Spielverderber aus dem Gesellschaftsspiel ausgeschlossen. Man meidet ihn.

Dem Ausschluß aus Enttäuschung entspricht Verachtung auf der Seite des Geizigen. Er hat mit der Welt abgeschlossen, er glaubt ihr nicht. Ihre Wertverheißungen erwidert er mit einer tiefgründenden Skepsis: Muß nicht das, was er für Geld erhält, weniger sein als das Geld, das er hergibt? In seiner Rechnung unterstellt der Geizhals eine Wertminderung. Jeder gekaufte Gegenstand verkleinert definitiv den Spielraum, den der äquivalente Geldwert geboten hätte. Der Geizige schätzt am Geld dieses Versprechen. Ihm gilt das Reich der Möglichkeiten als einzige Wirklichkeit; das Wirkliche selber erscheint ihm lebensunmöglich. Kaum wird er testen wollen, ob die in seinem Reichtum versammelten Verheißungen je erfüllt werden können. Ohne das Geld, das sich wie eine Schutzhaut um ihn gelegt hat, die ihn von einer unmittelbaren Begegnung mit der Welt fernhält, wäre er nichts; mit seinem Geld bedeutet ihm die Welt nichts. Seine Welt ist das Geld allein.

Eine Welt aus Geld ist keine reiche Welt. Sie mag sogar ärmer sein als eine Welt ohne Geld. Das ist eine alte Einsicht, die sich schon in der Sage vom phrygischen König Midas zu einer Geschichte verdichtet hat. Midas geriet in die Verlegenheit, sich von einem Gott einen Wunsch erfüllen lassen zu dürfen. Noch nie hat ein Mensch mit derartigen Geschenken aus der Hand Unsterblicher anfangen können, was ihm zuletzt zur Freude gereicht hätte. Ungefährlich war es zu keiner Zeit, auf solche Götterangebote einzugehen. Denn die Verlockung, der Gott erfülle, was der Mensch fordert, diese für Augenblicke legalisierte Umkehrung der wahren Verhältnisse endete meist im Unglück. Oft genug mußte der Mensch, der darf, was er will, erkennen, daß er nicht einmal richtig wollen kann. Zum Schluß auch dieser Wunscherfüllungsgeschichte wird der Unterschied zwischen Göttern und Menschen nur bestätigt. Daß eine Differenz herrscht, wußte man zwar vorher, hatte es aber für den Moment der göttlichen Zuneigung vergessen. In Wahrheit dienen Ereignisse wie das Los des Midas als exemplarische Erziehung des Menschengeschlechts: Selbst dort, wo die Götter scheinbar gnädig gestimmt sind, muß der Versuch des Menschen, zum Gott zu werden, übel ausgehen.

Midas verabsolutiert den Reichtum. »Mache, daß alles, was mit dem Leib ich berührt, in rotes Gold sich verwandelt«, heißt es im elften Buch der Metamorphosen des Ovid. Das ist ein dummer Wunsch. Nichts Besseres fiel dem von Göttergunst Bedachten ein, als ein Element der irdischen Glücksvorstellung auf die Spitze zu treiben. Wer Geld besitzt, ist glücklich; wer viel Geld besitzt, ist glücklicher: So lautet die der Wahl des Midas zugrunde gelegte Steigerungsreihe. Ist, wer aus allem Geld zu machen versteht, der Glücklichste? Die Geschichte lehrt ein anderes. Dies anzunehmen, konnte nur der Einbildung entspringen, das vollkommene Leben sei die Anhäufung aller kleinen Wünsche des Menschen zu deren großer Erfüllung. Midas muß erkennen, daß einer, der nach allem verlangt, zum Schluß mit leeren Händen dasteht. Wer von einer einzigen Sache, wie vom Reichtum, alles erwartet, hat damit zu rechnen, nichts zu gewinnen. Das Absolute paßt nicht in eine Welt endlicher Dimensionen. Es hebt sie auf, und übrig bleibt die Alternative, der Welt zu entsagen oder zu verzweifeln. »Da erkennt er bestürzt das Unheil; reich und elend möcht' er die Schätze nun fliehn und haßt, was er eben gewünscht hat.«

Die Verkehrung des Relativen ins Absolute, die Verwechslung von Mittel und Zweck ist die Struktur religiösen Frevels. Stets wurde »Sünder« genannt, der beide vertauscht, das Mittel als Zweck verherrlicht. Auch Midas hat sich am Gott vergangen und muß nun, um zu überleben, um dem sicheren Hungertod zu entgehen, da sich alles in seiner Umgebung in Gold verwandelte, seine Schuld bekennen. So bittet er um Vergebung: »Vater Lenaeus, verzeih! Ich habe gesündigt.« An dieser Stelle der Geschichte wird die Schmutz-Metaphorik gebraucht; das Behaftetsein mit der verderblichen Fähigkeit, Gegenstände in Gold zu verwandeln, rückt sie in die Nähe von Erlösungsritualen. Midas spült seinen Fehl ab, er wäscht sich in einer Quelle rein von seinen unglückseligen magischen Kräften und seinem Verlangen. Die Begegnung mit dem Reichtum hatte das Bewußtsein des phrygischen Königs so getrübt, daß das Metall zum Sinnbild eines Heilsversprechens geworden ist. Er, der vom schmutzigen Charakter des Geldes angerührt worden war, wünschte sich dessen Vermehrung durch Berühren. Die ganze Welt drohte, auf diese Weise verunreinigt zu werden. Diese Geschichte ging gerade noch gut. Midas wurde in höchster Not von seinem Makel befreit, indem er sich an klarem Wasser reinigte. Vielleicht vermag dieser Ausgang in der Sage zu erklären, warum die Schmutz-Metapher so hartnäckig ist und gegen Begriffe ohne weiteres nicht eingetauscht werden kann. Der Schmutz ist das Symbol dafür, daß dem Geld mehr anhaftet, als es den Anschein hat. Dieses »Mehr« hat sich in einfachen Bildern ausgesprochen. Was in den Stichwörtern »Magie«, »Verführungskraft«, »Verkehrung des Mittels in den Zweck« bisher als deren Übersetzung angeboten wurde, reicht nicht aus, um die Vieldimensionalität der Imagination zu ersetzen, die auf religiösen Vorstellungen ebenso aufbaut wie auf ökonomischen Regeln. Letztlich wollen alle Sprachelemente, Bilder und Begriffe, das Geld als eine Versuchung zeigen, der der Geizige mit Haut und Haaren verfällt.

»Niemals ist ein Objekt, das seinen Wert ausschließlich seiner Mittlerqualität, seiner Umsetzbarkeit in definitive Werte verdankt, so gründlich und rückhaltlos zu einer psychologischen Absolutheit des Wertes, einem das praktische Bewußtsein ganz ausfüllenden Endzweck aufgewachsen.« Woher kommt dieser Hang, einem inhaltslosen, für sich kaum beachtenswerten Gegenstand wie der Münze oder dem Schein die höchsten Prädikate zuzusprechen? Ohne das Brot, das Buch, den Barolo oder den Brillanten, den man erstehen kann, wäre das Geld ein bedrucktes Papier. Ohne das eigentlich unbegründete Vertrauen, seine Mark auch morgen oder später gegen eine Ware aus dem Lagerregal eintauschen zu können, wäre sie ein billiges Stück Metall. Das Geld repräsentiert nur den Wert – und dennoch wird ihm zugesprochen, was sonst nur ein Gott auf sich vereinigen darf. Georg Simmel nimmt diese Gewichts- und Bedeutungsverschiebung auf, um an ihr die Lebensmetaphorik des Geldes zu entwickeln. »Indem sein Wert als Mittel steigt, steigt sein Wert als Mittel, und zwar so hoch, daß er als Wert schlechthin gilt und das Zweckbewußtsein an ihm definitiv Halt macht. Die innere Polarität im Wesen des Geldes: das absolute Mittel zu sein und eben dadurch psychologisch für die meisten Menschen zum absoluten Zweck zu werden, macht es in eigentümlicher Weise zu einem Sinnbild, in dem die großen Regulative des praktischen Lebens gleichsam erstarrt sind. Wir sollen das Leben so behandeln, als ob jeder seiner Augenblicke ein Endzweck wäre, jeder soll so wichtig genommen werden, als ob das Leben eigentlich um seinetwillen bis zu ihm gereicht hätte; und zugleich: wir sollen das Leben so führen, als ob überhaupt keiner seiner Augenblicke ein definitiver wäre, an keinem soll unser Wertgefühl stillhalten, sondern jeder hat als ein Durchgang und Mittel zu höheren und immer höheren Stufen zu gelten.« So wie die Lebensbewegung die dauernde Ausdehnung des glückhaften Moments nur als Fiktion kennt – kein Augenblick verweilt, nur weil er schön ist –, so erliegt der Geizhals, der die Geldbewegung irgendwann anhält, einer großen Täuschung. Es gibt das Absolute nicht – weder in der Zeit, die stets auf neue Erfahrungen hin öffnet, was sie scheinbar abschließt, noch im modernen Tauschverkehr, dessen Geldelemente, sobald sie dem Prozeß entnommen sind, verkümmern.

Daß der Geizige die Geld-Waren-Relation ausgerechnet an der Stelle des Geldes unterbricht, muß nicht aus Unverstand geschehen. Die Aufmerksamkeit auf ein Mittel ist sinnvoll, solange das Ziel noch nicht erreicht ist; das Geld als Mittel zu schützen, kann den Zweck sichern. Wodurch aber gerät der Zweck aus dem Blick, so daß nichts als das Mittel bleibt? Woher rührt, daß der Geizhals die Funktion des Geldes zuletzt ausblendet, daß er das Nehmen für seliger hält als das Geben? Wieso macht Geld süchtig nach sich selbst?

Der Geizige nimmt das denkbar größte Versprechen, das die Welt kennt, als dessen Erfüllung. Es gibt nicht viel, was für Geld nicht zu haben wäre: Muß also nicht das Haben des Geldes vieles, wenn nicht alles eröffnen? Fasziniert von dem Gedanken, die Welt im Geld selber schon zu besitzen, ist der Geizhals ein Phänomen der Machtlust. Daß er sein Kapital kaum ausgibt, dämpft diese nicht. Im Gegenteil: die Machtillusion wird so erhalten, gepflegt, ausgebaut. Geld, das nicht in den ökonomischen Fluß zurückkehrt, muß sich nicht bewähren. So bewahrt der Geiz als Lebenshaltung vor der enttäuschenden Erfahrung gescheiterter Macht.

Nie wird der Geizige empfinden, was es heißt, für Geld nicht alles, vielleicht Entscheidendes nicht bekommen zu können.

Man mag es dem scharfen Weitblick des Geizes anrechnen, daß er das Machtgefühl lustvoll auf den reinen, ungetrübten Besitz konzentriert und den habgierig-knickrigen Reichen den Anfechtungen ausgeübter Macht erst gar nicht aussetzt. In der Macht, die nie erprobt werden muß, liegt ein unwiderstehlicher Reiz. Sie ersetzt, was sie an Wirklichkeitsnähe vermissen läßt, durch Phantasie. Je weniger das Geld seiner inneren Motorik, gegen Waren eingelöst zu werden, gehorchen muß, desto größer ist der Raum für Gedankenspiele, für Wunschszenarien und Traumbilder. Vermutlich verführt diese unbesetzte Innenwelt den Geizigen zu seinem Verhalten. Warum sollte er sein Geld hergeben gegen Güter, die selbst in ihrer Gesamtheit es nicht mit den unendlichen Variationen seiner reichen Vorstellungswelt aufnehmen können? Jede Mark, die zu seiner Münz- und Scheinsammlung ohne Raritätenwert gehört, enthält, solange sie vom Geldverkehr abgezogen ist, wie die Leibnizsche Monade ein Universum in sich. Der Geizhals ist nicht reich, weil er viel besitzt, sondern weil er in seinem Geld Möglichkeiten hortet. Das unterscheidet ihn vom Sammler seltener Sachwerte. Vielleicht ist der Geiz noch eines der ganz wenigen, gar das einzige Asyl, in dem die Macht als reines Gefühl unbeschadet überlebt hat und von der Gewalt und Herrschlust nicht korrumpiert worden ist.

Daß diese Leidenschaft so verächtlich behandelt, mit Unverständnis bedacht und ins Lächerliche gezogen wird, hängt mit ihrem Zug in die Isolation zusammen. Der Geizige sucht die Einsamkeit – um so mehr, da sein Reichtum sich unter Neidern, Schuldnern, Parasiten aller Art herumgesprochen und deren Teilhabergelüste geweckt hat. Was immer an seltsamen Namen der Geizige auf sich gezogen hat, von der Krämerseele über den Halsabschneider zum Kümmelspalter, sie sind nie nur Ausdruck moralischen Abscheus, sondern entstammen auch der verdrehten Sprache des Ressentiments. Als innerpsychischem Vorgang mögen dem Geiz die verschrobensten seelischen Verrenkungen zugrunde liegen, erst seiner sozialen, besser: asozialen Seite wegen trifft er auf Empfindlichkeiten und provoziert Klagen, Entrüstung und seine Verurteilung. Man kann den Geiz zwar nicht spalten in seine individuellen, privaten Elemente und seine negative Auswirkung auf andere, aber man vermag seine Komponenten herauszustellen. In Balzacs erstem großen Roman »Eugénie Grandet«, der eine Physiognomie des Geizes skizziert, sind zwei Aspekte egoistischen Machtinteresses unterschieden. »Alles menschliche Können ist eine Summe von Geduld und Zeit. Männer von Macht wollen und wachen. Das Leben des Geizhalses ist eine beständige Ausübung der Macht im Dienst der Person. Er verläßt sich nur auf zwei Gefühle: Eigenliebe und Eigennutz. Aber der Eigennutz ist gewissermaßen eine starke und wohlverstandene Eigenliebe, die beständige Bekundung einer tatsächlichen Überlegenheit, Eigenliebe und Eigennutz sind zwei Teile desselben Ganzen, des Egoismus. Daher kommt vielleicht das fabelhafte Interesse, das die gut dargestellten Geizhälse erregen. Jeder hängt durch eine Faser mit diesen Menschen zusammen, die sich an alle menschlichen Gefühle heranmachen und sie alle zusammenfassen. Denn wo ist ein Mensch ohne Wunsch? Und welcher Wunsch ließe sich in der Gesellschaft ohne Geld erfüllen?«

Die vorschnelle Herablassung, welche die Macht des Geizigen als eine bloß sterile Gebärde belächelt, die vor der Weltbegegnung sich ängstlich scheut, dieser auf Unkenntnis der Vorteile von Weltferne sich stützende Unmut wiederholt eine philosophische Tradition, nach der die Möglichkeit weniger und ärmer ist als die Wirklichkeit. Es ist ihr unvorstellbar, einer könnte sein Glück im Konjunktiv finden. Dabei gelingt es nur den Sturen und Hartnäckigen, den Stumpfsinnigen und Ausdauernden, die Erfahrung, daß jede Verwirklichung eines Planes, eines Wunsches oder einer Hoffnung gebüßt wird mit dem Verlust aller Vielfalt, nicht in die Hemmung münden zu lassen, sich überhaupt noch auf diese Welt verengter Räume einzulassen. Man ist geneigt, Möglichkeiten nur unter dem Aspekt des Noch-nicht-Seins zu betrachten. So gesehen sind sie natürlich geringer als der Bestand der Dinge. Die Welt des Noch-nicht eröffnet aber auch ein unerschöpfliches Repertoire an Freiheiten. Der Geizige hat diese zu schätzen gelernt.

Für einen Augenblick erscheint der Geizhals als ein verständiger, dem Realisten überlegener Lebenskünstler. Doch sein Noli me tangere, das er der Welt entgegenhält, ist durchsetzt von Furchtsamkeit und korrigiert dieses Urteil. Die Reduzierung seiner Welt in eine mögliche, nie ermöglichte ist das resignative Resultat eines Ärgernisses über die endlichen Wege des Daseins. Der Geiz ist auch die Verzweiflung über die Vernichtung des Möglichen durch das Wirkliche. Unter den Menschen, deren Realitätssinn und Weltdrang aus Enttäuschung so gering ausgeprägt ist, daß sie an allem nur symbolischen Gewinn finden können, hat der Geizige einen Verwandten: den Verschwender. Mit ihm teilt er sein Desinteresse an den Dingen. Es ist kaum ein Unterschied zwischen den Lebensmaximen dieser Charaktere. Ob die Regel »Koste es, was es wolle« oder der Wille, eine Sache möge nichts kosten, zugrunde gelegt wird, der Genuß an ihr kommt in beiden Fällen abhanden. Simmel berichtet von einem Engländer, der in Pariser Bohème-Kreisen an den tollsten Orgien teilnahm, alles und alle bezahlte, aber selber nie genoß. Er tauchte auf, sprach kein Wort, tat nichts und verschwand wieder, als hätten ihn die Ereignisse dieser Nacht nicht erreicht. Ein gespenstischer Auftritt. Wie der Geizige, so macht auch der Verschwender in der Geldbewegung, die bis über die Ausgabe für einen begehrten Wert hinausführt, vorzeitig halt. Er trennt sich zwar von seinem Vermögen, findet hingegen keinen Gefallen an den Gegenständen oder Leistungen, für die er bezahlt.

Daß der Geizige sich Wünsche offenhält, entstammt nur dem Bedürfnis, seine Macht zu steigern. An die Welt hat er keine Forderung; von ihr erwartet er nichts. Sorgsam achtet er auf seinen Reichtum und fürchtet allein, er könnte von ihm zu wenig haben. Es ist dieses Mehr, nach dem er strebt. Seine Habgier zwingt ihn, für Momente die Weltscheu zu überwinden, die Verschlossenheit aufzubrechen, seine Abkehr auszusetzen: Der Geizhals muß sich auf Menschen einlassen, zum Zwecke des Geschäfts. Das Geschäft ist die Bestimmung, durch die der Raffgierige seine Beziehung zu anderen definiert. Mehr als die Äußerlichkeit eines gewinnträchtigen Handels läßt er nicht an sich heran. Den Menschen schätzt er nur in der Form nutzbringender Abhängigkeit. Solange andere auf ihn angewiesen sind, schenkt er ihnen die gebotene Aufmerksamkeit.

Diese verhaltene Öffnung, diese punktuelle Unterbrechung der selbstgewählten Isolation des Geizhalses hat den Anlaß gegeben, ihn moralisch negativ zu qualifizieren. Denn in den Momenten, da er seine Eigenwelt verläßt, erleidet sein reines Machtgefühl Schaden. Plötzlich findet er Gefallen an dem Gedanken, andere von sich und seinem Geld abhängig zu wissen. Die Überlegenheit dessen, der Schuldner um sich schart, kriecht in ihm hoch und nimmt in Kauf, daß sie Feinde gebiert. Über das Versprechen hinaus, das ihm seine Geldsammlung bietet, welche ihn in die Lage versetzt, jederzeit zu erhalten, wessen er bedarf, bedeutet ihm die Herrschaft über andere eine zusätzliche Sicherheit. Da er selber nie in Abhängigkeiten geraten möchte, zwingt er andere in die Abhängigkeit ihm gegenüber. Seine aus der Enttäuschung stammende Weltscheu verschafft sich Luft als Haß auf alle, die seinen Weg der Abkehr, der Einsiedelei, des Mißtrauens und der Möglichkeitsschwärmerei nicht eingeschlagen haben. Sie läßt der Geizige spüren, wie ausgewachsen seine Geringschätzung ist. An der Schar seiner Schuldner bekommt er voller Genugtuung vor Augen geführt, wohin das blinde Sich-Einlassen auf diese Welt zuletzt gerät. Im Triumph über die Zu-Vertrauensseligen, die um sein Geld nun betteln müssen, genießt seine Angst den Schein von Aggressivität, der sich als kalter Abscheu und Ekel äußert.

Das Netz zwischen Besitz und Existenzirritation ist beim Geizigen eng geknüpft. Er verläßt sich ganz auf seinen Reichtum. Harpagon, der klassische Geizhals der Komödie Molières, gerät außer sich, als er den Verlust seines Kapitals bemerkt: »Diebe! Diebe! Totschlag! Mord! Gerechter Himmel! Ich bin verloren, ich bin ermordet! Man hat mich erdrosselt, man hat mir mein Geld genommen!... Ich bin außer mir. Ich weiß nicht, wo ich bin, was ich tue! O du mein armes Geld, mein Schatz, mein teurer Freund, man hat dich mir entzogen. Und weil du mir fern bist, hab' ich alle Hilfe verloren, allen Trost, alle Freude; es ist aus mit mir – was soll ich noch auf dieser Welt?!« Was hier um des Lacheffekts willen exaltiert vorgetragen wird, knüpft an ein untergründiges Wirkungsgefüge zwischen Haben und Sein, Besitz und Existenz an, das sich noch im Sprachgebrauch zu erkennen gibt. Daß das »Vermögen« mehr bedeutet als die gesammelte Geldmenge – daß es auch das Können umschließt, vermag man schon dem Lateinischen zu entnehmen: Das »Posse«, das Können, verweist auf das »Possessivum«, den Besitz. Im Können zeigt sich das Sein in seiner Wirkungsmacht. »Denn das eben heißt eine Sache besitzen, daß sie meinem Willen keinen Widerstand entgegensetzt, daß er sich ihr gegenüber durchsetzen kann.« Je größer das Vermögen ist, desto weiter reicht die Ausdehnung des Willens und, folgt man der Bestimmung Simmels, die Erstreckung des Ich. Jede Vermehrung des Eigentums zielt zugleich auf einen Seinsgewinn. Dies um so mehr, da die Häufung von materiellen Gütern nicht einen Mangel an äußeren Werten, sondern ein inneres Vakuum auffüllen soll. Das Haben verdeckt die unerträgliche Leichtigkeit des Seins. Wie ein Schiffbrüchiger, der in den Fluten zu versinken droht, einen Balken ergreift, so klammert sich der Geizige an seinen Reichtum. Nicht daß er seinen Mangel ausgleicht – das muß fast jeder Mensch leisten –, sondern wie er ihn auffüllt, kennzeichnet den Geizigen. Da es ihm nicht gelingt, sich mit Menschen zu einen, da ihm die Dinge zuwenig sind, hält er sich an deren Repräsentanten. Er nimmt das Geld und beachtet nicht, daß es Angeld ist. Die Aneignung der Welt durch den Geizigen ist eine symbolische.

Zu den Pikanterien im Reich der Leidenschaften zählt, daß der Geizhals in seiner Konzentration auf das Allgemeine des Besitzes, das Geld zu haben und nichts als zu haben, einer Existenzform ähnelt, die Paulus noch der aufbruchsbereiten Christengemeinde empfohlen hatte: zu haben, als hätte man nicht. Er kommt ihr scheinbar so nahe, daß es nicht fernliegt zu meinen, noch in der Angleichung an seinen erklärten Widersacher wollte er ihn verspotten, der ihn als die Wurzel allen Übels anprangert. Außer seinen im Geld dargestellten Möglichkeiten gehört dem Geizhals in der Tat – nichts. Was der Geizige besitzt, hat er nicht. Doch worauf liegt, fern bloßer Wortspielerei, der Akzent: Hat er, als hätte er nicht; oder hat er nichts, als hätte er? Verwaltet er sein Vermögen so, daß es ihm nichts bedeutet; oder ist ihm die Verwaltung seines Vermögens alles? Die Rede des Apostels, zu haben, als hätte man nicht, entwertet den irdischen Besitz durch die Vision des Weltendes zugunsten eines himmlischen Reichtums. Für die nur kurz währende Übergangsphase, so glaubte man, genüge das Nötigste. Die Aufforderung, zu haben, als hätte man nicht, meint über deren religiöse Dimension hinaus: so viel zu haben, wie man braucht, aber nicht mehr zu haben, als man braucht. Zu diesem Anspruch steht der Geiz im Kontrast: Er will weder nur haben, was man braucht, noch reicht ihm, mehr zu haben, als man braucht – er will auch haben, was ein anderer braucht. Auf diese Weise verschafft er sich den begehrten Selbstwert. Das Bewußtsein, gebraucht zu sein, wo andere eben nicht haben, was sie benötigen, diese Vorstellung stillt seinen Hunger nach Sein.

Hinter der paulinischen Regel verbirgt sich aber auch eine Vorsichtsmaßnahme. Wie kaum ein anderes Element, unterstellt sie, scheint das Geld mit einem Fluch behaftet zu sein, vor dem gewarnt werden muß. Noch gegen Ende des neunzehnten Jahrhunderts greift Huysmans in seinem von magischen Anspielungen durchsetzten Roman »Tief unten« diese diabolische Natur des Geldes auf: »Es ist die wahrhafteste Ernährung der wichtigsten Sünden, und es ist dabei, in irgendeiner Art auch, der wachsame Rechnungsbeamte. Wenn es einem Geizigen gestattet ist, sich zu vergessen, Almosen zu geben, einem Armen sich verbindlich zu machen, sofort erweckt es den Haß der Wohltat bei diesem Armen, es ersetzt den Geiz durch die Undankbarkeit, es stellt das Gleichgewicht her, so daß die Rechnung in der Schwebe bleibt, daß es wenigstens keine begangene Sünde gibt. Aber wo es wahrhaft ungeheuerlich wird, das ist, wenn es sich, das Aufsehen seines Namens unter dem schwarzen Schleier eines Wortes bergend, das Kapital benennt. Dann beschränkt sich seine Handlung nicht mehr auf individuelle Antriebe, auf Ratschläge von Diebstählen und Mördereien, sondern sie erstreckt sich auf die ganze Menschheit. Mit einem Wort, das Kapital entscheidet die Monopole, erbaut die Banken, reißt wucherisch die Vermögen an sich, ordnet das Leben, kann, wenn es will, Tausende von Wesen vor Hunger sterben lassen. Während dieser Zeit ernährt es sich, mästet es sich, erzeugt es sich ganz allein in einer Kasse; und die beiden Welten beten es auf den Knien an, sterben vor Sehnsucht vor ihm, wie vor einem Gott. Nun, entweder ist das Geld, das so der Herr der Seelen ist, diabolisch, oder es ist unmöglich zu erklären.«

Die Alternative – teuflisch oder unverständlich – ist nur scheinbar eine wirkliche Entgegensetzung. Daß das Geld in die Nähe von bösen Mächten gerückt wird, verdankt es der Undurchsichtigkeit seiner Herrschaft. Dunkelheit ist ein anderer Name für die Abstraktheit des Geldes. Die schmerzliche Differenz zwischen den Gesetzen der ökonomischen Zirkulation einerseits, die auszurechnen bisher eine verzweifelte Anstrengung vieler geblieben ist, und dem vordergründig schicksalbestimmenden Einfluß des Geldes andererseits hat in einen Erklärungsnotstand geführt, der für Metaphern wie die des Schmutzes oder für Elemente aus moralisch-religiösen Bilderwelten wie die des Diabolischen offenstand. Der Geiz, als individuelle Teilhabe an diesen verschwommenen, unklaren Geschäften, mag zwar, wie Huysmans erwägt, im einzelnen noch ausgeglichen werden können; er mag auf ein Niveau negativer Gerechtigkeit geführt werden, das sich aus der partiellen, kleinlichen Spende des Knickers und der Undankbarkeit des Bettlers ergibt. Im ganzen aber findet in ihm eine Welt Ausdruck, die dem Menschen kaum mehr Nutzen als Schaden bringt und selbst die persönlichen Züge des Geizes verschluckt. Diese Welt des Geldes mit ihrer unermeßlichen Ausdehnung läßt den Geiz wie ein folkloristisches Residium aus alter Zeit erscheinen. Unangreifbar in ihrem Zentrum, ist die Macht, die den Geiz als dessen graue Eminenz antreibt, jeder Haftbarkeit entzogen. Huizinga ordnet zwar die Avaritia als spätmittelalterliche Todsünde im Unterschied zur Superbia, dem Hochmut, einer neuen Zeit zu, in der der Geldverkehr die Bedingungen der Machtentfaltung verändert hat. Aber diese Veränderung zum Neuen war eine radikale: Mit ihr verschwand auch die traditionelle Bestimmung der Sünde, des Individuellen überhaupt.

Die abstrakte Herrschaft des Geldes zeigt ganz andere, diabolische Eigenschaften. Sie vermag eine intakte Welt in Aufruhr zu versetzen und entfaltet Kräfte, unter denen der Geiz nur noch als ein harmloses Relikt überlebt. Der Geiz ist keine zeitgemäße Leidenschaft. Seine Zeit war der Anfang der Moderne. Deren rasanter Aufbruch, ihre beschleunigte Bewegung riß den Geldverkehr mit sich und ließ die Sünde der Habsucht, die zügellose Befriedigung an der Anhäufung von Schätzen hinter sich. In einer Epoche, deren wirtschaftliche Prozesse gespenstische Züge angenommen haben und als ganze nicht mehr zu greifen sind, kann der Geiz bloß ein mikroskopisch kleines Phänomen sein.

Der abstrakten Leere des Geldes entspricht die innere Leere des Geizigen. Daß er alles zu haben und alles zu behalten bestrebt ist, versetzt ihn in eine verzweifelte Lage. Seinen Mangel versucht er auszugleichen, jeder Ausgleichsversuch erinnert ihn aber nur an seine Hohlheit. Dieses allgemeine Alles, das er zu besitzen trachtet, gibt ihm nichts, ja zeigt ihm erst an, daß er nichts hat. So wächst sich der Geiz zur Gier aus. Je mehr der Geizige seine Leere spürt, desto mehr reißt er an sich, was das Bewußtsein des eigenen Hungers nur verstärkt. Habsucht und Behalten-Wollen sind zwei Momente ein und desselben Affekts. Der Geiz wird begleitet von dem unaufhörlichen Drang nach mehr. Nicht die Armut, sondern die Kunst, sich genügen zu lassen, ist das Gegenteil dieser Leidenschaft. Der Geiz verbucht jeden Verzicht auf neuen Reichtum als Verlust. Allein die Bewegung des Nehmens ist ihm vertraut, die des Gebens, auch als winzige Geste, brächte ihn in Gefahr, alles hergeben zu müssen. Wer nichts hat, hat alles zu verlieren. Das ist das Dilemma des Geizes: Er besitzt viel, hat aber nichts; er vermag nichts zu geben, da der kleinste Verlust den Verlust des Ganzen bedeutete.

Eine Parallelerscheinung zu dieser einseitigen Bewegung ist der Ausfragende. Anders als beim Fragenden hat es nämlich keinen Sinn, den Ausfragenden seinerseits zu fragen. Er müßte die Antwort verweigern, da er nichts hat, das er geben könnte. Ihm kommt es allein auf den Wissensbesitz an, nicht auf einen Erkenntnisfortschritt. Was immer ihn zwingen könnte, die sture, fragende Richtung seiner Sätze zu verlassen, er suchte ihm auszuweichen. Der Ausfragende ist ein Mensch ohne Fragen. Wie den Geizhals, so drängt es ihn nach Reichtum, nach dem des Geistes, er verschlingt begierig, was er erfahren kann, und verdaut nichts. Der Ausfragende läßt das Wissen brachliegen, das er aufgenommen hat. Obwohl von reger Betriebsamkeit, bleibt seine Arbeit unfruchtbar.

Im vierten der neun Höllenkreise begegnen die beiden Reisenden der »Göttlichen Komödie«, Dante und sein verständiger Führer Vergil, zwei Menschengruppen, die damit beschäftigt sind, riesige Lasten hin- und herzuwälzen. Dieses nutzlose Tun, in dem sich Geizhälse und Verschwender wechselseitig behinderten, ist die Strafe für einen maßlosen Gebrauch irdischer Güter. Der Menschen Unersättlichkeit auf Erden wird im Inferno bestätigt: Nun müssen sie ruhelos den Gesetzen ihrer irdischen Habsucht auf ewig gehorchen, sie wiederholen ohne Ende ihre Geldschieberei, verdammt dazu, an der Geist- und Sinnlosigkeit ihres Handelns nicht einmal mehr zerbrechen zu können. Vergil kommentiert das trostlose Geschiebe: »Du siehst, mein Sohn, die Unbeständigkeit / der Güter, die Fortuna auserlesen, / um welche sich die Menschheit so entzweit. / Das ganze Geld, das unterm Mond gewesen, / läßt keine müde Seele dieser Au'n / von ihrer Ruhelosigkeit genesen.« Das soll ein abschreckendes Bild sein, abstoßend genug, den Lebenden die nimmersatte Freude am Reichtum zu vergällen. Nicht immer freilich erzielt eine Drohung diese Wirkung. Die Moral in eine düstere Geschichte zu verpacken ist vor Abstumpfung nicht gefeit. Viel besser bewirkt das die Lächerlichkeit. Wer den Geiz verspottet, kommt eher zum Ziel. Das haben die Alten gewußt, als sie den Habsüchtigen dem Gelächter aussetzten. Denn Lachen tötet – auch lasterhafte Leidenschaften.

Zweimal nimmt der antike Rhetor und Sophist Dion Chrysostomos in seinen Reden eine Geschichte auf, die Herodot überlieferte. Danach habe Kroisos, der Lyderkönig, sich bei Alkmeon für die Freundlichkeit bedankt, die dieser einer nach Delphi zum Orakel aufgebrochenen Gesandtschaft gewährte. Kroisos gestattete dem Alkmeon, aus seinen Schatzkammern so viel Gold zu nehmen, wie er tragen könne. Anders als Herodot, der nur das herzhafte Lachen des Königs schildert angesichts der tapsigen Bewegungen des Gastes, der Stiefel, Gewandfalten und Haarlocken mit Goldkörnern vollgestopft hatte, zieht Dion aus diesem Bericht eine Moral: Der Gedanke, führt er aus, sei nicht schlecht gewesen, »wenn der König damit die Unersättlichkeit beweisen wollte«. Allgemeiner gewendet: »So gehen manche auch durchs Leben, bis zur Lächerlichkeit entstellt von der Habgier.« Dion steht mit seiner Bemerkung nicht mehr ganz in der Mitte zwischen der Satire, der Geiz-Komödie und der christlichen Moralpredigt. Da er die Lächerlichkeit nicht zum Lachen freigibt, sondern mit einer Mahnung versieht, ist es bis zur bissigen Verachtung der Habsucht, wie sie etwa von den Kirchenvätern Zeno von Verona oder Basilius geübt und von Dante schließlich aufgenommen wird, nicht weit.

Dennoch hat die literarische Tradition den Geiz meist als ein Laster begriffen, das ins Lustspiel gehört. Schon Theophrast zeichnet die Züge des Geizhalses und Knickers so, daß man über dessen Unbeholfenheit, das Verknöcherte und Groteske dieses Typus sich nur amüsieren kann. Ein Vater, der zur Hochzeit seiner Tochter verreist, um ihr kein Geschenk kaufen zu müssen, verdient nichts als Spott. Der griechische Philosoph und Seelenforscher Theophrast, der diesen Namen wegen seiner göttlichen Redegabe von Aristoteles erhalten haben soll, hat in seiner Skizze des Geizigen ein Muster geschaffen, das sich von der ersten erhaltenen Geiz-Komödie, Plautus' »Aulularia«, bis zu den klassischen Werken von Molière und Balzac durchhält: Dort wie hier wird dieser Charakter von einem alten, schrulligen Mann vorgestellt, der mißtrauisch seine Umgebung beäugt und das Gras wachsen hört. Dem Geizigen gebricht es ganz und gar an Humor – ideal, ihn dem Gespött der Leute auszusetzen. Er kann nicht lachen, weil das Lachen nicht nur freimacht, sondern auch freigibt. Wer lacht, hat mehr, als er bedarf. Das Lachen lebt vom Überfluß. Obwohl der Geizhals doch so gern mitlachte, krampft er sich schmerzgeplagt zusammen. Ein höchst empfindliches Organ und Gespür für seine Wirkung auf andere meldet ihm präzise, wann er nicht ernstgenommen wird. Seine Krämerseele und Buchhalter-Mentalität verhindern, daß er den anderen anders betrachtet denn als einen potentiellen Feind, den es zu belauern gilt.

Sein ungelenkes Auftreten und tiefsitzendes Mißtrauen bedingen einander als eine Form der Unvertrautheit mit der Welt. Daß mit der Zeit der Geizhals mit den merkwürdigsten Merkmalen ausgestattet worden ist, mag angesichts seines knorzigen, mißgelaunten Auftretens nicht wundernehmen: Man erzählte sich, er esse nur nachts, denn da fühle er sich vor Gästen und Fliegen sicher; er sitze im Dunkeln, um Licht zu sparen, oder wärme sich im Winter, indem er sich unter einem überhängenden Felsbrocken aufhalte; vor Angst, erschlagen zu werden, schwitze er.

Diese Schrullen, deren Übertreibung zur Komik auch die kleine Rache derer dokumentiert, die vom Geld des Geizigen abhängig sind oder an ihm teilhaben wollen, enthalten als zentrales Motiv, verdeckt, die Sorge. Von ihr wird der Geizhals getrieben, gequält, zermürbt. Nur nicht zuviel ausgeben, das Geld muß ein Leben lang reichen. So lautet seine Maxime. Die Lebenssorge macht den Geiz zu einer von der Zeit abhängigen Leidenschaft. Kaum etwas beunruhigt den Geizhals mehr als die Unwägbarkeiten des kommenden Tages. Diese Angst verlagert er auf das Geld; in dem Maße, wie er sich um die Mehrung seines Kapitals als einer Anweisung auf Späteres kümmert, kommt er über die Ungewißheit künftiger Zeiten hinweg.

Da die Sorge das Gegenwartsbewußtsein zugunsten eines Blicks auf das Ganze des Lebens aufbricht, thematisiert sie das Problem der Selbsterhaltung. Augenblicke in zeitlicher Ferne erscheinen ihr nur unter dem Aspekt ihrer Bewältigung. Die Sorge läßt das Leben zur Aufgabe werden, die sich darin vollendet, weiterzuleben. Ihrem Geschick, einer listigen, vielleicht arglistigen Natur muß man es wohl zusprechen, daß es gelingt, den Menschen in der Abkehr vom unmittelbaren Alltagsgeschäft für dieses untauglich zu machen. Ähnlich dem Geld, dem als absolutem Mittel die Tendenz innewohnt, als absoluter Zweck verehrt zu werden, verhält sich die Sorge: Sie zwingt den Menschen, indem sie ihn von seiner unmittelbaren Gegenwart befreit, in die Unwirklichkeit der Zukunft. Ein sich sorgender Mensch denkt an das »Möglicherweise«. Daß er unterdessen vergißt, sein Leben zu genießen, um dessen Fortbestand ihm bange ist, gibt dieser Art der Selbsterhaltung einen paradoxen Zug. Die Sorge ums Weiterleben zerstört das Leben.

Der Geizhals hat die Sorge instrumentalisiert. Im Geld sammelt er die Möglichkeiten und Auswege, nach denen die Sorge verlangt. Geld haben bedeutet ihm, eine Zukunft zu haben: Geld ist Zeit. Nicht daß er durch seinen Reichtum seine Existenz von Überraschungen freihalten könnte, ein Restrisiko bleibt auch dem Vermögenden. Aber das Geld bietet den Vorteil, die Lebensunsicherheiten zu verteilen, sie zu systematisieren in einem Netz wirtschaftlicher Abhängigkeiten, das manchen Ausfall tragen kann. Man könnte den Geiz als einen Abwehrreflex auf die Lebenssorge verstehen. Gegen deren nagende Unerbittlichkeit setzt er sein Kapital als Lebensversicherung. Daß er die Sorge in diesem Akt der Selbstbehauptung nur zu verlagern vermag, hängt an deren Hartnäckigkeit.

Kierkegaard hat in einer seiner als Reden getarnten Predigten aus dem Jahr 1848 diese Verschiebung aufgenommen und als »Sorge des Überflusses« bestimmt: »Der Mensch meint doch, Reichtum und Überfluß sollen ihn frei halten von Sorgen – etwa auch von der Sorge für den Reichtum? Denn Reichtum und Übermaß kommen heuchlerisch in Schafspelzen unter dem Schein, gegen Sorgen zu sichern, und werden dann selber der Sorge Gegenstand, werden ›die Sorge‹; sie sichern den Menschen ungefähr ebenso gut wider die Sorgen wie der Wolf, welcher eingesetzt ist, die Schafe zu hüten, diese zu sichern – wider den Wolf.« Es ist schon so: Die Flucht vor der Frage nach der Zukunft in das Geld läßt die Frage nicht hinter sich – stets fordert das»Habe ich genug?« Rechenschaft.

In Goethes Neuzeit-Drama tritt die Sorge auf, nachdem Faust begonnen hat, Land zu horten, die Raumgrenze zu erweitern, das Meer zu besiegen, die »zwecklose Kraft«. In einer gierigen Machtdemonstration, die die schöpfungsursprüngliche Trennung von Wasser und Land wiederholen und dem Ozean die Erde abtrotzen soll, läßt Faust Pfähle einrammen, welche Schlick und Sand, Gestein und Schlamm beim Rückzug der Flut aufhalten. Diese Tat, als letzte der vielen Taten des Erfahrungssüchtigen eine des Anhäufens von Bodenschätzen, des Sammelns, und Raffens, eine Tat der Habgier, zielt auf den Besitz der ganzen Welt. Faust ist überzeugt, im unbegrenzten Raumgewinn eine Entsprechung zum absoluten Zeitgewinn gefunden zu haben, zu dem Augenblick, der als der ewige zum Verweilen einlädt. Doch er täuscht sich. Die Sorge hat sich unterdessen eingeschlichen, läßt ihn erblinden, so daß er die Lemurenarbeit, das Grabgeschaufel, mit dem Gewinn dieses höchsten Augenblicks verwechselt. Wo die Sorge auftritt, hat jeder Augenblick seine absolute Bedeutung verloren. Fausts Mühen erscheinen plötzlich als lächerliche Anstrengungen, umsonst hat er gekämpft: »Und so wird er niemals fertig«, heißt es lakonisch, wie in einem Spottvers auf sein unermüdliches Tun, das nach Endgültigem strebt. Wer von Sorge erfaßt ist, »weiß von allen Schätzen / Sich nicht in Besitz zu setzen«; obwohl es die Sorge überhaupt erst gewesen ist, die einen Menschen an die Lebenssicherung im Reichtum denken ließ. In der Sorge, mit der Faust das letzte große Gespräch führt, ist der Antrieb auf die Bühne getreten, der den Forscher und Weltreisenden immer schon geleitet hat. Alle Unzufriedenheit hat nur verdeckt, daß die Lebenssorge ihn von Anfang an ergriffen hatte. Neugier und Wissensdrang, Liebessehnsucht und Maßüberschreitung entpuppen sich zuletzt als Bedürfnis der Zukunftssicherung. Am Ende der Bewegung offenbart sich deren Prinzip.

Es ist eine alte Vorstellung, das Geld oder der Besitz könne als Apotropäum gegen die Lebenssorge wirken. Nicht zuletzt deswegen wurde der Mammon ja als Konkurrenzgott angesehen, wie von dem Autor des Evangeliums. Nicht wenige waren überzeugt, der Reichtum könne die Verheißung des »Sorget nicht« so erfüllen wie der Prediger auf dem Berge. Doch sie wurden und werden noch immer enttäuscht. Allenfalls Not und der Mangel stellen sich in der Mitternachtsszene des Goetheschen Dramas als Schwestern der Sorge vor. Anders als diese finden sie zu Fausts Palast aber keinen Zutritt, da dort, wo der Überfluß herrscht, das Defizit nicht regieren kann.

Sollte in der volkstümlichen Regel »Spare in der Zeit, so hast du in der Not« mehr als eine Binsenweisheit enthalten sein, so darin, daß sie allein auf die Not eingeschränkt ist. Sparsamkeit hilft nicht gegen Sorgen: Nicht aus Not, sondern aus Sorge um eine mögliche Not ist das Interesse am Geld geleitet; und: nicht von der Sorge, sondern von künftiger Not entlastet der Besitz. Da die Sparsamkeit, als eine Lebensäußerung der Vorsorge, derselben Quelle entspringt wie der Geiz, aus der Zukunftsangst, ist es nicht leicht, zwischen beiden zu unterscheiden. Jeder Hang zum Sparen kann als Geiz gedeutet werden, solange ein Mangel nicht ausgemacht ist.

Die Schwäche der Sparsamkeit: nicht glaubwürdig zu sein, rührt daher, daß sie sinnvoll nur in Augenblicken des Überflusses, in Zeiten ohne Not ansetzen kann. Sie, die mit der Ungewißheit künftiger Ereignisse spekuliert, gerät in Rechtfertigungsnot, wenn sie erklären soll, wie sie zu der sicheren Annahme eines erwarteten Mangels kommt. Keiner vermag unzweifelhaft vorauszusagen, ob Wohlstandseinbrüche drohen, wann sie eintreten und wie tief sie reichen, ob die Reserven genügen oder die Sparanstrengung gesteigert werden muß. Diese unkalkulierbaren, von vielen Einflüssen abhängigen Schwankungen haben Kant zu der skeptischen Frage veranlaßt, mit der er seine Kasuistik des Geizes abschließt: Ist Sparsamkeit überhaupt eine Tugend?

Die Neigung des Sparsamen, sich von den unzuverlässigen Wirtschaftsbewegungen unabhängig zu machen und auf Rückschläge vorbereitet zu sein, versetzt ihn in die Nähe des Knickers. Eine Sparwut, die nicht mehr aus Rücksicht auf künftige Nöte Rücklagen einfordert, ist dem Geiz zum Verwechseln ähnlich. Der Geiz ist die generalisierte Sparsamkeit. Diese Eigenschaft, die einst als Vorspiel des Lebensgenusses ihren Sinn erfüllte, läßt für den Genuß selber keinen Raum. Noch über den Tod hinaus spannt sich die Sorge des Geizhalses, die Geldausgabe zu verhindern. Im »Philogelos«, einer spätantiken Witzsammlung, findet man ein Beispiel nicht zu übertreffender Habsucht: Der Geizige setzt sich selbst im Testament als Erben ein. Auch Plautus' »Aulularia« spielt mit diesem Motiv. Dort verschweigt der Geizhals seinem Sohn den Reichtum und stirbt. Alle diese Pointen und Anekdoten variieren nur eine einzige Erkenntnis: Das Besitzen wird vom Tod nicht beendet.

Hans Blumenberg nimmt in einer kleinen Arbeit über Simmels »Philosophie des Geldes« zwei Gedanken auf, die Voltaire unmittelbar hintereinander in sein Notizbuch geschrieben hat: Der Mensch sei das einzige Wesen, welches wisse, daß es sterben müsse; und der Tod sei es, der bewirke, daß die heimliche Phantasie des Geizigen von einem anderen, seinem Erben, vollstreckt würde.

Das Todeswissen und der Todeseintritt verweisen beide auf die Sorge, der es darum zu tun ist, das Leben als ein Ganzes vorzustellen. Was in der um den Tod wissenden Sorge nur antizipierend wahrgenommen wird, daß das Dasein mehr ist als eine Aufreihung von Augenblicken, wird durch den Tod selber schließlich vollendet. Nun ist diese vorlaufende Erfahrung einer Lebensganzheit aber keineswegs beglückend. Bangend entdeckt der Mensch ein unwiderrufliches Gesetz der Möglichkeitsminimierung. Je mehr er sich jenem Zustand nähert, angesichts dessen die Rede von einem ganzen Leben allein sinnvoll sein kann, dem Ende, desto weniger wird das, was er noch leisten kann oder könnte. Der Konjunktiv ist nicht die Zeitform des Todes. Spätestens der Tod vernichtet die erfüllten und die unerfüllten Wünsche. Nur eines vermag er nicht: das Prinzip der Erfüllbarkeit anzutasten. Die bestimmten Wünsche werden zwar von ihm geschluckt, aber die Erfüllbarkeit kann der Geizige über seine Lebensgrenze hinaus retten: Seinen Erben hinterläßt er im Geld ein Bündel von Möglichkeiten. Das Geld überspringt diese Zäsur insofern, als es den Hinterbliebenen den Zugriff auf die Dinge erhält.

Zugang zu vielem zu haben ist eine Voraussetzung für Glück. Nur wem die Welt nicht verschlossen ist, gewährt sie Glück. Geld öffnet die Welt. Ist der Geizhals also ein Glücklicher, der sich bloß deswegen nichts gönnt, weil er in Wahrheit alles haben könnte und das Bewußtsein, möglicherweise alles zu besitzen, durch das, was er sich dann faktisch leistete, nicht aufgewogen wird? »Weil die reine Potentialität des Geldes der reinen Subjektivität des Glücksbegriffs – die keine philosophische Enttäuschung, sondern vielmehr eine Errungenschaft der Kritik ist – allein zu genügen vermag, gilt der Satz, daß mit Geld jeder sein Glück machen kann. Und nur darin, jedem seines sein zu können, besteht Glück.« Zwischen dem Geld und dem Glück existiert ein engerer Zusammenhang, als es jenes negative Verhältnis, daß Geld allein nicht glücklich mache, ausdrückt. Blumenbergs Entsprechung entwickelt einen Gedanken, der die Individualität des Glücks nicht als exklusive Auszeichnung einiger weniger verstehen kann. Alle Menschen streben nach Glück, niemand sollte es verfehlen. Da aber dort, wo alle auf dieselbe Weise glücklich sein wollen, keiner glücklich werden kann, vermag nur der allein glücklich zu werden, dem alle Wege offenstehen.

Vollkommen wäre das Glück, auch das des einzelnen, erst in dem Augenblick, in dem dies von allen gesagt werden kann. Wenn nichts mehr hindert, daß jeder seinen Weg gehen kann, hat auch der letzte an einem Glück teil, das gemeinsames genannt zu werden verdient, weil jeder nach seiner Art darüber verfügt. Es gehört zu den unaufgebbaren Prämissen einer menschlichen Gesellschaft, daß das Glück des einzelnen das der anderen einschließt. Schon ein einziger Unglücklicher gefährdet das Glück aller.

Dann ist es so verwunderlich nicht, daß man zögert, den Geizigen glücklich zu nennen. Obwohl er eine Bedingung dafür nahezu erfüllt – er kann für sein Geld fast alles bekommen –, fehlt ihm der Nutzen: Daß dem Geld vieles möglich ist, macht das Glück noch nicht wirklich. Kaum einer scheint dem Glück so nahe zu sein wie er. Aber ebenso sicher ist, daß ausgerechnet der Geizige es nicht ergreift.

Dem Geizigen stehen viele Wege offen, nur steht er sich selber im Wege. Einmal angenommen, er fände sein Glück, so wäre er darin einsam. Was er lebt, lebt er auf Kosten anderer, so daß die zweite Bedingung: das Glück dieser anderen, da sie nicht erfüllt ist, sein eigenes Glück immer bedrohte. Anders gewendet: Der Geizhals kann nicht lieben. Dieser Mangel verhindert, daß er jemals zu der Erkenntnis findet, die sein ganzes Dilemma mit einem Schlag lösen könnte: daß das, was gratis gegeben wird, nicht vergeblich gegeben ist – wenngleich es »umsonst« genannt wird.

Fünfte Todsünde
Der Hochmut oder
Wie der Größenwahn
zum Schicksal wird

Non plus ultra! So steht es geschrieben an den Säulen des Herkules. Nicht darüber hinaus! Was diese Warnung auch veranlaßt haben mag, es muß ein Reiz ersten Ranges gewesen sein, ein tief menschlicher Antrieb – Zeugnis dafür ist ihre schroffe Entschiedenheit, die keine Wahl läßt. Mit diesem Appell wurde der Seefahrer gemahnt, die Enden der Welt nicht zu überschreiten und sich aufs offene, ungetüme und unerforschte Meer zu wagen. Er hat sie mißachtet. Der Reiz der Grenzverletzung war stärker. Spätestens als 1620 das Schiff des Odysseus auf dem Titelblatt von Bacons Urkunde des neuzeitlichen Geistes »Instauratio magna« hinter den herkuleischen Säulen fährt, ist der Bann des Verbots gebrochen. Das eben erwachte Selbstbewußtsein bestimmt seinen Weg durch die Mißachtung überkommener Vorstellungen.

Vielfach und auf verschiedene Weise ist dieser Drang, Grenzen zu verletzen, der die Menschen aller Zeiten erfaßte, beschrieben worden. Man mag seine Dominanz an der Energie ablesen, mit der er eingedämmt werden sollte, an den Verbotstafeln und Strafregistern, an den Mahnsprüchen, aber auch den Kunstgriffen und Kniffen, durch die der Mensch sich der Pflicht zur Selbstbegrenzung widersetzte. Aus dem Umkreis des delphischen Orakels sind die Weisungen bekannt geworden: Nichts zuviel! Das Maß ist das Beste! Nichts im Übermaß! Sie alle bestimmen das, was dem Menschen zuträglich ist, gelten als Regeln eines geglückten Lebens und entsprechen so der Aufforderung des Gottes Apollon, man möge sich selbst erkennen. Daß es im Gehorsam wie in der Nichtbefolgung dieser geheimnisvollen Sätze zu kuriosen, wenn nicht rigorosen Auswüchsen kam, muß nicht wundernehmen. Die Spartaner, um nur ein Beispiel zu geben, trieb das Ideal der Begrenzung zu nächtlichen Morden an ihren Sklaven, wenn deren zu viele waren, ließen Kinder abtreiben, damit die Zahl der Polisbürger auf ein bestimmtes Maß beschränkt blieb. Die Grenze war unantastbar.

Alkman, ein Chorlyriker, der sich in Sparta niederließ und dessen Herkunft unbekannt ist, war einer der ersten, der den Appell, Maß zu halten, dichterisch verarbeitete. Unter dem wenigen, was uns überliefert ist, findet sich eine Warnung vor der Hybris, in den Himmel fliegen zu wollen. Der Mut, hoch hinaus zu streben, könnte sonst allzuleicht in Übermut umschlagen. Denn die Griechen empfanden es als ein Privileg der Götter, fliegen zu können, und es wurde, wer dieses Vorrecht nicht achtete, hart bestraft, indem er abstürzte. Hier ist erstmals das Maß der Höhe gesetzt: Hochmut kommt vor dem Fall. Das mußte Ikarus ebenso spüren wie Bellerophon, der sich mit seinem Flügelpferd Pegasos in Bezirke emporschwang, zu denen er keinen Zutritt hatte. Auch der

Sonnenwagenlenker Phaethon zahlte für diese Verwegenheit mit seinem Sturz.

All diese vielerzählten Berichte, die sich nicht mit Ausflügen in unerlaubte Weiten und Höhen begnügten, sondern in denen auch geschildert wird, wie andere Rechtsräume der Götter angetastet wurden, vermitteln eine einzige Einsicht: daß es besser sei, wenn Menschen mit den Unsterblichen keinen Wettstreit aufnehmen. Das Leben gelingt nur innerhalb der ihm beschiedenen Grenzen. »Denn mit Göttern / Soll sich nicht messen / Irgend ein Mensch. Hebt er sich aufwärts / Und berührt / Mit dem Scheitel die Sterne, / Nirgend haften dann / Die unsichern Sohlen, Und mit ihnen spielen, / Wolken und Winde.«

Das sind antike Vorstellungen. Goethe hat sie aufgenommen in sein frühes Gedicht »Grenzen der Menschheit«: Wer sich über die Maßen erhebt, muß dies mit dem Verlust der Bodenhaftung büßen, die zwar für den Dichter, der nach dem Erdbeben von Lissabon diese Zeilen niederschrieb, an Zuverlässigkeit verloren hat, aber in jeder Hinsicht für den Erdbewohner noch sicherer ist als der Ausgriff in die Sternensphäre. Auch wenn das Stehen oder Laufen des Zweibeiners Mensch kein selbstverständlicher Zustand ist, auch wenn der aufrechte Gang eigentlich als aufgehaltenes Fallen angesehen werden muß, dessen Geschicklichkeit die Berührung des Untergrunds mit vier Extremitäten kompensiert und das Trägheitsprinzip ausnutzt, so ist das entwicklungsgeschichtlich bedingte Aufwärtsstreben nicht geschaffen, die Schwerkraft ganz zu ignorieren. Schon das feste Stehen ist mühsam genug und verlangt auf Dauer angestrengte Aufmerksamkeit. So sehr es zum Menschenstolz gehört, das Kriechen, das Krabbeln, die gebeugte Haltung überwunden zu haben, zum Mittler zwischen Himmel und Erde reicht es nicht für den, der sich als Mittelpunkt der Kreatur versteht. Goethes Bild hat etwas Lächerliches. Fern der Möglichkeit, auch nur die unterste Bahn der Gestirne zu durchstoßen – der Scheitel berührt sie gerade, vermerkt das Gedicht –, hängt der hochgemute Emporkömmling kümmerlich flatternd wie ein Fetzen

Stoff in der Luft und wird zum Objekt eines Windspiels. Kein klassischer Sturz, kein Fall. Ausgeliefert allein an ein in der Konsistenz fast nichtiges Element. Dem Menschen fehlt es also an Größe, auf beiden Beinen noch stehen zu können, wenn der Kopf an die Himmelsdecke reicht. Sobald die »Grenzen der Menschheit« verlassen sind, wirkt die Situation komisch. Was den Griechen Anlaß gewesen ist zu tragischer Verstrickung, Hochmut, faßt der neuzeitliche Dichter dieser alten Vorstellungen in ein Bild von aufreizender Lächerlichkeit.

Der kurze Seitenblick auf einige Mythen und Passagen poetische Phantasie macht vielleicht verständlich, daß es in dem, was traditionell Stolz, Hoffart und Vermessenheit genannt wird, um mehr geht als um Selbstüberschätzung und Ichzentrierung: daß vielmehr elementare Grenzen zur Disposition stehen, deren Überschreitung dem Menschen nicht bekömmlich ist. Ob mit der Nichtachtung dieser Grenzen auch gleich Vorrechte verletzt werden, wie es die antike Erzählwelt nahelegt, mag zunächst gleichgültig sein gegenüber der Bedeutung dieser Grenzen für den Menschen. Es kann aber nicht unbedacht bleiben, woher dieser Hang zur Unzufriedenheit mit bestehenden Verhältnissen rührt: Sind Grenzen dem Menschen zuträglich? Warum reizen sie ihn zum Widerspruch? Was veranlaßt den Menschen, seinen Rahmen zu sprengen, sein Maß zu ignorieren? Kennt er es nicht? Kann er es nur festlegen, indem er es mißachtet? Ist das Grenzenlose zum Scheitern verurteilt? Woher nehmen die vielen Aufrufe zum Maßhalten ihre Legitimität? Was sind Grenzen, genauer: was sind die Grenzen des Menschlichen, daß man sich so entschieden auf sie beruft?

Grenzen trennen. Das ist ihre Aufgabe. Sie zeichnen aber auch Konturen. Deutlicher: indem sie das eine vom anderen trennen, geben sie jedem das ihm eigene Recht, zu sein. Als eine Art reduziertes Niemandsland zwischen Existenzräumen hegen sie diese ein und bestimmen so deren Ausdehnung durch Negation. Dort, wo die Grenze verläuft, endet die Einflußsphäre des Begrenzten. Was darüber hinaus ist, geht es nichts an. So gesehen scheint jede

Grenze unantastbar und unverrückbar zu sein. Einmal gesetzt, beanspruchte sie ein für allemal Geltung – würde man sich an ihr nicht von Zeit zu Zeit reiben. Zumindest wo menschliches Leben voneinander sich abgrenzt, werden die Grenzen fraglich, manchmal unerträglich. Denn Menschen machen mit Grenzen Erfahrungen. Grenzerfahrungen aber sind schmerzhaft. Es ist ein entscheidender Unterschied, ob man an Grenzen stößt oder ob man sich an Grenzen stößt. Sich an ihnen zu stoßen ist ein ärgerliches, einschneidendes Erlebnis. Was hilft es da zu hören, daß Grenzen notwendig sind, man muß erkennen, daß man sie nicht selbst gezogen hat. Plötzlich gebietet Fremdes Halt. Die eigenen Grenzen sind eigentlich gar nicht die eigenen; mit ihnen hört auf, was beendet wird. So scheiden sie also nicht nur Räume und Menschen voneinander. An jeder Grenze scheiden sich auch die Geister. Denn es ist nicht ausgemacht, ob Grenzen sein müssen, zumindest ob sie präzise dort sein müssen, wo sie verlaufen. Der Mensch gibt sich nicht zufrieden, das Gegebene als Unausweichliches hinzunehmen, er will es in freier Einwilligung anerkennen, was einen minimalen Spielraum an Möglichkeiten und Veränderbarkeiten voraussetzt.

Der Erfahrung, daß Grenzen beschränken, entspricht aber auch eine wohltuende Entdeckung. In dem Maße, wie sie den inneren Bezirk abstecken durch den Verweis, nichts anderes zu sein, stiften sie auch Identität: Man ist nicht das andere. Verwechslungen sind ausgeschlossen, da durch jede Grenzziehung ein bestimmter Ort angewiesen wird. Nur so, daß einer nicht alles leben kann, wird Leben erst möglich. Jede Grenze bejaht, indem sie anderes verneint. Es ist diese Ambivalenz, die die Erkenntnis des Stolzes als einer Grenzverletzung so schwer macht. Denn so wie die Grenze Position und Negation in sich vereint, schwankt auch das Urteil über den Hochmut zwischen legitimer Selbstbehauptung und Unrechtsbewußtsein. Die Grenze sei der Ort der Erkenntnis, hat man behauptet. Es könnte sein, daß sie im Gegenteil Erkenntnis behindert, vielleicht verhindert. Denn um eine Grenze als Grenze zu erkennen, muß man sie überschreiten. Hegel hat darauf aufmerksam gemacht. In der zwei Jahre vor seinem Tod 1830 neupublizierten »Enzyklopädie der philosophischen Wissenschaften im Grundrisse« findet sich die Bemerkung: »Als Schranke, Mangel wird etwas nur gewußt, ja empfunden, indem man zugleich darüber hinaus ist.«

Sollte also der recht behalten, der jede Begrenzung des Menschen von vornherein für sinnlos erklärt, da sie erst im nachhinein bestimmbar ist? Ist das ein verstecktes Plädoyer fürs Maßlose? Wer die eigene Beschränkung erkennen will, so der Satz, kommt stets zu spät. Man muß sie mißachtet haben, um genau zu wissen, wo haltzumachen geboten gewesen wäre. Die Frage nach den Grenzen des Menschen kann nur im Irrealis gestellt werden: Was wäre es gewesen, das zu übertreten wir hätten vermeiden sollen? Unter der Bedingung dieser Verspätung erfährt man dann präzise, wie weit man hätte gehen dürfen – und daß man zu weit gegangen ist. Kann es noch eine Rückkehr geben? Oder gehört es zum Los der Menschen, ihr Maß nicht ohne die Hybris einer Eskalation zu kennen? Müssen sie einsehen, die Bedingungen ihres Lebensglücks zu wissen, ohne dieses je zu erlangen?

An den Grenzen des Menschen zeigt sich der Charakter der Grenze. An den Grenzen des Menschen zeigt sich aber auch der Charakter des Menschen. Kein anderes Wesen kennt den unermüdlichen Prozeß einer Grenzverschiebung als Erfahrung mit seiner Leistungsfähigkeit, mit den Formen, die ein Leben schön machen können oder unerträglich sein lassen. Selten zufrieden mit dem, was ihm die eigenen Konturen vorzeichnen, sucht er nach Möglichkeiten ihrer Erweiterung – zuletzt nach dem Verzicht auf Grenzen überhaupt. Die Arbeit an der Grenze treibt der Mensch bis zur Erschöpfung seines Widerstands. Je öfter er seine Schranken überschreitet, desto stärker empfindet er den Mangel, sich nicht auf alles ausdehnen zu können. Das ist eine, vielleicht die entscheidende Konsequenz aus Hegels Dictum: daß sich den Menschen nur selten das Erlebnis mit Grenzen als angenehme, wohltuende, ja heilsame Erfahrung in der Erinnerung festsetzt. Der

Schmerz über die Beschränkung, auch wenn er von dem Philosophen als »Vorrecht« der lebendigen Dinge bezeichnet wird, nötigt zu der Anstrengung, alle Fähigkeiten zur Entgrenzung bis ins letzte auszuschöpfen. Maß aller Dinge zu sein: das ist das Ziel eines Wesens, von dem es in einem alten Chorlied heißt, vieles sei ungeheuer, doch nichts ungeheurer als der Mensch.

Erst dort, wo die Vermessenheit sich zur Maßlosigkeit gesteigert hat, verliert die Grenzüberschreitung ihre Ambivalenz, ist der Hochmut als selbstschädigender Exzeß eindeutig identifizierbar. Denn die Verweigerung, Grenzen überhaupt anzuerkennen, ist identisch mit dem Verlust grundlegender Formen von Menschlichkeit. Jede Grenze des Menschen kann verschoben werden. Doch mit der absoluten Verneinung seiner Begrenztheit verläßt der Mensch den Raum sinnvollen Handelns. Er irrt plan- und ziellos umher. So ist also die Aufgabe der meisten Grenzen nicht das Verbot, sondern die Eröffnung eines genau umschriebenen Freiraums, in dem das Umschlossene bejaht ist: in dem der Mensch menschlich sein kann nach dem Maß seiner Gestalt.

Man wird sich dieser formalen Bestimmung von Grenzerfahrungen erinnern müssen, will man verstehen, was das Verletzende des Stolzes, aber auch seine Leidenschaft ist. Die Urteilsunsicherheit, welche die Denkgeschichte des Hochmuts begleitet und die – zu Recht – verhindert, daß Maßüberschreitungen ohne Unterschied als Ungeheuerlichkeiten verdammt werden, dieses Schwanken in der Bewertung gründet in den Schwierigkeiten der Grenzerkenntnis. Ohne schon das philosophische Rüstzeug zu besitzen, über dessen Vorteile man streiten kann, haben die Alten in ihren Geschichten die Hartnäckigkeit des Unbegriffenen und dessen Widerstand gegen den Anspruch, restlos verstanden zu werden, dargestellt. Wer kann ermessen, was das Publikum einer Tragödie empfand, als es zuschaute, wie etwa Antigone ihren Bruder wider die Vorschrift der Staatsgesetze bestattete und dabei das Risiko einging, mit dem Tod bestraft zu werden? Wo war hier Hybris: in der Verletzung des väterlichen Erlasses oder im väterlichen Urteil, das Strafhöchstmaß ungeachtet seiner Gefühle anzuwenden? Gilt der Rechtsraum der Polis mehr als die Liebe einer Schwester? Die Griechen wußten, daß die Rede von Grenzüberschreitungen irgendwann an ihre eigene Grenze stößt, »daß es hinter der Grenze des Sagbaren noch eine weitere Grenze gibt, an der auch das schweigende Zeigen endet: die Grenze des Unbegreifbaren«. Kann ein für allemal erhellt werden, wann eine Mißachtung menschlicher Bedingtheiten zulässig ist, wann unzuträglich? »Wer den Weg an die Grenze zu kurz nimmt, mystifiziert die Wahrheit«, notiert Siegfried Melchinger in seinen Tragödieninterpretationen, »wer die Grenze leugnet, erliegt der Hybris.« Das sind zwei Extreme des Menschseins, Wahrheit und Hybris; es ist nirgendwo ausgemacht, wie man zu der einen gelangt, ohne in den Abgrund der anderen zu geraten. Der Weg zur Wahrheit ist ein gefährlicher Grat, schmal, verschlungen, mit mannigfachen Gelegenheiten, abzustürzen. Es könnte sogar sein, daß das Risiko zu fallen dort am größten ist, wo man am Ziel zu sein sich dünkt. Vielleicht ist die Behauptung, die Wahrheit zu kennen, der Hybris am nächsten. Niemand weiß das. Das griechische Drama handelt von diesem Nicht-Wissen, von den finsteren Aporien menschlicher Extremsituationen, von undurchschaubaren und unduldbaren Grenzverletzungen, die fern ihres Gelingens oder Scheiterns, in jedem Fall tragisch sind und Leiden verursachen.

Die Hybris ist der Hochmut der Antike. Fast alle Elemente, die später als frevelhaft und todeswürdig unter die kardinale Untugend der Superbia, der Hoffart, vereint wurden, finden sich schon in frühesten Zeugnissen. Man wird also den Griechen noch ein wenig Aufmerksamkeit widmen müssen, will man dem Primus der Todsünden gerecht werden.

Auch Götter haben ihren Stolz. Das bekam keiner so zu spüren wie Prometheus, der vornehmste Heilige und Märtyrer im philosophischen Kalender – so nannte ihn Karl Marx nicht ohne absichtsvollen Hintersinn. Von den Unsterblichen an einen Felsen geschmiedet, fern aller Chancen zur Flucht, weil er, selber unsterblich, den Göttern das Feuer entwendet hat zugunsten der Menschheit, leidet er unendliche Qualen. Der Prometheus-Mythos, den Aischylos als Tragödien-Trilogie aufführen ließ, hat wie kaum eine andere Geschichte der Antike nachgewirkt. Wo war der Frevel je so ungeheuerlich? Hier geht es um nichts weniger als um die Existenz der Menschen vor einem Göttergeschlecht, das ihre Vernichtung schon beschlossen hatte – ein Thema, das Epochen faszinierte.

Gegen den Ratschluß des Zeus, die gegenwärtige Generation der Sterblichen auszulöschen, da eine andere, vermutlich lebensfähigere geschaffen werden soll, begehrt Prometheus auf, nimmt Partei für die »armen Menschenkinder«, die der Willkür des neuen Herrschers auf dem Olymp geopfert werden sollen. Da gutes Zureden und vernünftige Einwände nicht überzeugen, greift Prometheus zur List. Er raubt den Göttern den Feuerquell und lehrt die Menschen – über den Gebrauch der Flamme hinaus – alle entscheidenden Überlebenstechniken: Er läßt ihren Geist erwachsen, zähmt wilde Tiere, unterweist sie im Schiffsbau und der Heilkunst, zuletzt aber schenkt er ihnen die Hoffnung. Das war zuviel. Daß die Menschen nun durch Prometheus' Hilfe ertragen können, was ihnen an Lebenslast auferlegt ist, mußte den Zorn dessen, der sie ehedem ganz tilgen wollte, herausfordern. Zeus reagiert. Das Opfer der Rache aber ist so gewaltig wie der Täter, der mit Wucht seine gerade errungene Macht demonstriert: Gott gegen einen Gott um den Bestand der Menschenwelt – unter diesen Bedingungen wächst die Hybris ins Ungeheuerliche und das Leiden ins Unermeßliche. Wo andere Tragödien den Rechtsrahmen der Polis nicht verlassen, greift Prometheus den Götterspruch an und verweigert den Gehorsam um der Menschen willen. Aber war das wirklich Hybris?

»Es ist eine prachtvolle Hybris und mehr als das: eine durch Leid gereinigte, durch Genius vertiefte, die die alten Zusammenhänge aus Schuld und Schicksal vernichtet. Auch wenn Prometheus dadurch selber untergeht: er vertritt etwas, das besser ist als die griechischen Götter.« So sieht es der Denker, der die Hoffnung zum Prinzip erklärt hat. Doch hier wird die Rebellion des einen zum Vorschein des modernen Atheismus stilisiert. Nichts weniger aber als das, was Ernst Bloch gern schon der »griechischen Zentraltragödie« unterlegt hätte, ist ihr eigentlicher Gegenstand.

Die Grundformel des Tragischen: daß es für den Menschen besser wäre, nicht zu sein, durchzieht im »Gefesselten Prometheus« wie nirgendwo sonst das Drama und wird zuletzt wider sich selbst gekehrt. Daß der neue Machthaber Zeus die Kreaturen des alten, die Eintagskinder seines Vater Kronos, lieber hätte verschwinden lassen wollen, ist nur der eine Aspekt der Geschichte. Prometheus' Affront gegen den höchsten der Unsterblichen erkämpft den Menschen ihr Daseinsrecht. Mit Fug bemerkt daher Hans Blumenberg: »Aus der objektiven Nichtswürdigkeit der Menschen mehr als ihre Existenzfähigkeit – ihre Existenzwürdigkeit gemacht zu haben, ist der von Prometheus selbst unbestrittene Verstoß gegen die Weltordnung.« Aber bestätigt nicht der Umstand, daß einer erst mit List die Auslöschung der Kronosgeschöpfe vereitelt, genau die Tragödienformel? Wäre es nicht doch besser gewesen, auf den Raub zu verzichten, die Menschen zugrunde gehen zu lassen? Man muß ungeachtet moralischer Vorbehalte, die die Tragödie nicht kennt, so fragen: Ein Geschlecht, das für sein Überleben selbst nicht sorgen kann – verdiente es nicht, zugunsten eines stärkeren vernichtet zu sein?

Ganz offensichtlich hat Prometheus die Menschen überschätzt und ihrer von Zeus erkannten Nichtswürdigkeit widersprochen. Gegen dessen Absicht, die Sterblichen sich und ihrer Verzweiflung zu überlassen, durch die sie sich auf Dauer schon selbst beseitigt hätten, wären auch die Gaben der Technik allein aussichtslos gewesen. Ein desperates Geschlecht, mit sich im Unreinen, hat keine Überlebenschance, weil der Überlebenswille fehlt. Da wären Feuer und Heilmittel überflüssig. Wirklich geholfen hat Prometheus den Menschen dagegen mit der Hoffnung, einer blinden Illusion. Sie täuschte die Sterblichen über ihre objektive Lebensschwäche hinweg und ließ sie einen starken Daseinswillen ausprägen, so daß dann auch die anderen Geschenke sinnvoll waren, ihr Gebrauchswert enorm gesteigert wurde. Die Hoffnung übertüncht die Grundlosigkeit menschlicher Existenz. Sie ist Blendwerk und läßt vergessen, daß es eigentlich besser gewesen wäre, nicht zu sein.

Der Chor in Aischylos' Bühnenstück durchschaut dieses gerissene Manöver auf Anhieb. Er hält Prometheus vor, mit dieser List – einer Verblendung, die auch sonst im Spiel ist, wenn Götter in Tragödien handeln – das Überleben der Todgeweihten gesichert zu haben. Mehr als der Feuerdiebstahl scheint die Hoffnungsgabe Zeus aufgebracht zu haben, so daß er das Erbarmen mit dem Menschengeschlecht nicht würdigte, sondern seinen Gegenspieler, den Parteigänger der Sterblichen, ans Ende der Welt, an ein meerumspültes Gestein schmieden ließ. Die blinde Hoffnung, die den Menschen die Fähigkeit nahm, ihr beschlossenes Schicksal vorauszusehen, ist die Bedingung für den Nutzen der Flamme. Ohne sie hätte auch der Feuerraub keine Wirkung erzielt.

Hoffnung ist, wodurch die Menschen sich von Prometheus unterscheiden. Er, dessen Name im griechischen Wortsinn »Vorausdenker« bedeutet, kann auf Linderung seiner Qualen nicht setzen; er weiß und wußte, worauf sein frevelndes Tun hinauslaufen wird. Das Chorlied versäumt es daher auch nicht, den Titanen zu erinnern: »Wie wird es? Ist denn Hoffnung? Siehst du nicht, daß du gefehlt hast; wie gefehlet, das zu sagen ist nicht Freude mir, doch Kummer dir.« Das ist sein Los: sich nicht betrügen zu können, vom Wissen leben zu müssen, nicht von der Hoffnung.

Man braucht nicht viel Phantasie, um sich auszudenken, daß die Geschenke des Menschenfreundes von zu einschneidiger Natur sind. Die Griechen hatten ein Gespür für den Doppelsinn der Göttergaben. Was auf List und Täuschung gegründet ist, kann dauerhaft nicht brauchbar sein. Es mag den Zuschauer dieser Tragödie schon nachdenklich gestimmt haben, daß die vielgepriesene Hoffnung bei Prometheus nichts ausrichtete. Der andern half – er konnte sich selbst nicht helfen. Taugten seine Mittel etwa nicht? Das ist zwar eine späte Einsicht – die Griechen konnten sie noch nicht haben –, aber die Konsequenz aus einem Mythos, dessen Stoff ausreichte, um auf mehr als ein Zeitalter starken Einfluß auszuüben: daß mit den Präsenten des Prometheus kaum Grund zu Prahlerei und Stolz den Menschen gegeben wurde. Es waren zweifelhafte Angebote. Das technische Geschick, das er ihnen beibrachte, führte im Maße seiner nutzreichen Anwendung auch Gefährdungen mit sich, bis hin zur Erfüllung des Gottesratsschlusses: der Selbstvernichtung. So droht als Folge der Hybris des Prometheus die Selbstüberhebung des Menschen sein Überlebenswerkzeug zu Zwecken einzusetzen, die seinen Untergang nach sich zögen. Zeus könnte am Ende gar recht bekommen, weil die Hoffnung dann gerade gegenteilig wirkte: Sie ließe alle blind in ihr Verderben laufen.

Konnte Prometheus, der so vieles sah, das nicht auch vorauswissen? Nichts hatte sich nach dem mutigen Eingriff des Rebellen faktisch geändert. Die einmalige Verwegenheit des Aufrührers im Götterrat hatte allenfalls bestätigt, was die Grenzen des Menschen immer implizierten: daß unter ihnen keiner die Bedingungen seines Lebens in der Hand hat – auch wenn er die Mittel zum Überleben besitzt. Störte Prometheus eine Art blinder Fleck in seinem weitblickenden Gesichtsfeld, so daß er diese Folgen nicht antizipieren konnte?

Wenn man nach den Motiven für seine ungewöhnliche Tat fragt, bleibt die Tragödie die Antwort nicht schuldig. In schönster Regelmäßigkeit durchzieht das Drama der Vorwurf, der Menschenfreund sei bestraft worden, da er das Eintagesgeschlecht »im Übermaße« geliebt habe, »sonder Furcht vor Zeus«. Beachtet man einmal nur diesen lichten Charakterzug und läßt für einen Augenblick beiseite, daß der »Gefesselte Prometheus« Macht und Gewalt, Generationenkonflikte zwischen Göttern und das Lebensrecht der Polisbürger thematisiert, daß also auch die Liebe des Widersachers selbstverständlich Verbündete im Herrschaftskampf zu gewinnen trachtet – nimmt man diese Liebe pur, frei von strategischen Begünstigungen, so ist sie geeignet, den »Vorwisser« und»Vorausdenker« zu blenden. Wer liebt, liebt immer ohne Maßen. Er kennt keine Grenzen, auch Privilegien nicht. Prometheus mußte sich gegen den Gott stellen, um für die Menschen sein zu können. Er tat es gern, wie er versichert. Als Diener der Erträglichkeit menschlichen Daseins verletzte er die Schranken absoluter Macht: Kann der Mensch nur erträglich leben, wenn er das Maß überschreitet?

Die Strafe muß sein – nicht einmal stellvertretend für die, deren Existenzrecht gestärkt worden ist. Es war Hybris im Spiel, als ein Gott wider den Anspruch eines Gottes um der Menschen willen auftrat: die Überheblichkeit der Liebe, stets im Recht zu sein. Vielleicht ist dies die wesentliche Differenz zwischen der Antike und dem Christentum. Die Tragödie war die höchste Form, in der die Griechen Sünde darstellen konnten. In einer ihrer schönsten wird der Gott, der den Menschen wohlwill, von einem anderen Gott gedemütigt. Das wäre in der christlichen Vorstellungswelt undenkbar. Dort wird die Menschenfreundlichkeit Gottes nicht mehr bestraft; wenngleich auch da ein Gott leiden muß. Aber nicht der Gott, sondern die Menschen dulden es jetzt nicht, daß einer sich ihnen liebend nähert.

Nietzsche hat – nicht zum Ende der biblischen Szenen, der Kreuzigung des Gottessohnes, aber – zum Anfang der Erzählungen, zum Sündenfall-Mythos, eine Brücke von der Prometheussage her geschlagen und bemerkt, »daß zwischen beiden Mythen ein Verwandtschaftsgrad existiert, wie zwischen Bruder und Schwester«. Man darf die nachgeschobene Pointe dieses Vergleichs nicht überlesen. Der Autor benutzt den jüdischen Kurzbericht vom ersten Aufbegehren der Menschen gegen ihren Schöpfer nur als Kontrastfolie, von der der Übermut des Feuerbringers sich in seiner kulturbildenden Funktion heroisch abhebt. »Der Mensch, ins Titanische sich steigernd, erkämpft sich selbst seine Kultur und zwingt die Götter, sich mit ihm zu verbinden, weil er in seiner selbsteigenen Weisheit die Existenz und die Schranken derselben in seiner Hand hat.« Das ist eine Deutung der antiken Tragödie und ihrer Erzähltradition, die längst deren wiederholte Umformung, zuletzt auch Goethes frühes Gedicht über Prometheus, kennt und von ihnen unzweifelhaft beeinflußt ist. Nirgendwo ist bei Aischylos die Rede von einer humanen Tat, von menschlicher Verwegenheit. Vielmehr kann als Hybris so vehement nur geahndet werden, was von einem Gott ausgedacht und umgesetzt worden war. Dennoch bringen die Geschenke des Rebellen den Menschen »das Beste und Höchste«, dessen sie teilhaftig werden können. Die Folgen des Frevels sind nicht ein tiefer Fall, sondern das Emporstreben derer, die andernfalls zugrunde hätten gehen müssen – »ein herber Gedanke«, wie Nietzsche anfügt, »der durch die Würde, die er dem Frevel erteilt, seltsam gegen den semitischen Sündenfallmythos absticht, in welchem die Neugierde, die lügnerische Vorspiegelung, die Verführbarkeit, die Lüsternheit, kurz eine Reihe vornehmlich weiblicher Affektionen als der Ursprung des Übels angesehen wurde«.

Was ist von der Vergleichbarkeit der beiden Geschichten, ja ihrer geschwisterlichen Ähnlichkeit, übrig geblieben? In dem Maße, wie Nietzsche auf den Standard der »aktiven Sünde als der eigentlich prometheischen Tugend« abhebt, verzeichnet er den Charakter des Unterschieds zwischen antiker Hybris und biblischer Verfehlung. Die Hybris ist im Drama des Aischylos ein Element des schwelenden Generationenkonflikts unter den Göttern, bei dem jedes Geschlecht nach möglichst viel Herrschaftsraum und Machtbefugnis strebt. Schlicht falsch ist, was Nietzsche den Himmlischen unterstellt: daß sie vom edel empordrängenden Menschen beleidigt worden seien und ihn nun mit allerlei Leiden und Kümmernissen heimsuchten. Niemand wurde beleidigt, aber einer wurde überlistet. Und das kann Zeus, der gerade einen Machtkampf erfolgreich bestanden hat, verständlicherweise nicht ertragen. Denn einer List aufgesessen zu sein, untergräbt die neugewonnene Autorität sogleich wieder. Der christliche Gott hingegen wurde beleidigt. Das ist das einzige, was man ihm antun kann. Anders als die

Unsterblichen auf dem Olymp verfügt er absolut über Mensch und Welt, seine Majestät ist unaufhebbar – aber eben verletzlich. Prometheus hält die Rache des Zeus aus, der Sünder hingegen muß seine Verlorenheit erkennen. Hochmut, so wie die biblischen Schriften ihn verstehen, ist der Versuch, den Maßgebenden zu eliminieren; die antike Hybris indessen, jenes »gefährliche Wort«, hat trotz ihrer Grenzverletzungen sich immer noch dem unerbittlichen Zwang des letzten Maßes, der Ananke, der Schicksalsnotwendigkeit, zu unterwerfen. Zwischen Hybris und der Todsünde Hochmut ist der Abstand so groß wie zwischen Vermessenheit und Maßlosigkeit. Wann immer von Hoffart als von einem Hauptfrevel die Rede war, liegt das Gewicht auf dieser radikalen Befreiung von Schranken aller Art. Es geht nicht allein darum, daß einer als höher angesehen werden möchte, als er ist, wie es manche Bestimmungen des Hochmuts nahelegen. Augustins rhetorische Frage ist da genauer: »Ist Hochmut nicht das Streben nach verkehrter Hoheit? Verkehrte Hoheit ist, den Urgrund aufzugeben, mit dem der Geist Zusammenhang haben soll, und gewissermaßen sich selbst zum Urgrund zu werden, selbst Urgrund zu sein.« Als Superbia wird hier der Anspruch begriffen, die Stelle Gottes neu zu besetzen, ohne daß sie vakant geworden wäre. Das ist eine Qualität an Größenwahn, die die griechische Antike noch nicht kannte – nicht kennen konnte, da das Streben, göttlich zu sein, im Erfolgsfall mit vielen anderen geteilt werden mußte. Es ist ein nicht unerheblicher Unterschied, ob sich in den Reigen der Unsterblichen ein neues Mitglied drängt, oder ob einer begehrt, den einzigen Weltenherrscher von seiner Position zu stürzen. Gegen diese Absicht wirken die Ausdrücke »Stolz« oder »Hochmut« geradezu wie Überreste der kleinen Liederlichkeiten und Ungezogenheiten aus unbeschwerlichen Kindertagen.

Die Superbia ist die theologischste unter den Todsünden. Nicht nur, weil sie späterhin als Intellektuellenlaster glorifiziert worden ist. Hier geht es um mehr: um Gottes Existenz. Daß elementare Züge der Hybris über die Auseinandersetzung der Theologie mit der stoischen Maßethik in sie Aufnahme gefunden haben, konnte ein Defizit nicht verdecken: Reichten die Geschichten der Hybris aus – von Xerxes, dem Perserkönig, der sich vermaß, von Asien aus über das Meer Teile Europas erobern zu wollen, bis hin zu jenem Hoffnungsträger und Lichtbringer Prometheus –, das Verhalten der Grenzüberschreitung befriedigend zu beschreiben? Es blieb das Manko des Motivs: Warum provoziert die Grenze den Menschen, sich an ihr zu vergehen?

Es ist der Vorzug an Genauigkeit in der Bestimmung des Menschen, der den Paradiesesmythos als einen Grundtext der Anthropologie kennzeichnet. Durch ihn werden in der Frage nach dem Antrieb der Selbstüberhebung starke Akzente gesetzt. Denn mehr als die Distanz zwischen Gott und Mensch setzt er die Nähe als ein hervorragendes Merkmal ihrer Beziehung. Die höchste unter den Kreaturen gilt gar als Abbild, Ebenbild oder Gleichnis ihres Schöpfers, nur wenig niedriger als er, so versichern die Urkunden. Was liegt also näher, als diese minimale Differenz auch noch einzuebnen. Es hätte vielleicht nicht einmal der Schlange bedurft, die durch ihre Einflüsterungen Anstoß gab zu wagen, was auf der Hand lag. Wer einen solchen Status einnimmt, ausgestattet mit einer Machtfülle, der zur Machtvollkommenheit offenbar nur Geringes fehlt, dessen Lust zum Umsturz ist ausgeprägt. Kierkegaard hat den Kern der Vermessenheit verfehlt, wenn er behauptet, ihre Möglichkeit liege im Abstand. Im Gegenteil: »Da waren Verführung und Beschränkung zum Widerspruch einer Existenz zusammengezwungen.« So Blumenberg. Nicht alles zu dürfen, aber potentiell alles (sein) zu können – wer wird es verdenken, wenn unter diesen Bedingungen der Wunsch, dies alles nun wirklich auch zu sein, nicht mächtig wird. Der Hochmut ist ein Lebenskonstitutivum, das mit der Endlichkeit des Menschen und seiner Güter gesetzt ist und sich aus der Unendlichkeit seiner Ansprüche nährt. Im Grunde ist die Aufrichtung des Verbots, vom früchtetragenden Lebensbaum nicht zu kosten, die Aufforderung zum Widerspruch. Erst die Grenze weckt doch den Zweifel, ob nicht jenseits von ihr Größeres und Schöneres wartet. Die stärkste aller Verlockungen, wie Gott zu sein, war für den Menschen auch die einzige, der zu folgen lohnte. Der »kleine Gott der Welt« war zu nahe dran, als daß er sich von Niedrigerem überhaupt noch verführen ließe.

Keiner hat wie Luther in einer seiner Antithesen gegen den scholastischen Theologen Gabriel Biel 1517 diesen attraktivsten aller Reize gefaßt: »Der Mensch kann natürlicherweise nicht wollen, daß Gott Gott sei, vielmehr wolle er, daß er selber Gott sei und Gott nicht Gott.« Da bleibt keine Wahl. Nur einer kann sein, was viele zu sein beanspruchen. Die Konkurrenz ist – man mag es durchaus theologisch lesen: gnadenlos. Was nimmt es also wunder, daß viele der mittelalterlichen Denker der Hoffart eine Ausnahmestellung noch unter den extremsten aller Sünden, den todeswürdigen, zuweisen und sie gewissermaßen negativ adeln. »Während alle übrigen Sünden Gott fliehen, leistet allein der Hochmut ihm Widerstand.« Die nüchterne Gegenüberstellung des Boethius hat, wie das präzise Thesenwort des Reformators, bis in die Moderne gewirkt und Umformulierungen oder Steigerungsformeln provoziert. Sartres lakonisches Notat: »Mensch sein heißt, darauf abzielen, Gott zu werden«, hat zwar als existenzphilosophischer Grundsatz den Beigeschmack des Theologischen längst verloren und erinnert eher wieder an den prometheischen Aufstand, doch macht er durch die Aufnahme des überkommenen Vokabulars deutlich, worum es geht: Die Selbstwerdung des Menschen kann nur gegen den Widerstand höchster Instanzen durchgesetzt und in der Anerkennung als höchster Instanz vollendet werden. Im Maß seiner Abgrenzung gegen andere erweist sich der Mensch fähig, er selbst zu sein.

Auch Heines unverhüllte Forderung nach »Wiedereinsetzung des Menschen in seine Gottesrechte«, die ironisch den Verlust eines ursprünglichen, faktisch nie vorhandenen Zustands anzeigt und dessen Restitution einklagt, wendet das alte Thema der Hoffart in die Frage nach der Legitimation Gottes, klarer: nach der rechtmäßigen Inanspruchnahme des Weltherrscheramtes durch seinen momentanen Inhaber. Ob der »Gott« Genannte auch Gott sein dürfe, steht außer Zweifel – für Heine ist das Problem schon negativ gelöst allein durch die Existenz des Menschen.

Was führt zu solchen Erhebungsformeln? Nichts als das einschnürende Gefühl, weniger zu leben, als möglich wäre. Man muß gar nicht auf Glücksansprüche und Vollkommenheitsträume vorgreifen, schon tiefer liegende Bedürfnisse lassen sich nicht restlos befriedigen, ohne nicht den Wunsch zumindest nach Wiederholung, wenn nicht nach Steigerung zu erregen. Das Leben ist sich selbst nie genug. Es ist die vielleicht wirksamste aller Triebkräfte gegen seine Ermüdung, daß es mehr will, als nur zu leben.

Mehr zu wollen, als dem Menschen zuträglich ist: das ist die Ausgangslage in jener Gedankenwelt, die den Begriff »Hochmut« theologisch salonfähig gemacht hat und dessen Rang als Wurzelsünde maßgeblich beeinflußte. Augustins Interpretation des Paradiesesmythos ist geschickt. Er findet ein fast einfühlendes Wort für diesen unstillbaren Bedarf an Lebensmaximierung, wobei so freilich die Verantwortungslast für den Frevel zum größeren Teil auf den Menschen zurückfällt: »Es wäre dem Teufel nie gelungen, den Menschen mit einer so handgreiflichen, so offenkundigen Sünde zu erbeuten, bei der eine Tat begangen wurde, die Gott ausdrücklich verboten hatte, wenn der Mensch nicht bereits begonnen hätte, sich selbst zu gefallen.« Selbstgefälligkeit ist hier noch nicht der Titel für ein verkehrtes, strafwürdiges Verhalten. Im Stande der Unschuld, noch bevor die Schlange ihr boshaftes Versprechen lispelt, war es geradezu selbstverständlich, daß der Mensch sich an seiner Überlegenheit über alle anderen Kreaturen freute. Wem nach seiner Erschaffung das Urteil zugebilligt werden konnte, er sei »sehr gut« geworden – im Unterschied zu allen anderen Geschöpfen, die nur »gut« genannt zu werden verdienten –, dem müßte eigentlich nachgesehen werden, wenn er diese Qualität bestätigt, indem er sich selbst gern betrachtet.

Diese Konzentration auf das eigene Ich aber führt, so Augustin, zu folgenreicher Selbstüberschätzung. Im Vertrauen auf die an sich wahrgenommenen Begabungen und die Vorherrschaft über die Tiere und den Pflanzenreichtum verkennt der Mensch den Grad seiner Abhängigkeit. Er schüttelt sie ab als einen Makel im sonst glanzvollen Bild seiner Existenz. Der Mensch probt seine Göttlichkeit und stellt Gott so auf die Probe. Götter indessen hätten die Menschen eher sein können, »wenn sie am höchsten und wahren Urgrund gehorsam festgehalten und nicht aus Hochmut ihre eigenen Gründer hätten sein wollen. Denn geschaffene Götter sind nicht Götter aus eigener Wahrheit, sondern aus Teilnahme am wahren Gott. In dem Mehrverlangen liegt schon die Abnahme, denn in dem Wunsch, sich selbst zu genügen, fällt der Mensch von dem ab, der ihm in Wahrheit genügt.« Schon die Wortwahl verrät die Schwierigkeit, mit der Augustin kämpft: »Geschaffene Götter«, das ist auch für einen ein Oxymoron, dem die antike Erzähltradition noch bis in ihre Details vertraut war und der von »Halbgöttern« zu sprechen sich in diesem Fall verbat – der aber seit seiner »Bekehrung« wußte, daß zwischen Gott und Kreatur eine scharf gezogene Linie verläuft. Wenn er hier die Grenzmarke aufhebt und beide in eine einzige Sprachformel zwingt, so indiziert das eine Verlegenheit. Augustin mußte den Menschen in der Hierarchie hoch genug ansiedeln, um seine Verfehlung erklärbar zu machen und sie ihm anlasten zu können. Er durfte ihn zugleich aber nicht zu hoch einordnen, um überhaupt die Superbia noch als Sünde bezeichnen zu können. In nächster Nähe zum Absoluten allein vermag ein Vergehen selber absolut zu sein.

Göttlichkeit ist kein Prädikat, das man verliehen oder wieder aberkannt bekommt. Es konnte daher nicht ausbleiben, daß das Geschöpf seine Divinität gegen den ausspielte, dem es sie verdankte. Andernfalls hätte es am Ernst des Welt- und Menschenerschaffers und seines Willens, ihm das Beste nicht nur zu gönnen, sondern auch angetragen zu haben, zweifeln müssen. Der Selbstwert des Menschen stand in dem Augenblick in Frage, als er sich als einen wie Gott erkannte.

Die Sündenfallgeschichte durchzieht eine zwingende Dramaturgie. Die Konstruktionsbedingungen ihrer Weltordnung waren so beschaffen, daß sie für deren dauerhaften Bestand nicht garantierten. Da Gott Gebilde ins Leben rief, die zwar seinem Niveau entsprachen, ihn aber deswegen auch gefährden konnten, mußte am Anfang der Idylle deren Ende schon impliziert sein. Augustins karge Feststellung: »In der Erhebung liegt bereits ihr Sturz«, gibt neben der üblichen Deutung noch eine andere her: Nicht erst, daß der Mensch sich gegen Gott als Gott erhebt, fordert seinen Ausstoß aus dem Paradies, sondern die Erhebung des Menschen durch Gott zum Gott. Hochmut kommt nicht vor dem Fall, Hochmut ist der Fall.

Die Schöpfung als Verführung zu tödlichem Übermut: eine solche Geschichte sprengt sich selbst. Lange oszillierten die Urteile über den Stolz zwischen den von Augustin angezeigten, seiner Auslegung des biblischen Mythos entnommenen Extremen. Größe und Elend des Menschen waren in der Superbia auf den Nenner einer Kategorie gebracht. Was verworfen wurde, die angemaßte Höhe: war sie auch verwerflich? Man behalf sich mit Unterscheidungen, die zudem den augenfälligen Vorteil besaßen, den Abstraktionsgrad, der mit Augustins Deutung der Sündenfallgeschichte und ihrer Konzentration auf den Hochmut eines gefallsüchtigen Menschen erreicht war, aufzulösen. Spätestens seit Gregors berühmtem Hiob-Kommentar, der die Zahl der todeswürdigen Sünden auf sieben beschränkte, legte man dem Stolz als Vergehen ein Raster über, in dem sich der Gottesfürchtige zurechtfinden und seine Verlockungen identifizieren konnte. Der Hochmut war endlich eine konkrete Untugend, hatte menschliche Züge bekommen. »Es gibt nämlich vier Arten«, sagt Gregor, »in denen sich alle Aufgeblasenheit der Hoffärtigen zeigt: Entweder meinen sie, das Gute aus sich selbst zu besitzen; oder, wenn sie auch glauben, es sei ihnen von oben gegeben worden, so sei dies doch um ihrer Verdienste willen geschehen; oder aber sie brüsten sich wenigstens damit, etwas zu besitzen, was sie in Wirklichkeit gar nicht haben;

oder, indem sie die übrigen Menschen verachten, möchten sie, daß man glaube, sie besäßen, was sie besitzen, auf einzigartige Weise.« Autonomie, Pharisäismus, Selbstüberschätzung und das ehrgeizige Streben nach Selbstvervollkommnung, aus diesen elementaren Eigenschaften setzt sich der Hochmut zusammen, aus Charakteren, die jeder für sich jener Egozentrik entstammen, welche nicht dulden kann, daß ein anderer höher steht.

Man erkennt leicht eine Gewichtung in dieser »Quadriga des Teufels«. Falscher Selbsteinschätzung und Überheblichkeit haftet ein negatives Odium an; sie stehen in derselben Reihe wie Eigendünkel, Angeberei, Größenwahn. Demgegenüber konnten sich Autonomie, das Vertrauen auf die Kraft des Selbstbewußtseins, oder der Eifer, sich zu vervollkommnen, auf eine mächtige ethische Tradition stützen, die seit Aristoteles' Erörterung der Hochsinnigkeit des edlen Menschen den Stolz auch mit der Glorie des Großartigen umgab. Es war zu einer Frage der Absicht und des Interesses geworden, welchem Aspekt mehr Bedeutung zugebilligt wurde.

Nicht unbescheiden war das Programm, mit dem 1486 der Graf von Mirandola in Rom vor die geistige Öffentlichkeit treten wollte. Kaum vierundzwanzig Jahre alt, lud er, der in Paris an der Sorbonne gerade die hohe Schule der Disputation kennengelernt hatte, zu einer Art Kongreß ein, auf dem er neunhundert Sätze verteidigen wollte, Thesen zur Dialektik, Moralphilosophie, Mathematik und Theologie, zur Magie, Physik, Metaphysik und Kabbala. Die Einladung richtete sich an alle Universitäten in Italien, Spanien, Frankreich und Deutschland. Ein hochgemuter Plan, der allerdings scheiterte. Papst Innozenz VIII., dem einzelne Passagen aus der Thesenreihe der Ketzerei verdächtig schienen, verbot den ambitiösen Gelehrtenstreit und verhängte zudem gegen den Autor und Initiator den Kirchenbann. In den Wirren dieser Wochen, dem Prozeß, der Verurteilung und Flucht nach Frankreich ging die Einleitung zu den streitbaren Sätzen, eine flammende Rede über die Würde des Menschen, zunächst verloren. Sie wurde erst nach dem Tod des Pico della Mirandola wiedergefunden, publiziert und wirkte wie eine Erlösung von dem Druck, in der Höhe und Überlegenheit des Menschen die Ursache für seinen Sturz, den Grund seiner Gottesverachtung sehen zu müssen.

Pico stellt die Willensfreiheit, die seit Augustin korrumpiert ist durch ihre Verführung zur Sünde, wieder in ein helleres Licht. Was ehedem noch die Verantwortlichkeit für den tiefen Fall erklären mußte, ist hier Bedingung für ein geglücktes Leben und die größte Auszeichnung der Kreatur. Für Niedrigkeit und Höhe seiner Existenz ist der Mensch gleichermaßen rechenschaftsfähig. Er kann nach seinem Ermessen zum Tierischen entarten, aber auch das Niveau der Gottheit erklimmen. Sein Stolz, seine Würde ist, nicht von vornherein festgelegt zu sein, seinen Ort in der Rangordnung des Geschaffenen selbst definieren und einnehmen zu können. »Ein heiliger Ehrgeiz sollte uns ergreifen, uns nicht mit dem Mittelmäßigen zu begnügen, sondern uns unter Anspannung aller Kräfte anzustrengen (denn wir vermögen es, wenn wir wollen), das Höchste zu erreichen. Verschmähen wir das Irdische, setzen wir uns über das Himmlische hinweg, lassen wir überhaupt alles Weltliche hinter uns, um in die überweltliche Residenz, in die Nähe der erhabenen Gottheit zu eilen... Wir brauchen nicht daran zu denken, zurückzutreten, uns mit einem zweiten Rang zufrieden zu geben, streben wir doch nach ihrer Würde und Herrlichkeit.«

Die Autonomie, die andernorts verworfen und verachtet worden wäre, gilt Pico als notwendige Voraussetzung der Ausbildung aller im Menschen keimenden Fähigkeiten. Noch gelingt diese Bildungsanstrengung vollendet nur, wenn wir zuletzt »brennen in ausschließlicher Liebe zum Schöpfer«, doch lassen sich solche Satzpassagen auch lesen als Reverenzen vor der mittelalterlichen Theologie, so daß es nicht lange dauerte, bis die Wirkung des Textes auf das anthropologische Grundmuster einer Selbstentfaltung und -ausschöpfung vorgegebener Anlagen reduziert worden war.

Daß die Hoffart dort angreift, wo einem etwas glückt, die besten

Eigenschaften des Menschen durchzieht wie Gift, macht es schwer, sich ihrer zu erwehren. Man müßte schon auf die Entwicklung und Pflege des Ich ganz verzichten, um sicherzugehen, daß sie keinen Angriffspunkt mehr findet, ja man könnte sogar noch auf diese Vermeidung hochmütiger Affekte stolz sein. Der Hochmut ist reflexiv, seine Metapher zu Recht der Spiegel, sein Um-sich-Kreisen endlos. Eine dieser unendlichen Geschichten erzählt Johannes Climacus, ein Mönch des siebten Jahrhunderts, von dem sich später Kierkegaard den Namen für eines seiner Pseudonyme lieh: »Als ich einmal im Kreise von Brüdern saß, kamen zwei böse Dämonen, Prahlerei und Hoffart, und drängten sich neben mich, die eine zur Rechten, die andere zur Linken. Dann stieß die Prahlerei mich mit dem Finger in die Seite und forderte mich auf, öffentlich etwas über irgendeine Vision oder über ein Werk zu erzählen, das ich in der Wüste vollbracht hätte. Ich aber verjagte diesen bösen Geist mit dem Psalmwort: ›Zurückweichen und erröten sollen, die Böses gegen mich im Schilde führen.‹ Sogleich jedoch flüsterte mir meine Nachbarin zur Linken ins Ohr: ›Bravo, das hast du glänzend gemacht! Nun bist du ein Großer. Du hast ja meine unverschämte Mutter besiegt.‹ Ihr aber erwiderte ich füglich: Zurückweichen und erröten sollen, die zu mir sagen: ›Bravo, das hast du glänzend gemacht.‹« Zweifellos hat die Geschichte so ihre Pointe gefunden. Daß sie definitiv nicht zu Ende berichtet ist, das zu erkennen bedarf keines stärkeren Einsatzes an Phantasie. Je höher sich die Bannformeln geschraubt haben, desto leichter hat es der Stolz, sich im Bewußtsein des Mönches einzunisten. Man braucht nicht die Einbildungskraft monastischer Einsamkeit zu bemühen, um in dieser Bewegung ein Perpetuum mobile menschlicher Existenz zu sehen.

Unter dem Abschnitt »Größe und Elend des Menschen« hat Pascal in seinen »Pensées« mehrere Fragmente, Notizen und Aphorismen zusammengestellt, die für eine Art Apologie des Christentums gedacht waren. So unvermittelt, ja, verstreut die Texte dort gefügt sind, läßt sich doch eine ihnen gemeinsame Tendenz feststellen: Der Angriffspunkt für Höhe und Niedertracht, für Würde und Unmenschlichkeit, für Bewunderung des Menschen und seine Verachtung ist derselbe. Zu Augustins theologischer Formel, der Hochmut sei der Fall, findet Pascal die anthropologische Entsprechung: Im Elend des Menschen zeigt sich seine Größe, in seiner Größe das Elend. Beide, das Herausragende und das Verzerrte der menschlichen Natur, bestehen nicht unabhängig voneinander und können also auch nicht wider einander ausgespielt werden. Vielmehr bemüht sich Pascal, das eine vom anderen abzuleiten. Daß er dabei auf eine einlinige, nicht rückführbare Folgerung verzichtet, daß er nicht wie Augustin zunächst den Hochmut in den Blick nimmt, aus dem wie aus einem Quell sich alle Verdorbenheit nährt, erklärt das verschobene Interesse. Pascals Absicht ist eine apologetische, keine dogmatische. Er will Künder und Kämpfer sein, nicht Lehrer. Seine Argumente richten sich auf Erfahrungen, selten auf überliefertes Grundwissen. Niemand könne verstehen, sagt er, was Erbsünde sei, noch wie Adam gelebt habe. Aber es sei bei geringster Anstrengung möglich, in der Größe das Elend und im Elend die Größe zu entdecken.

Größe und Elend wären leere Gedankengebilde, könnte man sie nicht mit Sehnsüchten, Ängsten, mit Phantasien und Leidenschaften, kurz: mit dem Erfahrungsschatz eines gelebten Lebens füllen. »Unsere ganze Würde besteht ... im Gedanken. Daraus muß unser Stolz kommen.« »Die größte Niedrigkeit des Menschen ist seine Ruhmsucht, aber sie ist zugleich das größte Zeichen seiner Vollkommenheit; denn wieviel er auch auf Erden besitzt, wie fest seine Gesundheit und wie außerordentlich sein Wohlbehagen auch ist, er ist nicht zufrieden, wenn er nicht bei den Menschen in Achtung steht.« »Der Stolz hat inmitten unserer Leidenschaften und Irrtümer eine so natürliche Herrschaft über uns: wir verlieren sogar unser Leben mit Freude – vorausgesetzt, daß man davon spricht. Eitelkeit: Spiel, Jagd, Besuche, Theater, falsche Fortdauer des Namens.« Nach einer langen Geschichte als Erklärungsgrund für die Verdorbenheit der menschlichen Seele ist die Hoffart nun von dieser Verantwortungslast befreit. Die Erleichterung hat aber auch eine Kehrseite. Ohne die Glorie hybrider Erhebung, ohne den Glanz des heldenhaften und aufbegehrenden Muts bleiben dem Stolz nur noch die Blässe kleinlicher Ziererereien und die Verachtung unter den Menschen. Der Hochmut ist endgültig entmythisiert.

Eine kurze Topographie an philosophischen Bestimmungen, beiläufigen Bemerkungen, rigorosen Selbstbekenntnissen mag das belegen:

Francis Bacon, der Zeitgenosse Pascals notiert: »Ein guter Einfall von Aesop ist folgender: ›Die Fliege saß auf der Achse des Wagenrades und rief: was für Staubwolken rühre ich auf!‹ So glauben dünkelhafte Menschen bei allem, was von selbst vonstatten geht oder durch stärkere Hebel in Bewegung gesetzt wird, mögen sie dabei auch noch so wenig die Hand im Spiele haben, sie hätten es bewerkstelligt.«

Akademisch genau faßt das wenig später der nachdenkliche Brillenschleifer Spinoza: »Wie übrigens die Überschätzung eine Wirkung oder Eigenschaft der Liebe, so ist der Hochmut eine Wirkung oder Eigenschaft der Eigenliebe; man kann ihn also auch definieren als Liebe zu sich selbst oder Zufriedenheit mit sich selbst, insofern sie den Menschen so affiziert, daß er mehr von sich hält, als recht ist.«

Rousseau ortet den Hochmut in einer Ursprungsgeschichte: »So machte der erste Blick, den der Mensch auf sich selbst warf, in ihm die erste Bewegung des Stolzes rege, und als er noch kaum die Stände unterscheiden konnte und sich selbst nur in Ansehung seiner Gattung als überlegen betrachtete, bereitete er sich schon vor, einst als Individuum darauf Anspruch zu erheben.«

»Der Hochmut (superbia und wie dieses Wort es ausdrückt, die Neigung, immer oben zu schwimmen) ist eine Art von Ehrbegierde (ambitio), nach welcher wir anderen Menschen ansinnen, sich selbst in Vergleichung mit uns gering zu schätzen, und ist also ein der Achtung, worauf jeder Mensch gesetzmäßigen Anspruch machen kann, widerstreitendes Laster.« So definiert Kant, indem er das Wort etymologisch ableitet.

Schopenhauer unterscheidet zwischen Stolz und Eitelkeit, ein Versuch, die Ambivalenz der Hoffart, an der die Alten Ärgernis nahmen, nun theologisch entschärft in das Register der Leidenschaften einzuzeichnen: »Demnach ist Stolz die von innen ausgehende, folglich direkte Hochschätzung seiner selbst; hingegen Eitelkeit das Streben, solche von außen her, also indirekt zu erlangen. Dementsprechend macht die Eitelkeit gesprächig, der Stolz schweigsam.«

In Georg Simmels nachgelassenem Tagebuch findet sich eine Präzisierung der Differenz: »Dem Stolzen liegt nur an der absoluten Höhe seines Wertes, dem Eitlen nur an der relativen.« Und wenig später heißt es: »Der eitle Mensch ist nach dem Inhalt seines Selbstbewußtseins nicht von den andren abhängig. Er hat – potentiell – eine sehr hohe Meinung von sich, aber nicht die Kraft, sie zu realisieren, nicht den Mut zu ihr. Er braucht die anderen nur, damit sie ihm diese Meinung bestätigen, bloß als Chorus, der Ja zu seiner eigenen Meinung von sich sagt, weil sie ihm sonst beständig entgleitet. Daher kommt es, daß der Eitle die Masse oft verachtet, ohne die er doch nicht existieren kann.«

Kein Tagebuch, aber das Resultat täglicher Denkanstrengung sind die Cahiers des Paul Valéry, an denen er jeweils morgens von fünf bis acht diszipliniert arbeitete. Valéry führt den Aspekt der Verachtung weiter, auf ihn konzentriert er den Stolz: »Mein Stolz ist nicht Selbstliebe. Liebte ich mich selbst, so würde ich mich nicht, wie es der Fall ist, mit Stiefeltritten traktieren. Er ist Verachtung für alles, folglich auch für die andern, aber nicht mehr als für mich selbst.«

Fünf Jahre nach dieser Eintragung, 1907, erschien, zunächst anonym, eine der wohl schönsten, in ihrer Zurückhaltung und Diskretion dennoch nie langweiligen Selbstbeobachtungen, die Autobiographie des englischen Lyrikers und Literaturgeschichtlers Edmund Gosse. Gosse erzählt die Geschichte seiner Kindheit als

Geschichte der Auseinandersetzung mit seinem Vater, einem der bedeutenden Zoologen des neunzehnten Jahrhunderts, der einer strengen, puritanischen Glaubensrichtung angehörte und den Zwiespalt zwischen naturwissenschaftlicher Denkungsart und überlieferter Religionslehre offen austrug. Seinen Sohn zog er in diese Zerreißprobe mit hinein. »Als Materialsammler und systematischer Beobachter kam ihm zu seiner Zeit keiner gleich«, schreibt der Sohn über seinen Vater. »Gerade der Umstand, daß er nicht viel Phantasie hatte, erleichterte ihm seine Arbeit. Aber er war eher Staatsanwalt als Philosoph, und es gebrach ihm an jener letzten Bescheidenheit, die das Genie krönt. Denn seine eigensinnige Überzeugung, daß er allein die göttliche Absicht verstand, daß er allein den Schöpfungsplan deuten konnte, zeugte von einem angeborenen Mangel jener höchsten Demut, die selbst auf die Fragen, bei denen der Glaube mit erhobenem Drohfinger eine eindeutige Zustimmung fordert, nur die Antwort ›Ich weiß nicht‹ hat.«

Hintergrund jenes Urteils ist die vernichtende Kritik, das eisige Schweigen der Londoner Kollegen, der beißende Spott über ein Buch, das die Entdeckungen der Geologen und Biologen mit dem biblischen Schöpfungsbericht versöhnen wollte. Der Vater Gosses hatte als Erwiderung auf Darwins Artenentstehungstheorie eine eigene Lehre von der Bedeutung von fossilen Knochen und Evolutionsrudimenten entwickelt, die unter dem Titel »Omphalos«, also: Nabel, jenen heiklen Punkt scholastischer Disputationslust wieder aufnahm, an dem die Plötzlichkeit des Schöpfungsaktes sich entschied: Kann ein von Gott fertig in die Welt gesetztes Wesen eine Nabelschnur gehabt haben, die doch eindeutig sein Wachstum anzeigt? Hatte Adam eine Bauchnarbe? Gosse behauptete, die Erde sei mit allen Spuren früheren Lebens geschaffen worden – und machte sich lächerlich.

Diesen Starrsinn, diese fanatische Engstirnigkeit maß der Sohn dem religiösen Stolz des Vaters zu; dieser dünkte sich, allein im Besitz des Mysteriums einer Einheit von Wissenschaft und Glaube zu sein. »Da gab es zwar vollkommene Reinheit, vollkommene

Unerschrockenheit und Selbstverleugnung, aber es gab auch Enge und Abkapselung, Mangel an Weitblick und, sagen wir es offen, Mangel an Menschlichkeit. Und dann diese eigentümliche Mischung von Demut und Arroganz, dieses totale Sichschicken in den Willen Gottes und die ebenso totale Verachtung für Urteil und Denken der Menschen.« Nicht von ungefähr wird hier die Verachtung als eine totale bezeichnet. Wo zwischen Gott und Ego eine fast bis zur Identität reichende Nähe hergestellt ist, wo die Autonomie des Menschen auch in der Religion sich durchgesetzt hat, muß die Willkür Gesetz und die Herablassung zum üblichen Gestus werden. Noch Augustin und die scholastischen Theologen hatten die Autonomie als den Frevel gegen das göttliche Gesetz verurteilt. Daß Überheblichkeit immer schon mit Verachtung gepaart war, kann nicht von deren unterschiedlicher Akzentuierung ablenken: Aus der ehedem zentralen Verachtung Gottes wandelte sich der Stolz über die Selbstliebe zur Verachtung anderer Menschen, zuletzt zur Selbstverachtung – Valéry hat diese seziert. Das Empfinden für Höhe und Niedrigkeit ist schließlich ein einziges. Es täuscht zu glauben, Gosse als frommer Puritaner kenne den Gottesfrevel nicht, Menschen- und Weltverachtung seien allein Auswüchse seiner Hoffart. Der Hochmut des Vaters versteckt sich hier hinter Gebärden devoten Gehorsams und unbedingten Vertrauens. Er ist wirklich ein »totaler«. Denn in allem geht es dem Vater um Vervollkommnung seines religiösen Lebens, bis es jenen Zustand erreicht hat, den Augustin als die Spitze des Eigendünkels gefürchtet hat: zu sein wie Gott.

Unter den geheimen Aufzeichnungen des Adrian Leverkühn, des genialen Tonsetzers in Thomas Manns »Doktor Faustus«, findet sich auch das Dokument eines seltsamen Zwiegesprächs, Zeugnis seiner wachsenden körperlichen und geistigen Zersetzung, die Folge eines unglücklich-unheimlichen Bordellbesuchs: »Ein Dialog? Ist es in Wahrheit ein solcher? Ich müßte wahnsinnig sein, es zu glauben.« Der Zweifel des getreuen Biographen Zeitblom, den der Autor zwischengeschaltet hat, um dem Roman seiner

Epoche die heitere Distanz zu geben, der er angesichts der Schwere seines Gegenstands bedurfte, läßt in der Schwebe, wer spricht. Sind das Spiegelfechtereien der Seele? Kein Pudel, das ist gewiß, aber offensichtlich doch ein Besucher, der Leverkühn traktiert mit der dem Romancier nicht unvertrauten These, alles Künstlerisch-Genialische sei krank, dem Übermaß, zuletzt der Hölle verfallen. Das Gespräch spinnt sich fort, bis zu jener berühmten Stelle, der Erörterung kirchlicher Buße, die zu erlangen Leverkühn hofft, über die der andere aber, der jetzt als Teufel identifiziert ist, hohnlacht. Der Tonsetzer entgegnet: »Unterdessen möchte ich Euch davor warnen, Euch meiner allzu sicher zu fühlen. Eine gewisse Seichtheit Eurer Theologie könnte Euch dazu verführen. Ihr verlaßt Euch darauf, daß der Stolz mich an der zur Rettung notwendigen Zerknirschung hindern wird, und stellt dabei nicht in Rechnung, daß es eine stolze Zerknirschung gibt. Die Zerknirschung Kains, der der festen Meinung war, seine Sünde sei größer, als daß sie ihm je verziehen werden möchte. Die contritio ohne jede Hoffnung und als völliger Unglaube an die Möglichkeit der Gnade und Verzeihung, als die felsenfeste Überzeugung des Sünders, er habe es zu grob gemacht, und selbst die unendliche Güte reiche nicht aus, seine Sünden zu verzeihen, – erst das ist die wahre Zerknirschung, und ich mache Euch darauf aufmerksam, daß sie der Erlösung am allernächsten, für die Güte am allerunwiderstehlichsten ist. Ihr werdet zugeben, daß der alltäglich-mäßige Sünder der Gnade nur mäßig interessant sein kann. In seinem Fall hat der Gnadenakt wenig Impetus, der ist nur eine matte Betätigung. Die Mittelmäßigkeit führt überhaupt kein theologisches Leben. Eine Sündhaftigkeit, so heillos, daß sie ihren Mann von Grund aus am Heile verzweifeln läßt, ist der wahrhaft theologische Weg zum Heil.« Denn es komme erst »durch dies Non plus ultra zur höchsten Steigerung der dramatisch-theologischen Existenz, das heißt: zur verworfensten Schuld und dadurch zur letzten und unwiderstehlichsten Herausforderung an die Unendlichkeit der Güte.«

Das sind starke Worte. Ein Meisterstück an Schärfe und Spitzfindigkeit, an Drechselkunst und Dialektik. Der Hochmut wird auf den Gipfel getrieben; der Kreis der Überlegungen hat sich geschlossen: Non plus ultra – anfangs ein Verbot wider Hybris und Überheblichkeit, bezeichnet es nun den Superlativ der Sünde. Aus dem Gebot ist eine Unmöglichkeit geworden, aus dem Appell etwas Endgültiges. Die Grenze, die einst nicht überschritten werden sollte, kann nicht mehr durchbrochen werden. So zu freveln ist das Äußerste, was ein Mensch vermag. Gottesleugnung, Menschen- und Selbstverachtung liegen bloß, unverdeckt, sie sind identisch geworden.

Auch die Sünde hat ihr Maß. Es gibt unterschiedliche Gradmesser. Über ihren Charakter als Grenzverletzung und Gebotsübertretung hinaus kennt sie Steigerungsvariationen. Thomas Mann hat in der Spätphase seines Schreibens das Thema der extremen Sünde öfter durchgespielt, im »Doktor Faustus« wie im »Erwählten«, bis hin zur Denkmöglichkeit ihrer Unvergebbarkeit. Könnten der göttlichen Güte Schranken auferlegt sein? Die Frage ist alt; schon das Testament kennt sie in der Sünde wider den Geist, einer Formel von gnädiger – ungnädiger? – Unbestimmtheit. Das wäre die letzte Konsequenz in der Geschichte der Gottesbeleidigungen: daß es etwas gäbe, über das sich selbst der Höchste nicht hinwegsetzen kann. Ist die Hürde des Hochmuts zu hoch für den Höchsten?

Der Kunstgriff, den Thomas Mann anwendet, um aus dieser Aporie doch noch einen Ausweg zu finden, ist raffiniert. Er wendet die Sünde des Hochmuts in den Hochmut der Sünde. Hochmut der Sünde heißt: Es sei ein Irrtum zu meinen, Gott könne irgend etwas hindern, der zu sein, der er ist: der Gnädige – trotz der Provokation durch die Überheblichkeit des Unwissenden und Ungläubigen. So bekommt am Ende die Hoffart sogar noch etwas Tröstliches. Der Exzeß wird in seinen Folgen beschränkt, und man wird gezwungen, in dem, der nach oben schaut, nicht nur den zu erkennen, der selbstgewiß ist, sondern auch den, der erlöst werden will.

Sechste Todsünde
Die Völlerei oder
Wie die Angst ihren Hunger stillt

Kien – Professor Peter Kien, ein hagerer, hochgewachsener Gelehrter, Chinaforscher, heißt es in Elias Canettis Roman »Die Blendung« – lebte zurückgezogen in seiner Wohnung zwischen den Werken fernöstlicher Weiser. Er war ein Schriften- und Dokumentensammler, ein ordnungsfanatischer Bibliotheksnarr, wie er im Buche steht, und leistete sich neben dieser Leidenschaft nur noch eine einzige andere Lust: Menschen zu verachten. Außer mit seiner stets dienstbaren, boshaft-devoten Haushälterin, die ihm das Essen pünktlich bereitete, hielt er es mit niemandem aus, in Wahrheit ertrug er nicht einmal sie. »Ob sie gut oder schlecht kochte, wußte er nicht; es war ihm herzlich gleichgültig. Während der Mahlzeiten, die er an seinem Schreibtisch einnahm, beschäftigten ihn wichtige Gedanken. Gewöhnlich hätte er nicht zu sagen gewußt, was er gerade im Mund hatte. Das Bewußtsein bewahre man für wirkliche Gedanken; sie nähren sich von ihm, sie brauchen es; ohne Bewußtsein sind sie nicht denkbar. Kauen und Verdauen versteht sich von selbst.«

So denkt einer, der von Romanen sagt, sie machten den Geist

nicht fett, nährten nicht den Kopf im Unterschied zu den gelehrten Büchern. Es ist eine alte Intellektuellenangst, die sich in Zeilen dieser Art verrät, eine traditionsreiche Verleumdungsgeschichte kommt hier zu Wort, die als streitbare Hauptakteure Natur und Verstand, Körper und Seele nennt. Immer waren es die so bezeichneten niederen Vermögen, die Wollust oder die andere Fleischeslust, die Völlerei, welche in Verdacht gerieten, dem Seelenfrieden abträglich zu sein. Schon eine so nüchterne Banalität wie die Abhängigkeit der Geistesklarheit von der ungestörten Blutzirkulation im Kopf wird vom sinnenverachtenden Verstand zur quasimoralischen Maxime aufgebauscht. Ein voller Bauch studiere nicht gern, sagt seither der Volksmund und predigt Mäßigung – der Volksmagen wehrt sich mit dem sehr plausiblen Gegenargument: Ein leerer Bauch habe für Lehre noch weniger Sinn. Dieser Volksmagen könnte sich sogar neben einschlägigen Hungererfahrungen auf einen leiblicher Freuden höchst unbescholtenen Anwalt seiner Sache berufen, auf Aristoteles, der als eine Grundbedingung des Philosophierens die Freiheit von alltäglichen Bedürfnissen, also auch den Nöten der Nahrungsbeschaffung, ansah. Doch was würde ihm dieser Hinweis auf eine Notabilität unter den Vernünftigen nutzen; so weit geht das Verständigungsbemühen der Weisheit mit dem Wanst nicht. Im Gegenteil. Sie neidet dem anderen seine Potenz, betrachtet die Fülle auf der fremden Seite als Bedrohung der eigenen Anstrengungen.

Scharfe Analytiker waren selten Freunde edler Würze. Feinschmecker hingegen lieben durchaus von Zeit zu Zeit auch den feinsinnigen Gedanken. Da regiert ein Ungleichgewicht. Der Bauch, mächtig und schwer, scheint trotz seiner etwas groben Erscheinung im Zweifel mehr Sensibilität für die Gesetze zu entwickeln, nach denen der Kopf handelt, als umgekehrt. Manchmal setzt er ihn gar für seine Interessen ein. Ein gutes Mahl will mit allen Sinnen genossen sein, und mit Verstand zubereitet. Die Wahl eines Jahrgangschampagners als Aperitif, der Schokolade für die Mousse, der Lammlende oder des Trüffelöls ist gewiß eine Frage des Geschmacks, wenn Geschmack nichts anderes bezeichnet als Urteils- und Unterscheidungsvermögen, also beste Eigenschaften menschlicher Bildung. Daß sich Selbstverständliches wie Essen und Trinken, für die wir, hochgerechnet, zwischen drei und vier Jahren unseres Lebens hingeben, auch von selbst versteht, wie der dünnlippige Professor Kien mutmaßt, diese Vorstellung kann nur einem Kopf entspringen, der nicht weiß, wie abhängig er von den Launen seines Bauchs ist. Man muß ja nicht gleich in das Pathos von Nietzsches »Rede an höhere Töchter« einstimmen, der behauptet, daß durch den vollkommenen Mangel an Vernunft in der Küche die Entwicklung des Menschen am längsten aufgehalten worden sei, um zu erkennen, daß der Magen überhaupt eine Vernunft besitzt.

Zu den Kennzeichen dessen, was vernünftig ist, gehört, daß es unvernünftig sein kann. Da macht der Bauch keine Ausnahme. Das physische Überleben soll er gewährleisten, den Stoffwechsel in Gang halten, eine freudlose Tätigkeit. Die Natur hat dafür gesorgt, daß sich dem bloßen Hungertrieb eine Reihe höchst angenehmer Empfindungen beigesellt haben, angeführt vom Augenreiz und dem Geruchssinn, die der schlichten Nahrungsaufnahme über das Nötige hinaus mit viel Phantasie auf die Sprünge helfen: Appetit, Heißhunger, Gaumenlust – sie inszenieren Eßvergnügen von der überraschenden Erquickung, der Labsal, dem Imbiß bis zum schweren Gelage. Doch der Magen wäre kein menschliches Organ, wenn er nicht jene Annehmlichkeiten der Natur, die ihm die biologische Trostlosigkeit der puren Selbsterhaltung, im Wortsinn, schmackhaft machen sollen, sofort zu seinen Gunsten ausnutzte. Gierig verschlingt er, was ihm dargeboten wird, und hört nicht eher auf, bis er erschöpft den letzten Espresso, ein Glas besten Vintage Port und das Orangensorbet genossen hat, und wenn nichts davon geboten wird, begehrt er die Schüsselreste, die Erdnußflips und das Dosenbier. Der Völler muß kein Feinschmecker sein.

Völlerei, das ist die Sünde wider den Geist der Gastrosophie, die Unvernunft im Magen, die dann auch zu Kopfe steigt. Sie ist eine

Geburt der verhängnisvollen Anziehungskraft zwischen Unersättlichkeit und Fülle. Die Freßlust ist eine arme und reiche Leidenschaft zugleich, in ihr paart sich der Mangel mit der Menge, finden Seelenleere, Ichschwäche, Lebenshunger zusammen mit Überfluß und Überdruß, Langeweile und Launigkeit, Prahlerei und Prasserei. Was auf der einen Seite unausgesetzt nach Befriedigung verlangt, wird von der anderen Seite zugeschüttet mit falschen Versprechungen. Das Leckermaul trachtet danach, satt zu werden; der Völler hingegen bleibt ungesättigt auch nach einem Mahl, unter dem die Tische sich bogen. Denn sein Verlangen gewinnt den Drang, zur Ruhe zu kommen, nicht aus einem Manko an Essen, sondern aus ungestillten Sehnsüchten. Den Vielfraß quält ein Ausgehungertsein ganz anderer Art. Aus Mangel an einer genügenden Befriedigung seiner Liebes- und Anerkennungsbedürfnisse, seiner Aggressionswünsche oder Machtgelüste greift er zu Speisen, als könnten sie je ersetzen, was er vermißt. Die Leere bleibt, auch wenn am Ende seiner Freßorgie der Körper zum Platzen gefüllt ist.

Der Völler ißt nicht, wie Menschen gelernt haben zu essen, sondern verschlingt, inhaliert, stopft die Speisen in sich hinein bis zur Erschöpfung. Doch nicht nur die Menge unterscheidet ihn vom Genießer. Viel größer als die Differenz der Quantität ist die der Zeit, die sein Gebaren vom Verhalten der Essenden trennt. Als ob der Schmerz seiner Unerfülltheit keinen noch so kurzen Aufschub duldete, bricht er von Mahl zu Mahl Geschwindigkeitsrekorde. Er weiß nichts von Tonus und Rhythmus, von Entspannung und Entkrampfung, die ein gelungenes Essen begleiten, kennt nicht die fremden Duftreize und wunderbaren Lippenschmeicheleien, mit denen gut zubereitete Menüs verlocken und die nur wahrnimmt, wer nicht alles gleich in sich aufsaugt. Obwohl er nach diesen sinnlichen Erlebnissen sucht und sicher aus ihnen ein kleines orales Glücksgefühl ziehen könnte, trotz seines großen oralen Defizits, wenn er etwa spürt, wie ein Barolo die Lippen wärmt und sie bereitet für die Aufnahme des Zimtparfaits, läßt ihm die Leere seiner Bauchseele keine Ruhe für solche Details. Die Völlerei übergeht die kleine Freude, weil sie glaubt, die große auf einmal besitzen zu können.

Es ist ein Lächeln, das den Freßlüsternen verrät, das Lächeln nicht seines Gesichts, sondern seines Nackens. Dort hat sich zwischen Fettwülsten eine Falte gebildet, die dem freundlichen Zug der Mundwinkel täuschend gleicht. Doch dieses Lächeln ist leer, Abbild der leeren Freude des Völlens, starr, feist, tranig. Wie Kleinkinder, die nach dem Saugen der Muttermilch aufstoßen und dabei ihren Mund zu einem zahnlosen Signal der Freundlichkeit unwillkürlich verziehen, grinst die gerollte Speckhaut des Völlers leblos aus dem Schulteransatz. Man kann sich dem Fressenden meist nur von hinten nähern, weil er sich über irgendeine Schüssel gebeugt hat. Die sinnesverdrehende Mundpartie an jener Körperstelle, die gemeinhin Hals genannt wird, beim dicken Eßgierigen aber von der Leibesmasse zu einem Fettring zusammengequetscht, ersetzt den Anblick des Gesichts. Denn das, ganz Topf und Teller zugekehrt, nimmt nichts wahr außer den Dampfnudeln mit Rahmsoße. Schweißperlen haben sich auf Backen und Nase gebildet, die Poren sind weit geöffnet, an den Schläfen rinnen dünne Wasserströme herunter und versiegen im Kragen. Kurzatmig, mit leichtem Hang zum arhythmischen Schnaufen, nimmt der Nimmersatt die noch heiße Mahlzeit auf. Er beißt nicht und schneidet meist nur dann mit den Zähnen, wenn ein Stück zu groß für seinen aufgerissenen Schlund ist. Selbstvergessen in seinem fast tierischen Gebaren, merkt er nicht, wie sein Kopf unter der Anstrengung der Nahrungsaufnahme im Wechsel blaß und rot wird, aus den Mundwinkeln feine Speichelfäden hängen, das Augenweiß aus der von Fett eingedämmten Höhle tritt und gurgelnde Geräusche den Bauch bevölkern. Sein Kinn glänzt im Bratensaft. Bauch und Brust wippen, wenn er aufgestanden ist und sich bewegt, im Takt der Schritte, so daß ein römischer Senator seine Sklaven rückwärts vor sich hergehen ließ, damit sie seinen Wanst stützten. Der Völler trägt schwer am Leben.

Wie hat eine so behäbige, unförmige, bemitleidenswerte Gestalt den Weg gefunden in den Adelsstand der Todsünden, jener sieben Frevel, die die Skala der moralisch strafwürdigen Vergehen anführen? Die Völlerei ist das kümmerlichste unter den großen Lastern. Sie besitzt nicht den stolzen Charakter des Hochmuts, kennt nicht die süchtig machenden Ausschweifungen der Wollust, sie weiß nichts von der schneidenden Kälte des Neids oder der blutrünstigen Kraft des Zorns, die Tiefe der melancholischen Trägheit ist ihr genauso fremd wie der unermeßliche Reichtum des Geizes. Nein, sie ist moralisch und gesellschaftlich geächtet, wohingegen die Geschwistersünden zwar im Sittenbewußtsein verworfen sind, aber sich sonst unter den Menschen großer Anerkennung erfreuen. Zur Sünde der Völlerei gehört kein Format außer ein Bauchumfang wie ein Faß.

Thomas von Aquin, der so korpulent gewesen ist, daß er sich eine Rundung in seinen Pult hat sägen lassen, damit sein Bauch beim Arbeiten ungehindert Platz fand und dessen zweihundert Kilogramm Körpergewicht nach seinem Tod denen mehr Kopfzerbrechen bereitete, die den Leichnam zu tragen hatten, als seine vielbändige »Summe der Theologie«, dieser Thomas ließ sich hinreißen zu dem Satz, essen sei besser als philosophieren, unterschied aber, ganz in philosophischer Manier, die Gaumenlust nach sittlichen Qualitäten: »Wer im Essen das Maß überschreitet«, notierte er, »in der Meinung, so viel Speise sei ihm Bedürfnis, der sündigt nicht aus Gaumenlust; er ist gewissermaßen nur unerfahren. Wenn aber einer aus ungeregelter Begierde, aus Ergötzen zu viel Speisen nimmt, der sündigt durch Gaumenlust.« Die Völlerei ist ein altes Laster. Der Dominikanerpater Thomas referiert in seinen sechs Kapiteln zur »gula«, der Schlingsucht, eine überreiche Tradition, die sich mit einem Dilemma auseinandersetzt: Anders als bei den übrigen Todsünden, welche man ganz und gar vermeiden kann – Zorn und Neid lassen sich verachten, Hochmut kann man unterdrücken –, ist es nicht möglich, auf das Essen zu verzichten. Die Todsünde der Völlerei läßt sich nur über die

Dosierung definieren, die Frage nach dem Maß ist hier wie bei keiner anderen präsent. Doch woran läßt sich das Zuviel erkennen? Am Fehlen des Hungers, an Bauchschmerzen, am Brechreiz, oder reicht schon der bloße Appetit, der nach dem Gestilltstein unmittelbarer Bedürfnisse kommt? Der Ungewißheit sind hier Tür und Tor geöffnet.

Augustin, nach seiner Sinneswendung hin zum gottgefälligen Leben wahrlich kein Freund leiblicher Genüsse mehr, versuchte, die Völlerei genau zu bestimmen über das Vergnügen, ein offenbar sicheres Indiz für die theologische Verwerflichkeit des eigenen Tuns: »Zweck des Essens und Trinkens ist die Gesundheit, doch gesellt sich ihr als Begleiter die gefährliche Lust; ja meistens eilt sie ihr sogar voran, so daß aus Lust geschieht, was ich nach meiner Behauptung und nach meinem Willen nur der Gesundheit wegen tue. Aber in beiden Fällen kommt nicht das gleiche Maß zur Anwendung; denn was der Gesundheit schon genug ist, ist der Lust noch zu wenig, und oft ist es ungewiß, ob die notwendige Sorge für den Leib noch weitere Nahrung heischt oder ob bereits täuschende Begierde lüstern bedient sein will.« Was über den natürlichen Nutzen auch Genuß vermittelt, ist mit Vorsicht zu genießen. Denn der reine Appetit betrachtet das Essen als Selbstzweck, kennt kein Maß außer Völlegefühl und Erschöpfung. Diese Formen kulinarischer Selbstzufriedenheit, so der Verdacht, stillten aber auch einen anderen Hunger, den nach geistiger Nahrung – weshalb eine alte Mönchsregel den Kampf gegen die Eßgier aufnahm und jedes üppige Verlangen unterband. Wie sollten die Menschen Gottesfurcht auch erlangen, wenn der Bauch mit Käse gefüllt ist und der Vorratskrug mit Pökelfleisch?

Die Völlerei wird geächtet, weil sie als übertriebene Befriedigung von elementaren Bedürfnissen unter der Fülle von duftenden Speisen oder Rauschgetränken, in denen sie schwelgt, den Überschuß an Wünschen, an Sehnsüchten und Glücksträumen zu ersticken scheint, der den Menschen nach Lebenssinnstiftungen fragen läßt. Die wahren Sehnsüchte, offensichtlich sehr zurückhaltende Begleiter der Seele, kämen angesichts der schmatzenden Exzesse des Vielfraßes gar nicht zu Wort, vermuten die theologischen Morallehrer. Wessen Magen stets bestens gefüllt ist, den hungere nicht nach Weltreligion und Daseinserklärungen. Mag sein. Doch welche Konsequenzen ergeben sich aus diesem duplizierten Mangel, dem Manko, keine Bedürfnisse mehr zu verspüren? Soll man die Menschen künstlich in den Zustand der lukullischen Armut versetzen? Diese Einsicht ist paradox und in ihrer Widersprüchlichkeit gefährlich und gefährdet zugleich. Die zuweilen höchst wohltuende Maxime, weniger sei mehr, hat hier genauso ihre Wurzel wie diktatorische Glücksinstitutionen, die Diäten aller Art als Lebenskuren verschreiben, besser: vorschreiben, und das nicht einmal gebührenfrei.

Hinter dieser Vorstellung von der durch und durch gesättigten Bauchseele verbirgt sich aber noch eine ganz andere Angst. Die Leibesverfehlungen Völlerei und Wollust galten in der asketischen Tradition immer als Einlaßtore für viel schlimmere Vergehen. Nahrungsgier oder Genußsucht wurden auch verdächtigt, ein Einstiegslaster in das Reich des Bösen zu sein. Noch Ende des siebzehnten Jahrhunderts schildert der »Teutsche Vielfraß«, eine Küchenmoral von Heinrich Ammersbach, die Völlerei als das »Leibpferd des Teufels«, die andere Lüste weckt und so den Menschen verderbt. Der »hündische Hunger« und seine exzessive Befriedigung könnten die Sinne verwirren, so daß man »etwas frecher und kühner« werde, den »bösen Begierden des Herzens zu gehorchen«. Schmähreden gegen die übermäßige Schlemmerei und Trunksucht wurden gehalten und als literarische Form entwickelt, als ob der Bauch ein Sensorium für rhetorische Feinheiten besäße. Über die Schokolade, den Genuß von Kakao brach ein öffentlicher Streit aus. Kardinal Francesco Maria Brancaccio wendete die alte Regel, daß Flüssiges das Fasten nicht breche, in seiner Dissertation über Schokolade auch auf diesen Süßstoff an, wohingegen ein Mediziner nur wenige Jahrzehnte später das Kakaotrinken der Mönche verurteilte, weil das Getränk die Sinnlichkeit zu sehr errege. Man entdeckte Verwandtschaften und Ahnenbeziehungen zwischen den Lastern, so etwa die zwischen Völlerei und Geiz, die beide der oralen Gier entspringen, oder die zwischen dem Heißhunger und der Hybris, welche ursprünglich als Überfüllung des Magens verstanden wurde. Fülle und Trägheit sind geradezu geschwisterlich verbunden, kann das eine doch ohne das andere nicht sein. Jedes fleißige Leckermaul weiß, daß nach einem opulenten Mahl die Müdigkeit, und mit ihr die geistige Faulheit, ein Grad von Melancholie, auf dem Fuße folgt.

Die Völlerei ist die einzige unter den sieben Todsünden, die diesseits des Grabes schon körperliche Strafen nach sich zieht. Anders als in Dantes Vision vom Gefräßigen im ewigen Feuer, der vom fauchenden Höllenhund Cerberus durch einen unendlich währenden Hagelsturm gejagt wird, rächt sich der Leib des Nimmersatten bereits zu Lebzeiten. Gallenschmerzen, Nierenkoliken, Leberschrumpfung, hoher Blutdruck und flacher Atem, Sodbrennen oder plötzliche Schweißausbrüche – sie alle gehören zum Repertoire eines Körpers, der sich für das Übermaß an Speisen und Getränken, das ihm zugeführt wurde, nicht dankbar erweist. Daß diese irdischen Qualen später durch andauernde Höllenschmerzen verlängert werden sollen, könnte fast als Ungerechtigkeit des Jüngsten Gerichts angesehen werden – niemand macht sich so zu einem menschlichen Ungeheuer wie der Freßsüchtige –, wenn nicht die anderen Laster zu den Folgelasten der Völlerei gezählt würden, der Vielfraß also als Anstifter zusätzlich bestraft wird.

Wo der Einfluß des Essens auf den Charakter des Menschen so stark gemacht wurde wie in der kirchlichen Überlieferung, da muß es nicht wundern, daß die Religionskritik in ihrem Bemühen, nur das auszusprechen, was theologischerseits ohnehin als Gemeingut galt, die enge Verbindung zwischen Bauch und Seele, dankbar aufnahm und als materialistischen Hauptsatz formulierte: »Der Mensch ist, was er ißt.« Ludwig Feuerbach, dem diese ganz und gar nicht banale Lehrmaxime zu verdanken ist, gilt als Vorreiter derer, denen die Lebensmittel zum symbolischen Prinzip einer Kunst wurden, ohne Gott zu leben. Der Mensch lebt vom Brot allein. Wer satt ist, verirrt sich nicht mehr in ein Jenseits, sucht keine Zuflucht außerhalb greifbarer Realitäten. Der Atheismus ist die Frucht einer großen Zuneigung des Magens zur Unvernunft der Vernunft unter dem ängstlichen Segen der Kirche, die immer schon wähnte, daß das Essen mehr ist als nur Nahrungsaufnahme.

Im Essen gehen Lust und Notwendigkeit eine seltene Verbindung ein. Was getan werden muß um des Erhalts eines anderen willen, des Körpers und seiner Funktionen, erhält um seiner selbst willen eine eigene Qualität. Dieser Qualitätssprung, die reine Freude am Genuß der wohlschmeckenden Speisen, signalisiert, daß der Mahlzeit eine Würde, ein Wert, eine gesteigerte Aufmerksamkeit zukommt, die nicht mehr allein mit ihrer physiologischen Ernährungsaufgabe erklärt werden kann. Essen ist mehr als Essen. Daß der Mensch ist, was er ißt, setzt voraus, daß das Essen nicht nur ist, was man ißt. »Wenn die Nahrungsmittel bloß nährten, das heißt, wenn sie nichts anderes täten, als daß sie den Abgang der Teile unseres Körpers ersetzen«, heißt es im »Medizinischen Tischbuch« des Johann Zückert aus dem Jahr 1771, »so würde man weder in gesundem noch in krankem Zustande des Menschen nötig haben, sie einer besonderen Aufmerksamkeit zu würdigen.«

Aufmerksamkeit, mehr noch: Aufklärung mit all ihren Varianten einer gebildeten Urteilskraft widmet dem Essen besonders das folgende, neunzehnte Jahrhundert. Man sucht Zusammenhänge zwischen dem Einverleiben einer Speisenfolge und dem Erkenntnisprozeß, bei dem es, so wird behauptet, letztlich auch um nichts anderes gehe als sich einer Sache so anzunehmen, daß man sie verstehend aufnimmt. Man forscht nach Kriterien, die präzise genug sind zu bestimmen, was für Bauch und Kopf gleichermaßen zuträglich ist. Das Essen ist zum Gegenstand der theoretischen Neugier geworden; neben der Philosophie, ja, als Zweig von ihr erwächst die Gastrosophie. »Und ihr sagt mir, Freunde, daß nicht zu streiten sei über Geschmack und Schmecken? Aber alles Leben ist Streit um Geschmack und Schmecken.« So läßt Nietzsche seinen Zarathustra sprechen und erinnert mit dieser Notiz an den strittigen Charakter der Völlerei, an die aus Lust und Notwendigkeit entspringende Auseinandersetzung um das rechte Essensmaß: »Geschmack: das ist Gewicht zugleich und Waagschale und Wägender; und wehe allem Lebendigen, das ohne Streit um Gewicht und Waagschale und Wägende leben wollte!«

Es kommt nicht von ungefähr, daß Essen und Erkennen mythologisch derselben Wurzel entspringen. Der Baum, von dem die ersten Menschen die Frucht pflückten, jene durch Gottesverbot und die boshafte Verheißung der Schlange geadelte Nahrung, hieß »Baum der Erkenntnis«. Das Testament berichtet in Gestalt einer Erzählung an prominenter Stelle, dort, wo es so etwas wie eine Grundordnung des Lebens entwickelt, von einem tief in die eigene Biographie zurückreichenden Zusammenhang: Kleinkinder lernen ihre Umgebung kennen, indem sie alles, dessen sie nur irgend habhaft werden können, in den Mund nehmen. Menschen sind Wesen, die sich die Welt einverleiben müssen, um sie zu erfassen. Wir kosten erst, was wir später auskosten. Doch nicht nur die Mythologie, auch die Etymologie nennt einen gemeinsamen Ursprung von Essen und Erkennen. Der Schlüsselbegriff der Mystik – Sapientia, die Weisheit – soll von sapere, dem Schmecken, abgeleitet sein, was deren Sprache aufnimmt. Wo immer von der Einigung von Mensch und Gott die Rede ist, spielen Wortbilder mit, die Nähe und Unvertrautheit, Besitz und Entzug an die Lebens- und Empfindungswelt des Genusses anlehnen. Gott wird zur Seelenspeise.

Solche Erinnerungen an Sprachverwandtschaften sind so realitätsfern und weit hergeholt nicht, wie es die Jahrhunderte nahelegen, die seither vergangen sind. Noch immer repräsentieren Essensmetaphern Erkenntnisprozesse, und Lichtenbergs Sudelbuch-Sentenz läßt sich mehr abgewinnen als nur die Einsicht in die physiologischen Wunderlichkeiten eines schrulligen Aufklärungsgelehrten: »Nichts erklärt Lesen und Studieren besser als Essen und Verdauen. Der philosophische eigentliche Leser häuft nicht bloß in seinem Gedächtnis an wie der Fresser im Magen, da hingegen der Gedächtnis-Kopf mehr einen vollen Magen als einen starken und gesunden Körper bekommt, bei jenem wird alles, was er liest und brauchbar findet, dem System und dem inneren Körper, wenn ich so sagen darf zugeführt, dieses hierhin und das andere dorthin, und das Ganze bekommt Stärke.« Die Analogien des Gesättigtseins, des Hungers, der Völle und der Kräftigung lassen Gleichheiten unter scheinbar ganz und gar Verschiedenem aufscheinen. Es ist der Mund, das orale Organ, welches die mythologisch-metaphorische Verbindung zwischen Essen und Erkenntnis sinnfällig macht, und der aufnehmen muß, was als kindliches Begreifen in den Kopf steigt oder als Zerkautes in den Magen rutscht. Doch welchen Gewinn, außer den einer sprachbildnerischen Bereicherung, zieht die Erkenntnis aus der Betrachtung des Essens? Was ist dieses Mehr, das sie in der Handlung des Essenden vermutete? Gibt es gar eine Metaphysik der Völlerei?

Einer, dem Spaziergänge in metaphysische Hinterwelten und Dunkelmännerhöhlen verhaßt waren, Friedrich Nietzsche, nahm es mit Diäten und der Beobachtung der Speisenwirkungen auf Geist und Gemüt sehr genau. Stets kränkelnd, erlebte er seinen Körper wachsamer als Menschen, die von Klimaveränderungen, Witterungswechseln oder ungewohnter Nahrung weitgehend unbehelligt bleiben. »Ganz anders interessiert mich eine Frage«, schrieb er kurz vor seinem geistigen Zusammenbruch in einer Art Bilanz seines Denkens, »an der mehr das ›Heil der Menschheit‹ hängt, als an irgendeiner Theologen-Kuriosität: die Frage der Ernährung.« Metaphysik und Mahlzeit bilden in Nietzsches Vorstellung so etwas wie die Gegenpole der Weltbeschreibung, ein streitbares Entweder-Oder, das die philosophische Tradition in zwei Lager gespalten hat: in geistreiche, sinnenfreudige, jeden Idealismus verachtende Gedankengenies und in begriffsschwere, sinnenverachtende, jeden Materialismus ignorierende Problemwälzer. Das Essen wird zum nicht nur ironischen Universalerklärungsprinzip der Verhältnisse, die anders als über Erklärungen nicht zu haben sind. Deshalb kann Nietzsche auch rügen, »daß man die nächsten Dinge, zum Beispiel Essen, ... nicht zum Objekt ... unbefangenen und allgemeinen Nachdenkens ... macht, sondern weil dies für herabwürdigend gilt, seinen intellektuellen und künstlerischen Ernst davon abwendet ... Man möge zugestehen, daß die allernächsten Dinge von den meisten sehr schlecht gesehen, sehr selten beachtet werden.«

Sehen wir also zu. Mit der Völlerei, die zum Symbol individueller Anklage in der Geschichte des Essens geworden ist, steht mehr auf dem Spiel als Gewichtszunahme oder Blutdruckschwankungen. Die Art, wie Menschen essen, verrät anderes als die Qualität unserer Tischmanieren oder Kochkünste. Im Eßverhalten findet die Einstellung des Essers zu seiner sozialen Welt ihren Ausdruck. So erlaubt etwa die Fähigkeit, zu genießen, Rückschlüsse auf die Kraft eines Menschen, sich zu distanzieren, denn Genuß ist immer ein Abstandsphänomen, Vollzug der Lust, zugunsten größerer und dauerhafterer Erfahrungen Umwege zum begehrten Objekt zu gehen. Wer genießt, besitzt keine unmittelbare Nähe zu dem vom Wahrnehmen beeindruckten Gegenstand. Er reagiert nicht plötzlich auf Außenreize, auf Kräuterdüfte oder Röststoffe, den buttergeschwängerten Dampf von Kartoffelgratin. Genießen heißt: dem Gegenstand des Verlangens den Respekt zu zeigen, der im Hinauszögern und in der Genauigkeit des duldsamen Betrachters seinen Ausdruck findet. Sich Zeit zu lassen beim Verzehr wertet das Gericht auf und zeigt die Autonomie des genießenden Subjekts. Wovon die Rede ist? Der Völler, die Gegenseite des Genießers, macht es deutlich. Er ist nicht Herr seines Eßdrangs, stürzt sich in grenzenloser Gier auf das Mahl und läßt nicht eher ab, bis das Wüten seines Triebs sich erschöpft hat. Von Distanz oder Souveränität ist da keine Spur, und mit deren Verlust ermangelt er auch der Lust. Denn Lust stellt sich immer nur in Begleitung irgendeiner Form von Selbstbeherrschung ein, die der Askese freilich genauso fern ist wie dem tiergleichen Appetenzverhalten.

Mit dem ihm eigenen Zug zur gebildeten Verachtung des grobschlächtigen Lustbanausen schildert Thomas Mann im »Doktor Faustus« einen Besuch des Romanhelden Adrian Leverkühn beim Professor der systematischen Theologie Ehrenfried Kumpf: »Dann aber legte sich der Hausherr, unter vielseitigen Expektorationen, die Gott und Welt, Kirche, Politik, Universität und sogar Kunst und Theater betrafen, und mit denen er unverkennbar Luthers Tischreden nachahmte, gewaltig ins Zeug mit Essen und Trinken, zum Zeichen und guten Exempel, daß er gegen Weltfreude und gesunden Kulturgenuß nichts einzuwenden habe; er mahnte auch uns wiederholt, brav mitzuhalten und die Gottesgabe, die Hammelkeule, das Moselblümchen, nicht zu verschmähen, und nahm nach verzehrter Süßspeise zu unserem Schrecken die Gitarre von der Wand, um uns, vom Tische abgerückt, mit überschlagenem Bein, zum Schollern ihrer Saiten mit dröhnender Stimme Lieder zu singen wie ›Das Wandern ist des Müllers Lust‹, auch ... ›Wer nicht liebt Wein, Weib und Gesang, der bleibt ein Narr sein Leben lang‹ – es mußte kommen, und es kam.« Schmatzende Gastgeber, dröhnendes Weltgeschwätz, ungezügelte Sangesfreude – das entspricht präzise dem, was Mann andernorts als »geistlose Völlerei« bezeichnet hat.

Warum ist Völlerei geistlos? Und was verrät das Eßverhalten über den Menschen, über sein Wahrnehmen der Welt oder seine Art, sich selbst zu erkennen? Vielleicht sind es jene Erfahrungen im Leben, die sich am Essen orientieren, ohne es eigentlich zu sein, welche am meisten über es mitteilen: das Stillen und das Verführen als der noch undifferenzierte Anfang aller Nahrungsaufnahme und deren bis ins letzte Detail verfeinerte Lustform. In ihnen lernen wir, was es bedeutet, sich mit der Natur auseinandersetzen zu müssen und mit der Welt in einem lebendigen Austausch zu stehen. Beide zielen nicht nur auf die Sättigung des leeren Magens. Sie verbinden den physischen Hunger mit dem nach Zuneigung, koppeln das Liebesbedürfnis an die Lebenserhaltung. Aneignung und Zerstörung, Nähe und Distanz, zuletzt Leben und Tod sind Polaritäten, deren Verhältnis zueinander über das Essen definiert wird. Die psychologisch diagnostizierbare Angst vor dem Fressen oder Gefressenwerden macht anschaulich, daß hier offensichtlich eine ganze Welt in Frage gestellt ist, wo es dem Anschein nach doch nur um die Alternative zwischen Rollbraten und Rollmöpsen geht.

Hunger und Liebe sind die Primärtriebe des Menschen, die zum Zwecke wechselseitiger Befriedigung ein festes Bündnis geschlossen haben, das so stark ist, daß Versagungen auf der einen Seite ersatzweise von der anderen durch Lusterfüllung partiell kompensiert werden können. Die Metaphorik der Begierdensprache verrät diesen engen Zusammenhalt: Jemanden zum Fressen gern haben, sich oder den anderen vor Glück beißen können, die Geliebte verschlingen, den Geschmack ihrer Lippen kosten, sie anknabbern oder an ihr saugen, Namen wie »Mon Chérie« für süffige Pralinen – der Einsatz des Mundes beim Liebesspiel findet direkt oder umwegig im Sprachspiel seinen Widerschein, und es ist nicht immer eindeutig, welche Art von Hungerstillung da beschrieben ist. Jeder erfahrene Gastgeber, der das Vergnügen hatte, nach einem opulenten Nachtmahl von Zeit zu Zeit einer Dame auch das Frühstück servieren zu dürfen, kennt die heimliche Verwandtschaft zwischen Essenstyp und Liebescharakter. In dem Maße, wie es ihm gelingt, hier Entsprechungen in der Sitzordnung herzustellen, schenkt er der Tischrunde heitere Stunden. Dem Schmerbauch wird er kaum eine schmallippige Vegetarierin als Sitznachbarin zugesellen, dem Freund erlesener Feinschmeckerei keine Ausgehungerte. Worüber sollten sie sprechen, womit einander verführen?

Ein frühes Lernprogramm erlaubt uns, aus der Nähe von Eßgenuß und erotischem Glück Gewinn zu ziehen. Am Anfang der Individualgeschichte – spätestens seit den Beobachtungen des Ungarn Lindner, eines Kinderarztes aus dem neunzehnten Jahrhundert, der das Lutschen am Finger und anderen Körperteilen als Lustbefriedigung interpretierte, und Freuds Entdeckung der frühkindlichen Sexualität wissen wir es – erfährt der neugeborene Mensch in der Regel, daß die Nahrungsaufnahme mit dem Gefühl von Wärme, Geborgenheit, Hautberührung oder Umarmung verbunden ist. Man darf annehmen, daß der Mensch zu mehr als neunundneunzig Prozent in seiner Evolution gestillt wurde und dieses erste Erlebnis tiefer Befriedigung für seine seelische Entwicklung entscheidend ist. Erst das Industriezeitalter leistet es sich aus ästhetischen oder zeitökonomischen Gründen, dem Säugling die Mutterbrust zugunsten synthetischer Nahrung vorzuenthalten. Weil man Kinder mit Flasche und Gummischnuller aufziehen kann, glauben viele, es auch tun zu sollen. Doch gerade die künstliche Form der Ernährung zeigt, wie wenig es beim Essen nur um das Verschwinden des Hungers geht. Menschen, die befriedigend gestillt worden sind, besitzen später ein anderes Verhältnis zu sich selbst und zur Welt als Flaschensäuglinge. Denn über die Mutterbrust gesättigt, hat das kleine Kind präzise dann genug, wenn der Magen ausreichend gefüllt ist. Da hat sich über Jahrtausende hin eine natürliche Balance zwischen der Antriebsenergie des Saugens und dem Gefühl vollkommener Befriedigung eingestellt, ein Gleichgewicht, das nicht erreicht wird bei einem mittels einer Flasche gesättigten Baby. Das schreit weiter, lutscht am Bettzipfel, am Daumen oder nuckelt am Schnuller; sein Saugtrieb hat sich nicht abarbeiten können am leichtgängigen Kautschukersatz. Der Antrieb bleibt, auch wenn der Bauch kein Verlangen mehr nach Milch verspürt. Der oral Frustrierte sucht sich, vor allem in späteren Phasen der Biographie, da sein Bedürfnis nie angemessen befriedigt worden ist, Surrogate seiner Lust; es gilt als ausgemacht, daß viele konsumorientierte Verhaltensweisen wie Naschsucht, Kettenrauchen, Freßlust oder unmäßiges Trinken aus diesem Antriebsüberschuß genährt werden.

In der psychoanalytischen Tradition wird der Kontakt des Säuglings mit der Mutterbrust als Auslöser für einen Konflikt gedeutet, durch den sich elementare Fragen wie die nach den eigenen und fremden Grenzen, nach dem Verhältnis zu Macht und der Fähigkeit, sich angstfrei einem anderen Menschen zu öffnen, klären. Das Kind durchläuft, so konstruiert es einer der engsten

Freud-Schüler, Karl Abraham, zwei Phasen während der Stillzeit: die Stufe, in welcher es noch die vollkommene Einheit mit der Mutter fordert, und jenen Entwicklungsabschnitt, der gekennzeichnet ist vom Wachsen der ersten Zähne und in dem Menschen frühe Erfahrungen machen mit der Möglichkeit, Außenwelten zu zerstören und sich einzuverleiben. »Mutter ist jene, die ihren eigenen Leib zu essen gibt«, sagt Canetti. Es ist das Vorrecht der Kleinsten, daß das Sein der ihnen nahen Menschen definiert ist durch deren Verhältnis, das sie zu ihnen haben. Wer sonst könnte beanspruchen, daß andere sich aufzehren lassen, damit man selber leben kann? Aber nicht einmal diese unbedingte Einvernahme der Mutter genügt dem Säugling, um sich optimal zu entwickeln. Als Gegenwunsch wider alle Verschmelzungssehnsucht entfaltet er zunehmend das Bedürfnis, sich von dem Objekt seines Begehrens abzugrenzen, sich gleichsam nicht fressen zu lassen, während er selbst frißt. Der Zwiespalt zwischen diesen gegenläufigen Verlangen nach Einheit und Distanz, Symbiose und Zerstörung dirigiert das frühe Entwicklungsstadium jedes Menschenlebens. Gelingt es nicht, diesen Ambivalenzkonflikt zu lösen, wird er später in anderer Weise wiederholt. Menschen, die nicht gestillt wurden oder denen anders nicht gestattet wurde, den Begierdenstreit mit Hilfe der Mutter zu befrieden, fixieren die orale Phase. Ihr Leben wird permanent bestimmt von Fragen der Ichbildung, des Grenzverschiebens; die Verhältnisse von Innen und Außen bleiben ihnen problematisch, sie haben nie wirklich über eine konfliktbefreiende Auseinandersetzung mit der Mutter lernen können, wer sie sind. Es war ihnen versagt, sich selbst Konturen zu geben gegenüber einer fremden Welt. So müssen sie künftig alles auf sich beziehen, auch in Fällen, wo ihnen ihr Narzißmus neue Konflikte einträgt. Oder sie schützen ihr Eigenes nicht zuverlässig, beziehen sich stets auf einen anderen. In allem aber versuchen sie unausgesetzt, ihr eigenes Ich auszuweiten. Vor allem Liebesobjekte im psychoanalytischen Sinn werden vom narzißtischen Charakter niemals wirklich erlebt; er vereinnahmt sie und braucht sie als

Ergänzung des eigenen, unvollkommenen Selbst. Nichts ist dem Narzißten fremder als jenes Verständnis von Zuneigung, das den anderen um seiner selbst willen schätzt. Der kommt gar nicht mit seinen genuinen Wünschen vor in den Beziehungen, die der oral Frustrierte zur Stärkung seines Ich aufbaut.

Was hat diese von ungelösten Konflikten gezeichnete Phase des Menschen mit seinem Eßverhalten, ja mit solch gierigen Erscheinungsformen der Nahrungsaufnahme wie der Völlerei zu tun? Orales steht am Anfang jeder Mündigkeit: der sozialen wie kulinarischen. Gelingt die Lösung aus der oralen Krise nicht störungsfrei, so können später sowohl die Verweigerung des Essens wie der unmäßige Genuß hilflose Bemühungen sein, die Autonomie konturenscharf zu erlangen. Das schwache Ich sucht durch rigide Beherrschung des Körpers, etwa in der Magersucht, oder über die ungebändigte Schlingsucht, die ihm Allmachtsgefühle vermittelt, die Grenzen seiner eigenen Ausdehnung präzise zu bestimmen. Wer ewig unbefriedigt mit unmäßiger Gier sich über Speisen hermacht, hat psychoanalytisch geprägten Vorstellungen zufolge die Grenzen zwischen seinem Ich und seiner Umwelt noch nicht stabil und realitätsgerecht gezogen. Ihm fällt schwer anzuerkennen, daß nicht alles, was ist, für ihn und um seiner selbst willen ist.

Das Motiv dieses physischen Hungers nährt auch das libidinöse Verlangen des unersättlichen Liebhabers. Don Juan ist eine der wenigen modernen Mythengestalten, Nimmersatt in eroticis und Experte in der Kunst der kulinarischen Verführung. Zwei Klischees begleiten seine Geschichte, die offenlegen, was der wirkliche Antrieb seiner unermüdlichen sexuellen Neugier ist und warum er immer wieder Erfolg hat. Das eine leitet seine Phantasie: Ich habe sie alle gehabt; das andere das Verhalten der Frauen. Ich bin die letzte. Beiden geht es um Macht, um Vereinnahmung und Einverleibung. Er bestimmt sie über Quantität; sie über Qualität. Während Don Juan den Kitzel des Neuen verspürt, den Reiz, stets nach überraschenden sinnlichen Eindrücken zu jagen, nach unbekannten Nuancen der Bewegungen, noch nicht vertrauten Codes der Liebkosungen, ergibt sich die Verführte in der Hoffnung, er könne an ihr sich ein für allemal sättigen. Fressen und Gefressenwerden sind auf beiden Seiten die verborgenen Instinkte. Denn wer so rastlos nach Wiederholung und Steigerung der galanten Abenteuer strebt, vertilgt nicht nur eine Liebeserfahrung nach der anderen, sondern läßt sich auch fressen von seiner nie gestillten Sucht, seinem zwischen Genuß und Begier hin- und hergerissenen Körperverlangen. Und wer so lustbereit sich hingibt wie die umworbene Frau, der läßt sich nicht nur verspeisen, sondern rechnet mit der betörenden Kraft der erotischen Anziehung. Vielleicht lassen sich die Verschiebungen der Macht, die sich im Liebeshunger zeigen, durch den Unterschied zwischen Besessenheit und Besitz ausdrücken. Don Juan zieht es nach immer frischer Besessenheit; sein Objekt der Begierde will, indem es sich scheinbar aufgibt, zum Subjekt des Besitzes mutieren.

Zwischen Hunger und Liebe, Völlerei und Verführungsdrang besteht ein Entsprechungsverhältnis über deren Leitmotiv. Unbefriedigte Macht ist, was das Essen zur ungehemmten Orgie entarten läßt und die Zuneigung in einen Selbstbestätigungstaumel verwandelt. Beiden Formen der Gier geht es um Einverleibung der Welt, die das labile Ich stützen soll. Die Völlerei ist ein Mittel, auf dem eine ihrer selbst nicht gewisse Seele über den Einfluß auf Dinge der Außenwelt für sich Halt, Grenzen und Ausdruck sucht.

Daß Essen mit Herrschaft verwandt ist, ist eine alte Einsicht. Elias Canetti hat in seinen Studien zur Psychologie des Essens den Meistesser charakterisiert, der in einer Reihe von Kulturen als Symbol von Stärke anerkannt wurde und seine Überlegenheit durch die Fähigkeit, viel vertilgen zu können, auswies. »Je voller er ist, um so besser ist ihm zumute. Schwer und voller Behagen liegt er da, der am meisten fressen kann, der Meistesser. Es gibt Gruppen von Menschen, die in einem solchen Meistesser ihren Häuptling sehen. Sein immer gestillter Appetit erscheint ihnen als eine Gewähr dafür, daß sie selber nie lange Hunger leiden werden. Sie verlassen sich auf seinen gefüllten Bauch, als hätte er ihn für sie alle mitgefüllt.« Der Hunger wird zu einer arithmetischen Größe, die berechnet, verglichen und hierarchisiert werden kann. Nummer eins auf der Skala der Herrschaft ist in diesen frühen Gesellschaften, wer auch im Bekämpfen übervoller Tische obsiegt hat. Die Helden, die uns die germanische Mythologie vorstellt, sind gefräßige, kräftige Konsumenten. So brüstet sich zum Beispiel Loki in der Edda-Sage, indem er die Umstehenden einlädt, um einen prall gefüllten Fleischtrog zu wetteifern: »Ich verstehe eine Kunst, die zu erproben ich voll bereit bin: hier ist niemand anwesend, der sein Essen schneller verzehren wird als ich.« Ein Mann namens Logi nimmt den Wettkampf an, verspeist das Fleisch samt Knochen und den Trog noch mit dazu. Völlerei ist hier ein untrügliches Indiz animalischer Kraft. Selbst Kandidaten für den französischen Königsthron wurden im Mittelalter abgelehnt, weil sie bei einem Festessen den Test nicht bestanden und sich mit wenigem begnügten. Aristophanes hatte schon recht, als er spottete: »Die Barbaren halten dich nur dann für einen Mann, wenn du fähig bist, einen ganzen Berg zu verspeisen.« Daß zu den Attributen eines Herrschenden heute nicht mehr die Leistung gehören muß, die Tafeln beim Staatsdinner im Alleingang abzuräumen, belegt trotz mächtiger Ausnahmen in manchen Regierungsämtern auch das Bild vom Durchschnittsmanager: An der Spitze der Unternehmen stehen meist drahtige, schlanke Funktionäre, keine Pfundskerle. Pro Pfund Übergewicht sinkt das Jahreseinkommen von Führungskräften um tausend Dollar, behauptet eine amerikanische Studie.

Essen ist Macht: Dieser Satz gilt – wenn schon nicht für die Vielfraße unter den Dominierenden, so wenigstens – für die, welche sich Prunkfeste mit prallen Schüsseln leisten konnten. Wer selber nicht viel vertrug, lud ein. An die Stelle der Möglichkeit, zu verspeisen, tritt die Fähigkeit, zu verschwenden. Welche Dimensionen da einst aufgetischt wurden, darüber machen wir uns heute kaum eine richtige Vorstellung. Alles, was unterhalb einer zweistelligen Zahl von Gängen sich abspielte, war nicht der Rede wert.

Es gab berühmte Gelage: das Gastmahl des Trimalchio etwa, eines ehemaligen Sklaven, der prunkvoll hofhielt und ganze Zimmer vor jedem Gang nach dem Motiv des Mahls umarrangieren ließ. Oder den Empfang Wilhelms IV. für Kaiser Karl V. in München. Der Herzog ließ vierundsechzig Speisefolgen anbieten, und es wird berichtet, daß der Monarch um ein Uhr nachts, zur Hälfte des Mahls, erschöpft aufgab. Einer überbot den anderen. Ließ Wilhelm schon so viel servieren, daß seine Gäste kaum nachkamen mit dem Essen, so demonstrierte sein Urenkel aufs üppigste Freigebigkeit. Vierhundert Gänge soll sein Hochzeitsschmaus umfaßt haben; im Laufe des vierzehntägigen Festes wurden allein fünfhunderteinundzwanzig Ochsen geschlachtet. Das war am französischen Hof nicht viel anders. Saint-Simon schildert den kulinarischen Voyeurismus Ludwigs XIV.: »In seinem Reisewagen gab es stets alles mögliche zu essen, Fleisch, Pasteten und Früchte. Kaum hatte man eine Viertelmeile zurückgelegt, schon fragte der König, ob man nicht etwas zu sich nehmen wolle, er selbst aß niemals etwas zwischen den Mahlzeiten, nicht einmal Obst; aber er sah es gern, wenn man aß und sich möglichst bis zum Platzen vollstopfte. Die Damen mußten Hunger haben, heiter sein und mit Appetit und fröhlicher Miene essen, sonst wurde er mißvergnügt und gab das auch recht deutlich zu verstehen... Gleichviel waren alle diese Damen und Prinzessinnen verpflichtet, am selben Abend an seiner Tafel abermals solche Mengen zu sich zu nehmen, als hätten sie den ganzen Tag noch keinen Bissen gegessen.«

Das Essen eint und trennt zugleich. Was die einen gemeinsam schwelgend verzehren, wird den anderen vorenthalten. Wo in einem prachtvoll illuminierten Saal bei bestem Wein und erlesenem Geflügel eine Gesellschaft ihren Zusammenhalt festigt, müssen andere vor der Tür darben. Einschließen ist Ausgrenzen, diesen Zug der Exklusivität nutzten Potentaten und solche, die es werden wollten, um über Prunkessen die Zugehörigkeit zu einer sozialen Klasse oder den Aufstieg in sie zu dokumentieren. Wenig eignet sich zur sozialen Differenzierung so fügsam wie das, was allen

Menschen gemein ist und dennoch das am meisten Egoistische. Georg Simmel hat auf diesen antithetischen Charakter von Essen und Trinken aufmerksam gemacht: Alle müssen zur Lebenserhaltung Nahrung aufnehmen, doch unter keinen Umständen kann ein anderer verspeisen, was einer schon in sich aufgenommen hat. Was ich denke, läßt sich mitteilen; was ich sehe, kann man zu sehen geben; was ich esse, gehört ein für allemal mir. Und dennoch ist das gemeinsame Mahl seit alters Zeichen für den Willen des Menschen, das Dasein in dieser Welt nicht allein zu bewältigen. Obwohl nichts so eindeutig selbstbezogene Eigenschaften hat wie das Verzehren eines Lebensmittels, wird das Essen wie kaum eine andere Versammlungsform genutzt, um Gemeinsames auszubilden, zu feiern, zu erneuern. Man muß über die Interessen seines Tischpartners nichts wissen, ja sie brauchen nicht einmal von ähnlicher Natur zu sein, um ins Gespräch zu finden. Es genügt zu teilen, was jeder für sich nimmt. Diese zwiespältige Natur des Essens macht es geeignet, eine Gesellschaft auf feinsinnige und gnadenlose Weise gleichermaßen zu gliedern nach dem Grad der Zugehörigkeit.

In einem Aphorismus »gegen die schlechte Diät« nimmt Nietzsche, der für die Grobheit und Bosheit der Menschen ein untrügliches Gespür besaß, die sozialdifferenzierende Bedeutung des Essens auf und wendet sie auf die neuen Bedingungen seines Jahrhunderts an, das Klassen- und Standesdünkel weniger kennt als den Geldadel: »Pfui über die Mahlzeiten, welche jetzt die Menschen machen, in den Gasthäusern sowohl als überall, wo die wohlbestellte Klasse der Gesellschaft lebt! Selbst wenn hochansehnliche Gelehrte zusammenkommen, ist es dieselbe Sitte, welche ihren Tisch wie den des Bankiers füllt: nach dem Gesetz des ›Vielzuviel‹ und des ›Vielerlei‹, woraus folgt, daß die Speisen auf den Effekt und nicht auf die Wirkung hin zubereitet werden, und aufregende Getränke helfen müssen, die Schwere im Magen und Gehirn zu vertreiben... Was wollen also diese Mahlzeiten? – Sie repräsentieren! Was, in aller Heiligen Namen? Den Stand? – Nein, das Geld:

man hat keinen Stand mehr! Man ist ›Individuum‹! Aber Geld ist Macht, Ruhm, Würde, Vorrang, Einfluß; Geld macht jetzt das große oder kleine moralische Vorurteil für einen Menschen, je nachdem er davon hat! Niemand will es unter den Scheffel, niemand möchte es auf den Tisch stellen; folglich muß das Geld einen Repräsentanten haben, den man auf den Tisch stellen kann: siehe unsere Mahlzeiten!«

Vor allem im Kleinbürgertum wirkte der soziale Zwang zur kulinarischen Repräsentation verheerend. Lange mußte das Haus sparen, um sich ein Fest des Ausmaßes leisten zu können, daß es in den Augen der Geladenen für wert befunden wurde, erwähnt und besucht zu werden. Manche Familie ruinierte sich über eine so gewaltige Mahlzeit selbst. Die Völlerei war ein Vorrecht der Reichen. Solange sie als Sünde gebrandmarkt wurde, traf sie vor allem im Spätmittelalter nicht mehr das gemeine Volk. »Die Leute mögen zusammen zur Kirche gehen und noch so sehr alle von derselben Gesinnung erfüllt sein, – ich bin geneigt zu glauben, daß, wenn sie um ihr ›täglich Brot‹ bitten, der Bischof mancherlei in sein Gebet einschließt, woran der Küster absolut nicht denkt«, schreibt Mandeville. Da mochte die eine oder andere Fastenpredigt ungehört verhallen, die gegen das Laster der Vielfresserei gerichtet war. Diejenigen, die es betraf, gehörten oft nicht zum regelmäßigen Publikum des Kirchenmannes.

Unter dem Diktat der Machtdarstellung, die sich von Fest zu Fest aufwendiger zeigen muß, verbirgt sich das individuelle Elend des Machthungers, das den Gierschlund nicht in Ruhe läßt. Es ist ein Wettbewerb im Vollerwerden, der ihn antreibt; die Konkurrenten sind die Tischgenossen und das frühere Gewicht. Beide gilt es zu übertreffen. Erst dann stellt sich das Gefühl ein, das Ich sei stärker geworden. Der Essende nimmt zu, fühlt sich praller. Er kann zwar nicht wachsen, sich aufblähen zu gewaltiger Größe, aber er kann schwerer werden. Und in dem Maße, wie seine Körperfülle Kilogramm um Kilogramm aufnimmt, bis der Magen zu platzen droht, vergrößert sich auch scheinbar die Bedeutung des

Nimmersatts. Die Grenzen, den Punkt, bis zu dem es gerade noch geht, neu zu vermessen, ist sein Ziel. Er fühlt sich gut, wenn er einen Bissen weiter gekommen ist als bisher. Wieder hat der Völler einen Teil dieser Welt sich einverleibt. Was fremd und unvertraut war, ist nun sein eigen. Er hat sich durch Vertilgen der Speisen mehr Platz erkämpft, verdrängt mehr als zu Zeiten, da er noch nicht so gewichtig war. Und im symbolischen Bemächtigen seiner Umwelt begleitet ihn ein leises Glücksgefühl, die Zufriedenheit, daß alles, was er in sich aufnehmen kann, ihm gleich wird. Was kann es für den Machtdurstigen Schöneres geben als die Gewißheit, daß das, was er ergriffen hat, in ihm aufgegangen ist. Es ist nicht mehr nur sein Eigentum geworden, sondern sein Eigen, hat sich ihm selbst so angeglichen, daß es von ihm nicht mehr unterschieden werden kann. »Der hat noch niemals eine Speise erfahren, nie eine Speise durchgemacht«, notiert Walter Benjamin angesichts frischer Feigen, »der immer Maß mit ihr hielt. So lernt man allenfalls den Genuß an ihr, nie aber die Gier nach ihr kennen, den Abweg von der ebenen Straße des Appetits, der in den Urwald des Fraßes führt. Im Fraße nämlich kommen die beiden zusammen: die Maßlosigkeit des Verlangens und die Gleichförmigkeit dessen, woran es sich stillt. Fressen, das meint vor allem: Eines, mit Stumpf und Stiel.« Vielleicht ist die Nivellierung des Geschmacks, die Reduktion des Speisenunterschieds auf elementare Kriterien wie fest oder flüssig, scharf oder mild ein Zeichen für das treibende Motiv des Vielfraßes; vermutlich ist diese Verarmung des Zungengespürs nur die Folge seines unersättlichen Tuns: die Sucht, mächtiger zu werden, und die Hilflosigkeit, es über andere Wege nicht sein zu können. Sie lassen ihn sein großes Loch auf höchst undifferenzierte Weise stopfen. Obwohl er an Hunger nicht leidet, empfindet er ähnlich wie der Darbende. Der Schlingsüchtige schätzt den Vollzug des Essens mehr als ein spezielles Gericht.

Menschen sind Löcherstopfer von Anfang an, und der Völler nimmt nur auf eine besondere, wenig elegante Art an diesem allgemeinen Los teil. Daß wir Wohnungen bauen und einrichten, daß wir Konten füllen und leere Brieftaschen beklagen, den Terminkalender vollschreiben und begierig sind, Tore im Fußball zu schießen, daß wir essen, trinken und einer den anderen umarmt und umbeint, bis sie nicht mehr voneinander zu trennen sind – die Phänomene gleichen einander zu sehr, als daß man nicht auf den Gedanken kommen sollte, sie entsprängen ein und demselben Defizit. Der Hunger der Seele muß seit dem Verlassen der Mutterhöhle grenzenlos sein, daß er den Menschen zwingt, keine Leere dauerhaft zuzulassen und den Horror vacui als Kulturantrieb zu nutzen. Muß wirklich einer abirrenden theoretischen Phantasie zugeschrieben werden, was so augenfällig ist? Hat nicht die materialistische Völlerei doch einen impliziten Hang zur Metaphysik? Das Trauma, aus der Geborgenheit des Mutterschoßes verstoßen zu sein, das wir Geburt nennen, zeigt als eine wesentliche Folge die Unfähigkeit und Unwilligkeit des Menschen, Leere auszuhalten. Dieser Urverlust bestimmt unser Sein und Handeln. Ohne recht zu wissen, was wir eigentlich verloren haben, als wir in die Grelle der Welt getreten sind, sehnen wir uns zurück ins Dunkel und ertragen nicht, daß die Leere unser Schicksal sein soll. Der erste Zug, den das Neugeborene aus der Brust der Mutter nimmt und mit dem es seine Mundhöhle schließt, ist wie eine stille Anklage gegen die Natur, welche so ungnädig war, uns der Heimat zu berauben, bevor wir wissen können, was das überhaupt ist. Nun raubt das Kind, gleichsam als Rache, der Mutter Kraft, indem es sie austrinkt, von ihr ißt.

Leere nicht ertragen zu können macht die Begierde der Völlerei unersättlich. Unersättlichkeit ist der Name für eine unbefristete Herausforderung an die Möglichkeiten des Menschen, seinen ursprünglichen Verlust zu kompensieren. Das Gefühl der Leere fordert die Überfüllung. Woher kommt diese Leere, und warum scheint sie nicht zufällig, sondern strukturell bedingt zu sein? Was zwingt uns, mit nichts letztlich zufrieden zu sein und dem, was wir haben, immer noch das Verlangen nach dem anderen beizugesellen, das wir nicht besitzen? Weshalb lassen die Bedürfnisse nicht nach, werden begleitet von einer melancholischen Grundstimmung, auskosten zu sollen, was der Augenblick an Begehrenswertem hergibt? Zur metaphysischen Pointe der Völlerei, die sie als Ersatzhandlung für nicht gewährte Befriedigung herausstellt, gehört der Blick auf eine unaufhebbare Knappheit. Das Leben steht unter den Bedingungen der Zeitknappheit, die verschärft wird durch den Charakter des Menschen, ein endliches Wesen mit unendlichen Ansprüchen zu sein. Gemessen an unseren Wünschen währt das Dasein stets zu kurz, so daß die schon im Testament formulierte Forderung: »Lasset uns essen und trinken, denn morgen sind wir tot!« die Völlerei als Antwort auf die Grundbedrohung des Lebens kennzeichnet. Der Nimmersatt hält es mit der Weisheit, daß der Mensch nur das wirklich sein eigen nennt, was er genossen hat, und aus der Gewißheit des Endes demzufolge die Lehre ziehen sollte, alles mitzunehmen, was ihm der günstige Moment bietet.

»Wir erfassen hiermit«, schreibt Sartre, »eine der fundamentalsten menschlichen Tendenzen an ihrem Ursprung: die Tendenz zu erfüllen... Einen großen Teil unseres Lebens verbringen wir damit, Löcher zu stopfen, Leeres auszufüllen, das Volle symbolisch zu verwirklichen und zu gründen.« Wie ein Reflex auf das, was wir verloren haben, jenes Sein, das uns zu kompletten Wesen machte, wirkt dieser Hang zu verstopfen. Die Angst vor der Leere, die Ungeduld mit dem Unvollkommenen muß als Zeichen genommen werden. Es ist sicher nicht zuviel hineingelegt, wenn man das ungehemmte Essen vor diesem Hintergrund als symbolischen Akt interpretiert, der die Wiederherstellung paradiesischer Zustände, Zeiten der Vollkommenheit, intendiert. Die Erzählung vom Schlaraffenland, die Legenden über Orte, an denen Menschen satt werden, ohne gegessen zu haben, geben der Nahrungsaufnahme eine quasireligiöse Qualität. Das Essen wird, so betrachtet, zur heiligen Handlung. Nicht von ungefähr stehen im Zentrum sakraler Rituale oft genug Mahle, durch die Menschen sich mit der Gottheit versöhnen. Es ist die entwicklungsgeschichtlich sehr frühe Wahrnehmung des Menschen, daß das kleine Kind durch das Saugen an der Mutterbrust Kraft aufnimmt, welche sich mit der tiefen Sehnsucht nach Wiedererlangung eines unzerstörten, unbedürftigen Lebens verbündet zur Feier dieser religiösen Festspeisen.

Kommt das kurzfristige Behagen im Vollsein, wo niemand mehr kann, aus dem Gefühl, das Loch für Augenblicke gefüllt zu haben? Kommt der Überdruß und Ekel nach der Völlerei aus dem Drang, die Grenze des Vollseins immer weiter bis zum Äußersten ausdehnen zu müssen? Weil wir zuwenig haben, wollen wir zuviel. »Nur ein Lebendiges fühlt Mangel«, notiert Hegel im Paragraphen 359 seiner Naturphilosophie, er, der eine der höchsten Weinrechnungen Berlins hatte, und er fügt in einer Anmerkung hinzu, es sei ein Vorrecht höherer Naturen, ein großes Bedürfnis zu besitzen und den Trieb, es aufzuheben. Weil wir zuviel wollen, haben wir zuwenig. Dieses Los, Mängelwesen zu sein, ohne genau zu wissen, woher das Defizit rührt und wie es zu beheben wäre, und zugleich Anspruchswesen zu heißen, ohne präzise zu erfassen, was antreibt und wie der Bedarf zu stillen wäre, läßt den Menschen unendlich hungern. Die Völlerei ist nur eine Weise, diesem unermeßlichen Hunger die Zähne zu ziehen. Bei jedem Essen steht das Leben auf dem Spiel. Friß oder stirb – das ist mehr als der Appell, den Stoffwechsel aufrechtzuerhalten. Es gehört zur Barmherzigkeit des Nahrungstriebs, daß er seine metaphysische Seite über eine starke materialistische Natur vergessen macht und uns nicht spüren läßt, daß wir in der Pizza auch Italien meinen und im Inhalieren eines magenfüllenden Doppelwhoppers den Himmel suchen. Es wäre zu banal.

Fülle und Leere scheinen nicht mehr die Kategorien zu sein, mit denen unsere Gesellschaft sinnvolle Vorstellungen verbindet. Sie beschreiben nahezu keine aktuellen Erfahrungen mehr. Zumindest für große Teile der nordwestlichen Erdhalbkugel gilt, daß immer mehr Menschen vom Genuß der Fülle nicht mehr träumen müssen. Wo der Reichtum unausgesetzt wächst, Überflüssiges zum Standard wird, haben große und kleine Leckermäulchen kaum mehr die Chance, die Objekte ihrer Begierden zu entbehren. Es ist soviel da, daß nicht einmal die Leere fehlt. Neben jeder Butter findet sich im Supermarktregal auch die cholesterinarme Diätmargarine, kein Kochbuch, das die üppigen Naturprodukte südlicher Regionen preist, kommt ohne Rezepte für die sogenannten Nahrungsbewußten aus, der Feinstkosttempel steht neben dem Reformhaus, und wer dennoch »gesündigt« hat, kann sich getrost der Absolution von Schlankheitskuren anvertrauen. »Ich habe eine schlechte und gute Nachricht«, beginnt ein Fernseh-Werbespot, in dem ein vertrauenerweckender Mann mit seriösem, mahnendem Ton ins Wohnzimmer spricht, nicht ohne augenzwinkernd erkennen zu geben, daß ihm nichts auf dieser Welt fremd ist: »Mal ehrlich. Wir essen zuviel.« Erschrecken allenthalben. »Aber«, beruhigt er uns sofort: »Es gibt jetzt« – und dann nennt er ein Produkt aus der Apotheke mit der Aufforderung, es sich gleich zu holen, unserer Leber zuliebe. Das Schlaraffenland des Konsums ist so reich, daß es auch die Leere in seiner Produktpalette anbieten kann, ohne sich selbst zu gefährden. Im Gegenteil. Thomas Macho hat darauf aufmerksam gemacht, daß neue Märkte erobert werden, indem auf das Fehlen von Stoffen eigens hingewiesen wird, das die Qualität eines Lebensmittels charakterisiert: ungespritzte Zitronen, ungesüßter Kaugummi, fettreduzierter Käse, alkoholfreies Bier. Das alles sind Überdrußvermeidungsstrategien, die den Konsumkreislauf in Gang zu halten helfen. Leere ist nicht mehr das Gegenteil von Fülle derart, daß, wo das eine ist, das andere nicht sein kann. Sie ist eine Funktion des Konsums, die Verwirklichung der Hegelschen Theorie von der dialektischen Synthese eines Widerspruchs im Bauch.

Die Völlerei scheint also nicht nur eine alte, sondern eine veraltete Sünde zu sein, etwas für dickleibige Fürsten und feiste Schlemmer, ein Laster der Schauessen. Wohl kaum akzeptabel für eine Gesellschaft, die in Adipositas, Bulimie und Magersucht die pathologischen Eckwerte ihrer Idealvorstellungen vom Körpergefühl sieht. Zwischen ihnen hin- und herpendelnd, doch sich immer in der Nähe der Magersucht aufhaltend, vergnügt sie sich mit Austern und Champagner an einem Abend und fastet mit der Fünf-Minuten-Terrine oder auch versehentlich tödlich wirkenden Schlankheitspillen am nächsten. Das Geschäft mit dem Idealgewicht ist längst zu einem riesigen Wirtschaftsfaktor geworden. In den Vereinigten Staaten wurden Ende des vergangenen Jahrzehnts pro Jahr etwa dreißig Milliarden Dollar mit dem Verkauf von Schlankheits- und Diätmitteln umgesetzt. Siebzig bis achtzig Prozent aller Frauen in den Industrienationen essen sich nie wirklich satt aus Angst um die Figur. Das ist die andere Seite einer Lebenswelt, deren luxurierende Produkte die Menschen durch dick und dünn begleiten, der Terror der Mäßigung.

Um ihm zu entgehen, haben die Alten, als sie über das Laster der Völlerei nachdachten, versucht zu übersetzen, was damit gemeint sein könnte. Maß zu halten ist keine Exklusivfrage des Essens. Man unterschied fünf Arten, sich der Völlerei schuldig zu machen: zu viel, zu früh, zu kostspielig, zu begierig, zu viel Aufhebens davon machen. An ihnen entwickelte man eine Reihe von Ratschlägen für Lebensformen, denen Nüchternheit als Gegenpol nicht nur der Trunkenheit gilt, sondern auch der exzessiv wechselnden Begeisterung, denen Gespür für Menschen und Situationen zum Korrektiv der narzißtischen Rücksichtslosigkeit wird, denen Diskretion wertvoller ist als Prahlerei. Das sind Tugenden, gewiß, die mit vollen Trögen und Pfundskerlen nur über die metaphorische Seite der Völlerei zu verknüpfen wären. Aber seit jeher betrachtete man das unersättliche Fressen nicht nur als Grundübel, sondern auch als Ausgangspunkt für manch andere seelische Deformation. »Der Mensch hat viele knechtische Begierden«, sagt Robert Musil im »Mann ohne Eigenschaften« anläßlich eines philosophischen Tischgesprächs, »und damit der Kampf gegen alle erfolgreich sei, muß man bei den elementarsten beginnen: der Eßsucht, dem Müßiggang und der Sinnenlust.« Und er erinnert daran, daß jede Übung in der Einfachheit eine tiefe soziale Bedeutung habe. Letztlich ist es wohl diese Einsicht: Die Völlerei erstickt das Wahrnehmen des anderen Menschen. Der Vielfraß hat keine Augen für das, was er einem wegnimmt, indem er es für sich beansprucht. Es ist stets ein latenter Hunger – nicht einmal nach Speisen –, der uns zu Menschen macht, die andere Menschen suchen, weil sie aufeinander angewiesen sind. Indem der Nimmersatt diesen Hunger am einsamen Essen stillt, wendet er sich von der institutionalisierten Feier der Bedürftigkeit ab, die wir Gesellschaft nennen und die davon lebt, daß einer den anderen zu brauchen meint.

In der Tradition wurde die Völlerei immer im Kontext mit anderen Todsünden erwähnt. Das Satthaben verstand man als Übergang in die Melancholie, als seelische Trägheit, die am Ende den Menschen selbst verzehrt; mit der Macht, viel zu vertragen, war die Prahlsucht verbunden. Das Essen ist ein Symbol sozialer Verhältnisse. Sören Kierkegaard hat diesen Charakter der Nahrungsaufnahme, Zeichen zu sein, zum Anlaß genommen, ein Gesellschaftsbild der Moderne zu zeichnen, indem er deren Dilemma, in jeder Hinsicht zuviel zu haben und zu wollen, sich mit sich selbst zu überfordern, in eine Parabel kleidet: »Wenn ein Mann den Mund so voll Essen hat, daß er aus dem Grunde nicht zum Essen kommen kann und es damit enden muß, daß er Hungers stirbt, besteht dann das Ihm-Speise-Mitteilen darin, daß man ihm den Mund noch voller stopft, oder nicht viel mehr darin, daß man dafür sorgt, etwas davon zu entfernen, damit er dazu kommen kann zu essen?«

Siebte Todsünde
Die Trägheit oder
Wie der Tod sich ins Leben schleicht

Sie ist die beste Agentin des Bösen, eine virtuose Künstlerin der Verwandlung. Sie tritt auf unter verschiedenen Namen und wechselt ständig ihre Masken. Man nennt sie Trägheit, aber kann darin nichts Gefährliches entdecken. Sie heißt Melancholie und gerät, wenn nicht in die Nähe von Krankheiten, in den Umkreis des Genialischen. Als Überdruß ist sie bekannt, doch regen sich in diesem Zuviel an Nichts weder eine maliziöse Leidenschaft noch merkliche Zerstörungswut. Unter den Titeln Faulheit, Langeweile, Schwermut, Geistesmüdigkeit, Schlaffheit, Bedeutungslosigkeit führt sie ein Dasein von fast kontemplativer Würde. Mit der Traurigkeit wird sie leicht verwechselt, an der Antriebslosigkeit meint man sie zu erkennen. Das soll die schlimmste, die bedrohlichste, die gründlichste unter allen Verfehlungen sein, deren sich Menschen schuldig machen können? Der Kopf der extremen Laster? Die gewissermaßen tödlichste der Todsünden?

In den vielen verschiedenen Bezeichnungen für eine einzige Sache hat sich die Ratlosigkeit vor diesem Phänomen ein phantasievolles Dokument ihrer eigenen Größe geschaffen. Die Vielnamigkeit des Phänomens ist ein Indiz dafür, wie schwer sich die Bewohner der Tugendwelt mit dieser Leidenschaft tun. Viel mehr noch. Indem sie versagt bei dem Bemühen, einen einheitlichen Namen zu finden für dieses aufreizend passive Vergehen, hat jene Tradition, die in ihm den Kumulationspunkt aller Frevel wider die tugendhafte Ordnung der Welt gesehen hat, vielleicht die entscheidende Form von Machtlosigkeit ihm gegenüber stillschweigend bezeugt. Wann immer nämlich in den Mythen und Erzählungen der Menschheit von der Auseinandersetzung zwischen Gut und Böse, zwischen Sinn und Widersinn die Rede ist, spielt als siegverheißende Waffe in diesem Urstreit das Wissen eine Rolle, wie man die dunklen Mächte ruft, sie bezeichnet und in der Benennung zu bezwingen vermag. Wer die Namen kennt, herrscht. Mit dem Aussprechen des Namens wird auch die Definitionsgewalt beansprucht, die das Diabolische und Dämonische überwindet, das seine Kraft nicht zuletzt aus dem Talent nimmt, sich ungreifbar und damit unangreifbar zu machen.

Acedia – das ist der offizielle Name dieser Sünde. Aber Acedia ist kein öffentliches Wort. Es ist ein Fachausdruck aus der Mönchsliteratur, aus den Zeiten, da die Einsiedler noch die Wüste bewohnten. Einer unter ihnen, Evagrius Ponticus, der im vierten Jahrhundert in Ägypten seine Betstatt aufgeschlagen hatte, hat beschrieben, was die geheimnisvolle Acedia im wesentlichen ausmacht. »Der Dämon der Acedia, der auch ›Mittagsdämon‹ genannt wird, ist von allen Dämonen der lästigste. Er tritt um die vierte Stunde an den Mönch heran und umzingelt seine Seele bis zur achten Stunde. Zuerst bewirkt er, daß die Sonne aussieht, als bewege sie sich kaum oder gar nicht; fünfzigstündig läßt er den Tag erscheinen. Danach zwingt er ihn, ununterbrochen zu den Fenstern zu schauen, aus der Zelle fortzuspringen, gespannt zur Sonne zu blicken, wie lange es noch bis zur neunten Stunde sei... Zudem flößt er ihm Haß auf den Ort ein, ja auf das Leben selbst, auf seiner Hände Arbeit, und daß die Liebe unter den Brüdern verschwunden sei und keiner da ist, der Trost spendet.«

Es gehört zur Unheimlichkeit dieses Lasters, daß es sich die hellste Stunde, den Zenit der Sonne aussucht, um sich beim Menschen einzunisten. Anders als Neid oder Geiz versteckt es sich nicht hinter schielenden Augen oder in geheimen Kammern, es sucht keinen Schutz im Dunklen oder schleicht sich ein in das Gemüt des Menschen über nächtliche Träume. Vielmehr wählt es eine andere Tarnung. Es ist ein Mangel, mit dem die Acedia ihre verwerflichen Absichten schützt. Im letzten nämlich fehlt es der Trägheit am Willen – also offenkundig auch am bösen Willen. Solange dieser Wüstendämon keinen Antrieb erkennen läßt und im Nichtstun seine höchste Befriedigung findet, scheint er, wenn überhaupt mit etwas, allenfalls mit bemerkenswerter Harmlosigkeit begabt zu sein. Die Acedia hat keinen Anlaß, sich wie die anderen Todsünden zu verstecken. Ihre Camouflage ist perfekt.

Warum also diese Furcht vor ihr, woher rührt der große Respekt der frühen Theologen vor diesem Laster, wenn es sich nicht anders darstellt denn als Gelassenheit und Duldsamkeit? Obwohl nichts an ihre gewaltigen zerstörerischen Kräfte gemahnt, haben die Moralwächter stets geahnt, daß die Harmlosigkeit der Trägheit eine trügerische ist. Im Gegenteil. Das, was vorgibt, niemandem etwas zuleide tun zu können, ist in Wahrheit die Essenz alles böswilligen Tuns, die Anti- und Untat schlechthin, die Vernichtung alles Tuns, des guten wie schlechten. Es ist die Aufhebung jeder Art von geforderten Handlung in der größten aller Müdigkeiten, der unendlichen Lebensmüdigkeit. Das Wort »Untat« muß hier in seiner präzisen Bedeutung gebraucht werden. Nicht die Kraft, mit der niederträchtige Neigungen sich gemeinhin Ausdruck verschaffen, kennzeichnet diese Verfehlung menschlicher Existenz, sondern eine nihilistische Abart der Ruhe, der Verlust jeder Form von Initiative. Die Faulheit sei »das Kopfpolster des Satans«, hieß es im Mittelalter. Und so zielt diese Sünde in der Tat auf die Zerstörung jeder Bewegung, noch der kleinsten Regung, die in der Absicht geschieht, etwas nachhaltig zu verändern. Sie ist die Sünde wider den menschlichen Geist, der das Leben entschlußfreudig, neugierig und umtriebig macht. Allen unverfänglichen Benennungen dieser Daseinsträgheit zum Trotz – ob Müßiggang, Willensschwäche oder Gleichgültigkeit –, muß sie als die gefährlichste unter den Widersachern der Tugend angesehen werden.

Die einzige Regung der Trägheit ist das wiederholte Gähnen. Der Mund öffnet sich und verzerrt die Gesichtszüge zur desinteressierten Grimasse, er ist weder aufgerissen vor Erschrecken noch aufgetan aus Erstaunen. Kaum etwas ist dem Trägen fremder als die Überraschung, als die Freude am Erfinden und Gefundenen, als die Fähigkeit, sich zu wundern. Das Gähnen des entschlußlosen Menschen ist eine Öffnung ins Nichts. Er gähnt aus grenzenlosem Mangel, einem Mangel weniger an Sauerstoff denn an Lust, an Leidenschaft, an Energie und Wachsamkeit. Als ob die scharf umgrenzte Zahnhöhle das gestaltlose Vakuum nur noch deutlicher machen wollte, das sich in der Trägheit manifestiert, vermittelt das Gähnen den Eindruck eines Abschieds von allen Ansprüchen, Aufgeregtheiten, Anforderungen; die Augen schließen sich und wenden sich ab von Mensch und Welt.

Den äußeren Anzeichen nach ist die Trägheit die vielleicht schlichteste unter den menschenverachtenden Leidenschaften; ihr fehlt das Heroische des Hochmuts, die Klarheit des Zorns, die Wildheit der Wollust. Sie ist, in manchen ihrer Erscheinungsformen, einfach banal. Daß die Mönchsliteratur immer wieder vor allem vor dem arglosen Antlitz der Acedia gewarnt hat, hinter dem sich mehr verberge als eine milde Form der Unterlassung, hat mit dieser Untertreibung in betrügerischer Absicht zu tun. Mehr als alle anderen Verfehlungen führt das Laster der Trägheit den

Menschen an den Rand seiner Abgründe. Die Laxheit seiner Erscheinungsweise bemäntelt dabei nur, wie unterschiedlich die Tiefendimensionen dieser Sünde ausgeprägt sind. Wer sie verstehen will, wird gut daran tun, zunächst die Warnungen der einsamen Wüstenbewohner zu hören, die zuerst über diese seltsame Form der Ansteckung durch den Mittagsdämon geschrieben haben. Diese passionierten Asketen waren mit dem Dasein inniger befreundet, als es der zeitgenössische Mensch gewöhnlich annimmt, und klug genug vorwegzunehmen, was unter den Titeln der Frustration, der Melancholie oder Depression heute zu den finstersten Eigenschaften der Seelendynamik gezählt wird.

Schon der eigenwillige Name »Acedia«, die latinisierte Version aus der griechischen Verneinung des Worts für Sorge, zeigt an, daß hier eine besondere Form der Unbekümmertheit angesprochen ist, eine Gelassenheit, die zwiespältige Züge aufweist und die nicht leicht und ohne Bedeutungsverluste zu übertragen ist in Wörter aus der alltäglichen Erfahrungswelt. Sie besitzt eine verlockende und eine abstoßende Seite und war wegen dieser ihrer Janusköpfigkeit für den meditierenden Mönch gefährlich. Wie nämlich sollte der nicht angezogen werden von der Sorglosigkeit, zu der schon das Testament aufruft und die eine geradezu weise Leichtigkeit im Umgang mit den mühseligen Aspekten der monastischen Existenz verspricht? Das eremitische Leben ist erfüllt von der Sehnsucht nach innerer Ruhe und dem Frieden im Streit aller Leidenschaften. Über dieses fortwährende Streben nach Muße aber schleicht sich ein, was Johannes Cassian die »geistige Unfruchtbarkeit« genannt hat. »Von unserer Nachlässigkeit kommt sie, wenn wir aus eigener Schuld zuvor in Lauigkeit fielen, uns unvorsichtig und zu bequem verhielten und mit Feigheit und Trägheit schädlichen Gedanken hingaben und so auf dem Erdreich unseres Herzens Dornen und Disteln sprossen ließen.« Verführt von der Aussicht auf Entlastung, gibt der Mönch die nötige Mühe um das eigene Dasein auf. Sein Geist fühlt sich müde, das Lesen des heiligen Textes bereitet ihm Beschwernis, die Gedanken an Gott werden unstet – er schweift ab und verliert das Gefühl für die Bedeutsamkeit von Zeit und Ort.

Acedia, die Sünde der Trägheit, ist also mehr als das, was das Sprichwort vom Müßiggang meint, der aller Laster Anfang sei. Sie umfaßt zwar Phänomene wie die Faulheit und ist später auch für einige Zeit zum Begriff des bürgerlichen Erwerbslebens mutiert. Im kapitalistischen Arbeitsethos, das von Mußelosigkeit und dauerhafter Unruhe getragen ist, hat wohlwollend Beachtung gefunden und als religiöse Sanktionierung der fleißigen Arbeiter- und Angestelltenexistenz gegolten, daß die Trägheit als Sünde klassifiziert wird. Noch in der Nachfolge Sombarts ist die Acedia als »Leimsiederhaftigkeit« übersetzt worden, als Mangel an Verdienstwillen und Erfolgsbewußtsein. Doch der eilfertige Unternehmergeist, voller Freude über eine scheinbare Verwandtschaft zwischen moraltheologischen Fingerzeigen und dem Laster der Langsamkeit im Produktionsprozeß, hat sich auf ein Folgephänomen der Acedia gestützt und deren Wirkungen fälschlicherweise für die Sache selbst gehalten. Die Trägheit, von der seit jeher im Frevelkatalog die Rede ist, wird nämlich nicht durch den Arbeitsfleiß aufgehoben. Das Gegenteil von Acedia, wie sie die Mönche und mittelalterlichen Gelehrten erfuhren und definierten, ist vielmehr eine Form des Muts, der Selbstachtung, der beglückenden Entdeckung, nicht nur wertvoll zu sein für andere, sondern eine Würde bei sich selbst zu besitzen. Von diesem Laster ist frei, wer sich selbst bejaht und über diese Akzeptanz auch zur Welt Zustimmung gefunden hat, im letzten gar, so wollen es die geistlichen Lehrer der monastischen Einsiedler, zu Gott.

Hingegen versinkt der von der Acedia befallene Mensch in eine Niedergeschlagenheit, die aussichtslos zu sein scheint, der sich nichts Erhebendes beigesellt. Er glaubt, daß sie unendlich währt und verweilt in dieser Stimmung ohne Hoffnung, jemals aus ihr befreit zu werden. Vielleicht kommt das, was Martin Heidegger den »Lastcharakter des Daseins« genannt hat, der Acedia am nächsten, wobei das Bedrückende nicht die Last des Seins ist, sondern der beanspruchende Gott. So zumindest haben es die Wüsteneinsiedler behauptet, und mancher spätere Theoretiker der Trägheit auch. Sie teilen alle eine eigentümliche Tendenz der Acedia zur Verdichtung mit, einen Hang – nicht, sich auszubreiten, sondern – von der Peripherie her ins Zentrum vorzurücken. Am Anfang steht immer ein leiser Überdruß, ein kaum merkliches Gefühl der Indifferenz gegenüber den Dingen, mit denen man sich umgibt. Trotz der Schönheit des Orts oder des Werts erworbener Ware schwinden der Wille zur Anschauung und der Besitzerstolz. Diese Gleichgültigkeit ergreift in einer zweiten Phase dann das Verhältnis zu Menschen, zur Zeit, die man mit ihnen teilt, zu der Nähe, die sie zulassen, und verschärft sich schließlich dort, wo sie das eigene Selbstvertrauen benagt. »Der in der acedia befangene Mensch hat weder den Mut noch den Willen, so groß zu sein, wie er wirklich ist. Er möchte lieber weniger groß sein, um sich so der Verpflichtung der Größe zu entziehen. Die acedia ist eine pervertierte Demut.« In der falschen Bescheidung, vermerkt Josef Pieper, der philosophische Tugendlehrer des zwanzigsten Jahrhunderts, hat es diese so schwer zu fassende Art der Verfehlung endgültig geschafft, Einlaß zu finden in den Kern des menschlichen Selbstvertrauens. Indem sie das Lassen als den höheren Verhaltensbegriff gegenüber dem Tun herausstellt und dort implementiert, wo ein entschlossener Einsatz, eine lebenslange Bemühung unbedingt verlangt wäre, betrügt sie den Menschen um das Potential seiner eigenen Möglichkeiten. Hier, im Zentrum des Ich, vergiftet die Acedia das gesamte Arsenal an Antrieben, an Motiven, sich zu entwickeln, und lähmt jeden Versuch, aus dieser tödlichen Starre auszubrechen, im Ansatz.

Mehr als ein Affekt hat die Acedia durch ihren Hang, im Inneren des Selbst sich einzugraben, den Charakter einer letzten Entscheidung. Sie ist Verweigerung, und in dieser Abwehrhaltung repräsentiert sie, wie keine ihrer verwandten Todsünden deren spezifisches Kennzeichen: Die Trägheit des Herzens ist eine Flucht vor Gott, der den Menschen auffordert, sich und seine Talente sinnvoll zu bearbeiten. Auch im Nichtstun steckt eine Verweigerung, sofern man annimmt, daß jedes Leben eine ihm eigene Aufgabe zu bewältigen hat, daß es einem Sollen unterstellt ist, das es dauerhaft provoziert, über sich selbst hinauszuwachsen. Wer den Menschen als ein Wesen begreift, das nur dadurch es selbst sein kann, daß es mehr sein will, als es selbst ist, der wird im Lassen eine Unterlassung entdecken, die kaum noch fahrlässig genannt zu werden verdient. Der Kampf der frühen Mönchstheologen wider die Acedia, die Auseinandersetzung der mittelalterlichen wie der modernen Gottesgelehrten mit diesem deprimierenden Phänomen ist in Wahrheit ein Streit um den Rang des Menschen in der Hierarchie der Geschöpfe. Das, was sie in der Acedia immer vermuteten, ist deren Tendenz zur Degradierung, einer freiwilligen und unnötigen Zurücknahme verliehener Fähigkeiten. »Der Überdruß, die Acedia, ist Trauer über das geistige Gut, sofern es ein göttliches Gut ist«, formuliert Thomas von Aquin knapp und mit der Eindeutigkeit eines Eingeweihten in die religiösen Geheimnisse, der sie ein für allemal in summa ausspricht. Der Frevel der Trägheit macht den Menschen zu einem transzendentalen Taugenichts, zum Versager vor den eigenen Begabungen, in denen der Anspruch niedergelegt ist, sie einzusetzen zum Nutzen für sich selbst, zum Wohl derer, die ihrer bedürfen, und in allem zur größeren Ehre Gottes.

Es gehört zu den dunklen Rätseln dieses Ursprungs aller bösen Strebungen, daß der Mensch sich nicht einmal anstrengen muß, die Sünde zu begehen. Die Macht des Nichts, das sich in ihr ungehindert durchsetzt, ist seine Kraftlosigkeit. Alles, was sichtbar ist, sind Formen der Zurückhaltung, der Schläfrigkeit, des Versunkenseins. Man kann die Acedia in der Tat nur als willentliche, entschlossene Variante der Lebensmüdigkeit ansehen, wenn man ihr einen Horizont vorhält, der den Menschen begreift als ein Geschöpf, das sich auseinandersetzen muß, mit sich selbst und mit Forderungen, die von außen kommen. Erst wenn dieser Anspruchshintergrund deutlich wird, erscheint die Passivität der

Trägheit als eine trotzige Variante der Faulheit. Alles kommt darauf an, daß diese dialogische Situation vorausgesetzt wird, ein Spiel von Frage und Antwort, Aufruf und Anmaßung, Weisung und Verweigerung, in das Menschen verstrickt sind, um menschlich zu werden. Nicht ohne Grund hat daher Sören Kierkegaard, der moderne Experte der Acedia, in der ihm eigenen Freude an abstrakten Gedankengirlanden seinen Traktat über die Verzweiflung, »Die Krankheit zum Tode«, mit einer Reflexion auf die Struktur des Selbst begonnen, in der die Vielfalt jener Ansprüche gefaßt ist, die an einen Menschen gerichtet sind: »Der Mensch ist Geist. Was aber ist Geist? Geist ist das Selbst. Was aber ist das Selbst? Das Selbst ist ein Verhältnis, das sich zu sich selbst verhält, oder ist das an dem Verhältnisse, daß das Verhältnis sich zu sich selbst verhält... Ist das Verhältnis, das sich zu sich selbst verhält, durch ein Andres gesetzt, so ist das Verhältnis freilich das Dritte, aber dies Verhältnis, dies Dritte... verhält sich zu demjenigen, welches das ganze Verhältnis gesetzt hat.« Der dänische Denker der Existenz hat gesehen, daß eine Abhandlung über die tödliche Lähmung der menschlichen Erhaltungs- und Entwicklungskräfte durch die Verzweiflung nie in allen Dimensionen ihrer Zerstörungswut geschildert werden könnte, wenn nicht deutlich gemacht wird, wogegen die düstere Ausweglosigkeit, das Verharren in der Trägheit aufbegehrt.

Denn im tiefsten ist die Acedia eine aggressive Form der Undankbarkeit. Sie verachtet die noch unfertigen Geschenke der Natur und des Himmels, die einem wie ein biographischer Bauauftrag in die Wiege gelegt worden sind, begreift sie nicht als stete Herausforderung, mit ihnen und an ihnen zu wachsen. Das Unterlassen, der Kleinmut, die Geringschätzigkeit im Denken angesichts der mannigfachen Möglichkeiten, die ein einzelnes, kleines Leben in sich versammelt, deutet die theologische Tradition als Zweifel an der göttlichen Aufforderung, der Mensch möge sich selbst erheben. Die Trägheit ist das Gegenstück zur Sünde des Hochmuts. Gleich wie dort der Mensch sich selbst übernimmt und das ihm gesetzte Maß überschreitet, so unterbietet er im Überdruß seine Begabung zum Menschsein. Träge ist der Mensch, der sich verweigert, er selbst sein zu wollen, weil er so zeigt, daß er nicht sein will, wie Gott ihn will. Er gibt sich dem hin, was Kierkegaard die »Verzweiflung der Schwachheit« genannt hat, die, auch wenn sie als reine Passivität erlebt wird, nicht ohne Trotz ist. Denn faktisch begehrt sie auf gegen den dauernden Anruf an das Ich, sich entschlossen anzunehmen. Das Kardinallaster der Trägheit ist der Inbegriff der Mutlosigkeit eines von seiner Bestimmung abgeirrten Menschen, der sich der eigenen Schwere überläßt und darin sich von seinem Daseinsziel, ja von jeder Zielstrebigkeit und Anstrengung abwendet. Das Mindeste, was jedem Leben als die ihm angemessene Aufgabe zugewiesen ist – die Selbstsuche –, erfüllt es mit Aussicht auf Erfolg, wenn es sich der Beziehungen bewußt wird, innerhalb deren es sich orientiert: dem Verhältnis zur Arbeit und zur eigenen Vergangenheit, zu Freunden, zur Natur, zu Tag oder Nacht.

In einem der »Denkbilder«, die Walter Benjamin entwickelt hat, beschreibt er unter dem Titel »Kurze Schatten«, warum die Acedia, der Mittagsdämon, die Erkenntnis des Ich behindert, die über die Wahrnehmung seiner Weltverhältnisse gelingen soll. »Wenn es gegen Mittag geht, sind die Schatten nur noch die schwarzen, scharfen Ränder am Fuß der Dinge und in Bereitschaft, lautlos, unversehens, in ihren Bau, in ihr Geheimnis sich zurückzuziehen. Dann ist, in ihrer gedrängten, geduckten Fülle, die Stunde Zarathustras gekommen, des Denkers im ›Lebensmittag‹, im ›Sommergarten‹. Denn die Erkenntnis umreißt wie die Sonne auf der Höhe ihrer Bahn die Dinge am strengsten.« Das Bild weist auf die Paradoxie einer Grenzsituation. Gerade das Licht, nach dem die Vernunft strebt und das sie über die Aufklärung zur Metapher ihrer stärksten Bemühungen gewählt hat, dieses Licht läßt die Erkenntnis dort versagen, wo sie am ehesten erwartet wird. In der gleißenden Helle der Mittagssonne wird die Wahrnehmung der Dinge verdunkelt. Vor lauter Sichtbarkeit wird das

Hinsehen eingeschränkt; die Gegenstände, fast schattenlos, erscheinen in ihrer markantesten Kontur unwirklich. Mit dem Verschwinden des Schattens geht auch das Symbol für die Realitätsdichte der Dinge verloren, durch welche die Sonne nicht dringen kann. Als ob der Mensch von nichts umgeben ist als von Gespenstern während der Stunde der Mittagsglut, kommt ihm aus den Verhältnissen, in denen er sich bewegt, scheinbar nichts Menschliches mehr entgegen. Seinem Suchen nach sich im anderen antworten die Gegenstände nicht wiederum mit Ausdruck, sondern mit dem Ausdruck des Ausdruckslosen. Nichts scheint mehr beseelt zu sein, nirgendwo drängt sich etwas Gesichtsähnliches auf. Die Dinge wirken in der heißen Mittagssonne wie zu Säulen erstarrt und glotzen stumpf vor sich hin. Überall herrscht Stagnation. Die Zeit kommt demjenigen, der von diesem Dämon heimgesucht wird, vor, als ziehe sie im Gleichmaß dahin, und in ihm keimt, wie der letzte Rest eines einst kraftvollen Aufbegehrens, der Ekel vor dem Ort auf.

Wo die Zeit unwesentlich und der Raum unbedeutend wird, verliert sich das Selbst. Doch dieser Selbstverlust ist kein lustvoller wie in der Liebe; im Gegenteil: Er ist gesteuert von einem Haß, der sich zuletzt gegen das eigene Leben richtet, weil er in der Welt keinen Ansprechpartner, sondern nur noch ausdruckslose Erscheinungen gefunden hat. Es ist ein gebrochener Haß, eine Verachtung, die sich erinnert an Augenblicke des lebendigen Dialogs mit Menschen und Dingen und in dieser Reminiszenz eine ermattete Empörung aufbewahrt hat: die Sehnsucht. Anton Kuh, der Wiener Kaffeehaus-Literat, der wie viele seiner Berufsgenossen von der Verdrossenheit angekränkelt war, rettet sich vor dieser Selbstvergiftung in die Kraft des Aphorismus: »Was ist Melancholie? Heimweh nach sich selber.«

Der Verlust ist die entscheidende Erfahrung der Acedia. Er wird als totaler erlebt, der alle Dimensionen der Existenz berührt. Wer im Trübsinn verharrt, kann den Anreizen seiner Welt nichts mehr abgewinnen, noch findet er ein vertrautes und vor allem lebendiges

Verhältnis zum Ich. Im Zustand der Trostlosigkeit stagnieren alle Handlungen, die eine Erweiterung des Interessens- oder Machthorizontes zum Ziel haben, Erwartungen an das eigene Lebensumfeld verfallen, jede freundliche Geste, jedes Zeichen der Zuneigung wird mißtrauisch beäugt, über alles zieht sich ein schwerer Schleier der Trauer. Der Überdruß entfernt mich von meiner Welt und vermittelt mir in der Begegnung mit dem eigenen Ich nichts als unendliche Leere. »Jedes Lächeln verbirgt immer nur das Gähnen der Langeweile, jede Freude einen Fluch, jeder Genuß den Ekel, der ihm unvermeidlich folgt.« Und am Ende, so heißt es bei Flaubert, verzehrt sich Madame Bovary, vergeblich natürlich, nach den Göttern. Denn sie hatte das Unmögliche begehrt, Dichterherz und Engelskörper, Schwärmer und Sänger in einem, einen Mann, der begeisterungsfähig ist und liebeserfahren, stark, schön und tapfer zugleich. Der Weltschmerz, der sich schließlich einstellt, ist das Resultat eines Sehnens, das von vornherein weiß, daß es umsonst ist. Warum sich noch aufbäumen gegen das ohnehin definitiv gefällte Urteil, daß Menschen nicht geschaffen sind, sich selbst zu Göttern zu machen – und wenn dem so ist, warum sollten sie sich dann damit noch abmühen, Menschen zu sein? Die Acedia ist der Reflex auf die nachparadiesische Situation schlechthin. Aus der im Mythos plastisch gewordenen Vorstellung eines anderen Lebensverständnisses schöpft sie nicht die Kraft, sich ihm anzunähern, sie mißt nicht den Weg, den Menschen zurücklegen können, indem sie sich weiterentwickeln in der Aufgabe, die sie mit sich selbst gestellt bekommen haben. Sie nimmt vielmehr den Abstand wahr, der zum Idealbild, zum Wunschzustand noch zu überwinden wäre und der bis zum letzten nicht überbrückt werden kann. Aus dieser endgültigen Distanz leitet sie ihr Verharren, ihre Mut- und Teilnahmslosigkeit ab. Allenfalls bleibt ein Heimweh, wie es der Weggefährte und Gegner von Karl Kraus, Anton Kuh, notiert hat. Doch der Stachel schmerzt, je tiefer ein Mensch in den Abgrund des Trübsinns gefallen ist, immer weniger.

Das moderne Wort für Acedia ist Melancholie. Es versucht das

Phänomen in all seinen galligen Schattierungen zu erfassen, ohne daß eine Geschichte bemüht werden müßte, in der ein Totalverlust, die Negation Gottes, eine Rolle spielt. Kierkegaard war wohl der letzte unter den leidenschaftlichen Interpreten der modernen Existenz, der den Versuch unternahm, zwischen der Schwermut und der Herzensträgheit, zwischen medizinischem Erscheinungsbild und der Ungeheuerlichkeit eines metaphysischen Mangels begrifflich zu vermitteln. Über die gewaltige Schwierigkeit dieses Unterfangens war er sich im klaren und hat mit der Hilfe von verschiedenen Pseudonymen, denen unterschiedliche Geisteshaltungen zugeordnet wurden, versucht, das noch einmal in einem einheitlichen Text ins Gespräch zu bringen, was sich über einen Zeitraum von mehreren Jahrhunderten längst voneinander wegbewegt hatte. In seiner listigen Streitschrift »Entweder-Oder« skizziert er Nero, den unglückseligen römischen Kaiser, als Prototyp eines schwermütigen Menschen. Die Schwermut, sagt er, sei die Krankheit »unserer Zeit«. Sie erklinge noch in ihrem leichtsinnigen Lachen, sie habe uns den Mut geraubt zu befehlen und zu gehorchen, die Kraft zu handeln, die Zuversicht zu hoffen. Und Kierkegaard vergißt nicht darauf hinzuweisen, daß er sich in seiner Deutung dieser lastenden Geistesschwäche an eine ältere Kirchenlehre anschließt, welche die Schwermut zu den Kardinalsünden zählte. »Es liegt etwas Unerklärliches in der Schwermut. Wer Leid oder Kummer hat, weiß, weshalb er traurig oder bekümmert ist. Fragt man einen Schwermütigen, was der Grund seiner Schwermut sei, was als Last auf ihn drücke, so wird er antworten: ich weiß es nicht, ich kann es nicht erklären. Darin liegt die Unendlichkeit der Schwermut. Jene Antwort ist durchaus richtig; denn sobald der Mensch den Grund weiß, ist die Schwermut behoben. Dahingegen ist bei dem Trauernden das Leid ganz und gar nicht damit behoben, daß er weiß, weshalb er Leid trägt. Indes Schwermut ist Sünde, ist eigentlich eine Sünde instar omnium, denn es ist die Sünde, nicht tief und innerlich zu wollen, und dies ist eine Mutter aller Sünden.«

Man mag Kierkegaards Ausführungen wie eine engagierte Predigt wider die Dunkelheit und Unbegreifbarkeit der Acedia lesen, deren klassisch-theologisches Verständnis in jedem seiner Sätze noch hervorscheint, auch wenn sein Optimismus, daß die Erkenntnis heile, von den frühen Denkern des Lasters nicht so geteilt wurde, wie er später in der Psychoanalyse zum zentralen Credo erhoben worden ist. Im finsteren Grübeln des Schwermütigen entdeckt der Kopenhagener Philosoph eine feige Lust, sich im Leeren zu betäuben, ja, kennzeichnet diese Betäubung als eine letzte Zerstreuung. Wieder macht sich die Paradoxie des Phänomens bemerkbar: Die Schwermut scheint zwar voller Geheimnis und unerklärlich, aber sie ist das Resultat einer Handlung; sie negiert wiederum alle Aktion, doch wird sie als Leidenschaft identifiziert; sie ist die Folge von Gottesferne, wird als Haß auf seine Menschenliebe verstanden und als Unglauben, sie wirft also den von ihr Ergriffenen auf seine Weltlichkeit zurück, gleichzeitig aber stellt sie den Inbegriff des Weltverlustes und der Ichverlorenheit dar. Über ihre vielen höchst unterschiedlichen Spielarten gelingt es der Acedia, sich dem finalen intellektuellen Zugriff zu entziehen. Wer meint, sie in der Definition des einen Erscheinungsbildes gefangen zu haben, muß sich nicht wundern, wenn er ihr in anderer Weise und an anderer Stelle wiederbegegnet. Von Anfang an hat daher immer wieder als wesentlicher Antrieb, sich mit der Trägheit zu beschäftigen, gegolten, daß man ihr das düstere Geheimnis entreißt, sie dingfest macht, und bei allem Mühen blieb wohl als elementare Erfahrung, wie schwer das ist, ja, daß es unmöglich zu sein scheint. Ob die Acedia doch nichts anderes ist als das Böse selbst?

Möglicherweise war Augustinus der erste, der über der Feststellung der Erscheinungsformen die Abgründigkeit der Trägheit ein für allemal aufhellen und entschärfen wollte. »Also nichts Unfaßliches ist es, teils zu wollen, teils nicht zu wollen, sondern eine Unpäßlichkeit der Seele, weil sie nicht ganz sich aufrichtet, zwar gehoben vom erkannten Wahren, aber mehr noch hinabgedrückt von der Last der Gewohnheit.« In der Zwiegespaltenheit des Willens erkennt er die Schwäche des Menschen, seine Hilflosigkeit und geringe Macht. Aber er geht noch weiter. Der Kampf, den die beiden widerstreitenden Willen austragen, ist gelenkt von zwei Kräften, die um die Seele des Menschen ringen, einer guten und einer bösen. Augustinus, der einst der Sekte der Manichäer anhing, nimmt mit dieser Erklärung ein altes gnostisches Motiv auf. Es dient ihm, die Trägheit zu beschreiben – sie wendet den Blick des Menschen ab von der Liebe Gottes – und deren Unheimlichkeit zu entzaubern. Die Auseinandersetzung um das Herz des Menschen, wie sie der Kirchenlehrer in seinen »Bekenntnissen« schildert, stellt einen Miniaturmythos dar, der dem Homo acediosus, dem vom Trübsinn belasteten Menschen, mit einer Deutung zu Hilfe eilt. Wenn man schon nicht weiß, wie man sich aus der Trostlosigkeit befreien kann, so nutzt es wenigstens zu wissen, was sich im Inneren abspielt.

Mit dem Hinweis, es könnte sich um eine »Unpäßlichkeit«, eine Seelenkrankheit handeln, hat Augustinus das Feld absichtslos erweitert, auf dem über die Acedia spekuliert werden konnte. Es waren plötzlich Wege geöffnet, die sie nicht mehr allein in den engen Rahmen theologischer Begrifflichkeit zwangen und in ihr nur einen tiefen Schmerz erkannten, der den Menschen in seiner Kreatürlichkeit erfrieren ließ, wie es noch die Vorstellungswelt von Dantes »Göttlicher Komödie« nahelegt, wo im Höllenkreis der Acedia eisige Kälte herrscht. Gerade an der augustinischen Zerrissenheit des Willens knüpfte eine andere Tradition an, die in der griechischen Medizin und Philosophie wurzelt und die mit den Erscheinungsformen der Trägheit wohlbekannt war. Auch sie wußte etwas von der Lähmung, der bleiernen Schwere, die wie die Gravitationskraft alles hinabzieht, wenn einem die Möglichkeiten, sich zu entscheiden, aus der Hand genommen zu sein scheinen. In der Melancholie, welche die Acedia als Namen für die Herzensträgheit immer mehr ablöste, werden zwar keine metaphysischen Besorgnisse ausgesprochen; dennoch begnügt sich auch deren Erscheinungsbild nicht mit kleinen Symptomen, sondern wählt seit jeher das große Szenario: das Leiden an der Welt. Die Melancholie berührte zwar nicht immer die Deutung der Acedia als der schlimmsten aller Sünden. Meistens lief sie neben ihr her, fast in paralleler Formation. So konnten die Mönchstheologen oder Thomas von Aquin durchaus noch die teuflischen Quellen des Überdrusses ausloten, ohne sich von ärztlichen Ratschlägen beeinflussen zu lassen, die dem Befund der Schwermut galten. Aber die Melancholie und ihre Begleiterscheinungen drängten sich dort auf, mit der Acedia anfangs gleichgesetzt zu werden und sie später zu ersetzen, wo sich nicht mehr vermitteln ließ, was es heißt, sich gegen die Zuneigung eines Gottes zu wehren, indem man sich vor ihr verschließt. Aus der Frage, ob es sich lohne, für Gott zu leben, die noch der Einsiedler in der Wüste stellte, wenn ihn der Mittagsdämon befiel, wurde schließlich der Zweifel, ob es sich überhaupt lohne zu leben.

Eine Schwellenzeit, die Renaissance, die sich in vielem auf das vertraute Material mittelalterlichen Gedankenguts stützte, obwohl ihr Pathos die Menschen längst nach vorn stürmen ließ in eine neue Phase der Bewußtwerdung, schaffte die Voraussetzungen dafür, daß die Acedia durch die Melancholie ersetzt wurde und allenfalls noch deren dämonische Seite zu erklären half. Unterschiedliche Prägungen – wie die religiöse Bedeutung der Schläfrigkeit in der Mittagshitze, die sich als Lebensstimmung ausbreitet, oder die medizinischen Erfahrungen mit der Schwarzgalligkeit – haben es nicht verhindert, daß beide Ausdrucksformen, die von Schuld und Krankheit, vermischt wurden. Spätestens als Petrarca, »vielleicht der erste Repräsentant des Menschentypus, der sich bewußt als Genie erlebt«, wie es Klibansky und Panofsky in ihrem Jahrhundertwerk über »Saturn und Melancholie« formulieren, als also der Renaissance-Poet, sich auf Augustinus berufend, die Melancholie synonym mit der Acedia gebraucht, ist der Begriffsbund zwischen beiden geschlossen. Die Sache ist dadurch allerdings nicht einfacher geworden. Denn durch die Verknüpfung zwischen dem überkommenen Kardinallaster und der rätselhaften Lähmung psychischer Dynamik ist die Todsünde der Trägheit noch um einen zusätzlichen Aspekt bereichert worden, der angesichts der ohnehin schon schwer faßbaren Gestalt dieser Verfehlung nur wenig dazu beigetragen hat, ihre Konturen zu schärfen. Das neue humanistische Bewußtsein, das sich in Petrarca einen hohen Repräsentanten ausgesucht hat, zog nämlich seine Begeisterung für sich selbst aus einem Zwiespalt: aus dem Taumeln zwischen einer bis zur Hybris gesteigerten Selbstbejahung und dem in tiefste Verzweiflung hinabreichenden Selbstzweifel. Petrarca konnte fast in einem Atemzug ekstatisch jubeln und über die schier göttlichen Kräfte der poetischen Seele triumphierend schreiben und dennoch das ganze Leben in Dunkelheit gehüllt sehen. Zwischen leerer Depression, dumpfer Zerknirschung und furioser Feier des dichterischen Genies liegt hier nicht einmal mehr ein minimaler Abstand. Es ist ein und derselbe Verstand, ein und dieselbe Psyche, ein und derselbe Körper, die hin- und hergerissen sind von zwei mächtigen Leidenschaften, die differenter kaum noch sein können. In der Folge konnte also ein melancholischer, von dem Gefühl der Trostlosigkeit ergriffener Mensch immer auch als hochbegabt und -begnadet gelten. Mit dem Manko der Schwermut bezahlte er nur den Preis für die außergewöhnlichen Talente seines Lebens.

Woher aber plötzlich die Bejahung? Hatte nicht die Trägheit als der Inbegriff aller Negation gegolten? Als Verneinung Gottes, Weltabgewandtheit und zuletzt auch Selbstvernichtung? Man muß weit zurückschauen in die Anfänge der Denkgeschichte, um den Ursprung einer Vorstellung zu ergründen, die der Melancholie nicht nur anhaltende Angstzustände und Depressionen zumaß, sondern auch Zeichen von überragenden Charakterqualitäten. In einem Fragment, das Aristoteles zugeschrieben wird, erörtert der Vater scholastischer Spekulation die Frage, wieso die Düsternis der Seele eine Krankheit von Heroen sei. »Warum sind alle hervorragenden Männer, ob Philosophen, Staatsmänner, Dichter oder Künstler, offenbar Melancholiker gewesen?« Das Problem, eine

Art »Monographie der schwarzen Galle«, wird über den Zustand der Körperflüssigkeiten im Menschen beantwortet. Für den Trübsinn wird der Gallensaft verantwortlich gemacht, der zwar in jedem Organismus ausgeschüttet wird, aber durch Erhitzung, Ernährung oder durch seine konstitutionell bedingte Quantität zu depressiven Störungen führen kann. Es gibt, so der kleine Traktat, eben sporadische melancholische Anfälle, die auf äußere Einwirkungen zurückzuführen sind, und Melancholiker von Natur aus. Nun ist aber die schwarze Galle charakterbildend und besitzt somit eine Eigenschaft, welche den anderen Körperflüssigkeiten nicht zukommt. Ihre Fähigkeit, die menschliche Seele zu irritieren, ist enorm; sie vermag Wirkungen zu erzeugen, die man allenfalls noch dem Wein zutraut. Wer von Geburt an mit einer hohen Konzentration und Menge der schwarzen Galle bedacht ist, wird später in außergewöhnliche psychische Lagen versetzt werden. Erst die schwarze Galle zeichnet den Menschen aus und läßt ihn über die »Vielen« herausragen.

Die Erörterungen dieses Fragments fanden Eingang in eine Reihe nachfolgender Theorien. Cicero, Plutarch, Melanchthon – sie alle haben sich auf diesen Text und einige andere griechische Zeugnisse berufen, die einen engen, ja schicksalhaften Zusammenhang zwischen dem unglücklichen Gemüt und der Außergewöhnlichkeit großer Männer herstellten, eine Verbindung, die noch heute ihren trivialen Restbestand besitzt im Zusammenklang von Genie und Faulheit. An hervorragenden Menschen meinte man fast immer die Symptome der Melancholie, der Trägheit, des Weltschmerzes zu entdecken, und umgekehrt ließ sich mit Blick auf die Sätze aus den aristotelischen »Problemata« leichter folgern, daß nicht jede Verdrossenheit gleich satanischen Ursprungs sein mußte, wie es der Kirchenreformator Luther mit der ihm eigenen drastischen Unbekümmertheit sagte: »Wo ein melancholisch und schwermütiger Kopf ist, da hat der Teufel ein zugericht Bad.« Die Vieldeutigkeit der Schwarzgalligkeit spreizte den Begriff auf und förderte ganz unterschiedliche Verwandtschaften: Von der existentiellen Grundbedingung für Gottesferne, dem Daseinsekel ohne Hoffnung, über die bittere Prämie für exzellente Talente, vom Merkmal einer ausgewachsenen Depression, der bleischweren Langeweile, über die nichtverarbeitete Trauer reichen die verzweigten Bedeutungslinien der Melancholie bis hin zum gesellschaftlichen Phänomen, das sich aus der Vergeblichkeit und offenkundigen Ausweglosigkeit einer Gruppe im Zustand ihrer Entfremdung nährt. Nur eines blieb unklar: Wie kann daraus noch ein präzises Erscheinungsbild abgeleitet werden, geschweige denn die Todsünde der Trägheit so genau kenntlich gemacht werden, daß eine Verfehlung eindeutig identifizierbar wäre? Könnte es sein, daß im Lasterkatalog die Acedia viel zu überfrachtet ist, um sinnvoll überhaupt als eigenständiger Frevel dargestellt zu werden? Und hat sie Gregor der Große aus diesem Grund aus seiner Liste der Kardinalsünden entfernt – wohingegen die Tristitia, die Traurigkeit, ihren Platz behielt?

Es gab mannigfache Versuche einer Systematisierung. Die meisten knüpften an die hippokratische Vorstellung an, daß die menschlichen Stimmungen abhängig sind vom Zusammenspiel der Körperflüssigkeiten. So heißt es in einer spätantiken Abhandlung, deren Autor unbekannt ist: »Woher kommt es, daß manche Menschen liebenswürdig sind, lachen und scherzen, andere verdrießlich, mürrisch und niedergeschlagen, wieder andere zornig und heftig sind und zur Wut neigen, noch andere schließlich träge, unentschlossen und kleinmütig sind?« Die Ursache wird in den vier Grundsäften ausgemacht, die den Menschen durchfließen, im Blut, das für Anmut sorgt, in der gelben Galle, welche die Charaktere kühn macht, in der schwarzen Galle, die zaudernde Gestalten bildet, und im Phlegma, das für die Traurigkeit und Vergeßlichkeit verantwortlich ist. Hier sind die Grundfesten angelegt für alle Formen künftiger Charakterologie, in den Typenbezeichnungen »Sanguiniker«, »Choleriker«, »Melancholiker« oder »Phlegmatiker« sind die alten Überzeugungen von den Temperamenten der Menschen wortgetreu aufbewahrt. Aber half diese Vier-Säfte-

Theorie weiter, um zu verstehen, was es mit der Sünde der Trägheit auf sich hat, außer daß verschiedentlich von mittelalterlichen Theologen vermutet worden ist, bei der Vertreibung aus dem Gottesgarten könnte das Gleichgewicht der Körperflüssigkeiten einschneidend gestört worden sein?

Das viel stärkere Erklärungsmuster, das all die differenten und heterogenen Phänomene der Acedia und der Melancholie auf einen Nenner bringt, ist konstruiert aus Erfahrungen mit der Zeit. Die Sünde der Trägheit – ob als Verzweiflung ausgelegt, als Überdruß wahrgenommen oder in der Langeweile zersetzt – läßt, nicht anders als die Melancholie, das Leben langsam werden. Der Grenzbegriff der Langsamkeit aber ist der Stillstand. Wahrscheinlich muß man die Herzensfaulheit bis in diese extreme Konsequenz verfolgen, um die nihilistische Seite zu begreifen, die diese Leidenschaft zeigt. Sie wird zu Recht die Mutter aller Todsünden genannt; denn es ist ihr auf teuflische Weise gelungen, das Tödliche selbst schon ins Leben hineinzuholen. Die Lebensausrichtung des Müßigen ist von der Maxime geleitet, vor jedem Anfang sei ein Ende gesetzt, so daß es sich überhaupt nicht lohne, auch nur irgend etwas zu beginnen. In dieser Einstellung wird jede Initiative vom Ansatz her zerstört, die unterscheidet zwischen wertvollen Augenblicken und überflüssigen Stunden, zwischen wichtigen Momenten und vertanen Gelegenheiten. Denn wo die Zeit keine Rolle mehr spielt, weil sie sich unendlich dehnt wie im Gefühl des süßen Schmerzes, dort gibt es auch keine Besonderheiten mehr. Als ob sich der Tod dafür rächte, daß er nicht ernstgenommen wird als radikale Unterbrechung des Zeitenflusses, hat er sich in das Leben des Melancholischen eingeschlichen und führt ihm vor, was es heißt und wie schrecklich es sein kann, daß die Zeit gleichmäßig dahingeht, ohne daß man jemals den Eindruck hätte, dieses zähe, monotone Gleiten könnte aufhören. Der Träge wird mit dem Ernst des Todes schon zu Lebzeiten konfrontiert. Dieser ist wie ein ständiger Begleiter präsent, der aber nicht mit dem Stundenglas in der Hand darauf hinweist, daß jede Existenz endlich ist, sondern im

Gegenteil das Gefühl vermittelt, die Zeit sei unendlich – und kann sich das erlauben, weil er längst am Ziel seiner Absichten ist. In der Trägheit wird der Tod zu einer Erfahrung. Indem er das Dasein unter das Gesetz der ewigen Dauer stellt, befestigt er seine Herrschaft über das Leben.

Es gibt ein Leiden an dem Widerspruch zwischen Endlichkeit und Unendlichkeit, das für Menschen lehrreich sein kann. Zu wissen, daß die Dinge vergehen, daß Begegnungen vorübergehend sind, daß Glück flüchtig ist, gliedert die Zeit. Thomas Mann hat daher in einem kleinen Essay ein »Lob der Vergänglichkeit« gesungen, das die Zeit als Strukturprinzip des Lebens vorstellt: »Wo nicht Vergänglichkeit ist, nicht Anfang und Ende, nicht Geburt und Tod, da ist keine Zeit, – und Zeitlosigkeit ist das stehende Nichts, so gut und so schlecht wie dieses, das absolut Uninteressante.« Der vom Mittagsdämon heimgesuchte Mensch verhält sich, als ob seine Zeit nie aufhörte. Daß sie vergeht, scheint ihn nicht zu kümmern. Was heute nicht erledigt wird, kann warten – auf morgen, nächste Woche, kommendes Jahr. Und irgendwann hat sich das Erledigen von selber erledigt. Wenn ohnehin die irdischen Güter verschwinden, den Lauf der Zeit gehen, warum sollte man sich nach ihnen überhaupt noch rühren? Die Trägheit ist das Resultat einer Resignation an der Endlichkeit des Lebens. Zwischen der Vergänglichkeit und der Vergeblichkeit wird hier eine unmittelbare Verbindung gezogen.

Daß etwas Bedeutung hat oder bekommen kann, obwohl, nein: weil es vergeht, lockt den Schwermütigen nicht. Er hat es aufgegeben, sich zu mühen. Vor die Alternative gestellt, ein absolutes Interesse an Dingen und Menschen zu besitzen, die er nicht festhalten kann, weil der Zeitstrom sie ihm entreißen wird, oder der überlieferten Vorstellung von einem Wesen zuzutrauen, daß es alles bewahrt, was unter Zeitbedingungen verschwindet, bricht er unter der Unmöglichkeit der Entscheidung ein. Weder das eine noch das andere kann er ergreifen. Den festgeschriebenen Verlust aller weltlichen Erfahrungen kann er nicht kompensieren, da ihm der Glaube an eine Rettung in ein überweltliches Dasein versagt ist. Im tiefsten hat der Melancholiker die Nichtigkeit der Welt erkannt vor dem negativen Hintergrund einer Unendlichkeit. Vor seinen Augen ist die Welt das, als was sie sub specie aeternitatis dem religiösen Denker erscheint. Doch dort, wo dieser einen lebendigen und liebenden Gott sieht, herrscht für den Trägen der Horror vacui. Der Trübsinnige hat sich von der Welt schon verabschiedet, ohne sich zu versichern, ob er anderswo unterkommt, ja, in dem Bewußtsein, daß es für diesen Verlust keinen Trost gibt. »Was ist der Mensch, wenn seiner Zeit Gewinn, sein höchstes Gut nur Schlaf und Essen sind? Ein Vieh, nichts weiter. Gewiß, der uns mit solcher Denkkraft schuf, voraus zu schaun und rückwärts gab uns nicht die Fähigkeit und göttliche Vernunft, um ungebraucht in uns zu schimmeln.« Walter Benjamin, der diesen Hamlet-Satz in seinem Buch über den Ursprung des deutschen Trauerspiels zitiert, kommentiert: »Jeder Wert war den menschlichen Handlungen genommen. Etwas Neues entstand: eine leere Welt.« Und über dieser Entleerung der Welt verarmt das Ich auf grandiose Weise.

Nicht daß der melancholische Mensch seine Sehnsüchte aufgegeben hätte, sich in die Unendlichkeit zu verlieren. Doch das unerfüllte Streben, die eigenen Grenzen zu sprengen in Raum und Zeit, wird gehemmt von einer Gegenkraft: der Erinnerung, daß dieses Verlangen von vornherein zum Scheitern verurteilt ist. Der Verdrossene ist ein Zyniker der Zeit. Mit Killerphrasen, die den Ausgang einer Unternehmung stets negativ prognostizieren, bremst er das Verlangen nach Neuem, die Freude am Experimentieren, lächelt scheinbar überlegen über Ungeduld oder Überraschungen. Ermattet von Erfahrungen, die er selber oft nicht einmal gemacht hat, kennt er das Ende jeder Regung; das Wissen über den Lauf der Welt hängt wie Bleigewichte an seinem Kopf – die im Mittelalter Melancholikern zu therapeutischen Zwecken wirklich an die Ohren und Haare geknüpft wurden, in der Hoffnung, der Seelenkranke würde sich gegen die künstliche Erdenschwere aufbäumen.

Lieber verharrt er auf der Grenze zwischen Endlichem und Unendlichem und kostet den Zwiespalt aus. Der Himmel zieht ihn nicht mehr an – er ist zu weit weg und scheint leer zu sein; die Erde reizt ihn nicht, denn in jedem Entstehen sieht er schon das Vergehen, in jedem Greifbaren vermutet er Unbegreifliches. Und sich selbst traut er nicht über den Weg nach all den Bekanntschaften, die er mit sich gemacht hat.

Nicht die Begrenzung der Welt läßt den Trägen ermüden, sondern das Gefühl des unendlichen Unbefriedigtseins. Überdrüssig ist er aller Dinge, weil nichts genügt, seine Ansprüche zu erfüllen. Seitdem sich in der Renaissance die Acedia aus der theologischen Klammer gelöst hatte und nicht mehr nur als Haß auf das Gute, als Verachtung göttlicher Liebe ausgelegt wurde, sind die Erwartungen an das irdische Dasein ins Extreme gestiegen. Von der drückenden Beanspruchung durch moralische Verpflichtungen befreit, hat der moderne Mensch die Welt mit seinen Hoffnungen belegt. Da ihm der Ausweg, Wünsche an ein transzendentes Gegenüber zu delegieren, durch sich selbst verbaut wurde, offenbarte sich die Lücke zwischen den eigenen Sehnsüchten und der Fähigkeit der Welt, sie zu sättigen, ungeschminkt. Die Trägheit ist die traurige Konsequenz einer Überforderung der endlichen Welt mit den eigenen unendlichen Ansprüchen. In der schlechten Unendlichkeit einer ins Grenzenlose gedehnten Zeit verliert der Mensch sowohl das Gespür für die Beschränkungen seines Lebens wie auch den Antrieb, sich selbst zu entwickeln. Er verbündet sich freiwillig-unfreiwillig mit dem Tod, den er als einen Partner begrüßt in trüben Aussichten. Wo auf Gott nicht mehr zu setzen ist, die Welt nicht hält, was sie verspricht, und das Ich nicht tragfähig zu sein scheint, ist das einzig zuverlässige das letzte Urteil über alles, was dem Vergehen geweiht ist. Die Sünde der Trägheit ist die Öffnung dem Tod gegenüber zu Zeiten, da er im Leben nichts verloren hat.

Wer vom Überdruß angekränkelt ist, glaubt nicht mehr daran, daß es in der Existenz eines Menschen einen günstigen Augenblick gibt, einen Kairos, in dem die entscheidenden Fragen beantwortet werden. Das Gefühl für den richtigen Moment ist ihm abhanden gekommen. Ob er zu früh oder zu spät dran ist, ist ihm gleichgültig. Diese Gleichgültigkeit ist nur auf den ersten Blick verwandt mit der Gelassenheit, welche sich aus der Überzeugung nährt, es gebe für jede verpaßte Gelegenheit noch eine zweite Chance und zu jedem Satz, der gesprochen ist, fehle noch das letzte Wort, weil in dieser Welt zwar alles endlich, aber nichts endgültig sei. Die Hoffnung auf eine spätere Entschädigung für erlittene Enttäuschungen in einer tröstenden Verheißung auf ewiges Leben hat sich verwandelt in das Erlebnis unendlicher Dauer, unerfüllten Daseins ohne Ziel. »Der Melancholiker ist zum fortwährenden Vergehen verdammt; seine Ewigkeit ist die Ewigkeit des entleerten Augenblicks«, sagt der ungarische Schriftsteller László Földényi.

Unkundig, wie man sich mit dem eigenen Los aussöhnt, indem man es auf sich nimmt oder vor ihm die Augen verschließt, blickt der Lebensmüde genau hin und sieht hinter allen Schönheiten von Natur und Kultur die Fratze der Vanitas lächeln. Da er in den Himmel nicht fliehen kann und die Erde ihm nicht gibt, was er von ihr verlangt, wird ihm das Dasein zur Hölle. Im Schwanken zwischen dem Wunsch zu sterben und dem Zweifel am Tod überhaupt angesichts der in die Länge gezogenen Zeit quält er sich mit seinem eigenen Leben. Die Seele findet im Überdruß einen masochistischen Genuß. Sie verschließt sich, verwehrt anderen den Zugang zu ihr und verteidigt die selbstgewählte Einsamkeit gegen wohlmeinende Eindringlinge.

Sigmund Freud hat im Kriegsjahr 1916 von einer Begegnung mit einem Dichter berichtet, der sich seinem Einreden gegen die Trauer über das Verschwinden aller Schönheit nicht öffnete. Bei einem Spaziergang durch eine blühende Sommerlandschaft habe der Poet zwar die farbenprächtige Natur bewundert, sich ihrer aber nicht erfreuen können. Freud war dies Anlaß, einen kleinen Passus über die Vergänglichkeit zu notieren. Dort unterscheidet er: »Wir wissen, daß von solcher Versenkung in die Hinfälligkeit alles Schönen und Vollkommenen zwei verschiedene seelische Regungen ausgehen können. Die eine führt zu dem schmerzlichen Weltüberdruß des jungen Dichters, die andere zur Auflehnung gegen die behauptete Tatsächlichkeit.« Und er fährt fort: »Auch das Schmerzliche kann wahr sein. Ich konnte mich weder entschließen, die allgemeine Vergänglichkeit zu bestreiten, noch für das Schöne und Vollkommene eine Ausnahme zu erzwingen. Aber ich bestritt dem pessimistischen Dichter, daß die Vergänglichkeit des Schönen eine Entwertung desselben mit sich bringe. Im Gegenteil, eine Wertsteigerung.« Vermutlich wird der Freud-Leser Thomas Mann diese nur wenige Seiten umfassenden Erörterungen grundgelegt haben, als er sich seinerseits dem »Lob der Vergänglichkeit« widmete und mochte sich auf alles berufen können, mit Ausnahme des psychoanalytischen Kopfschüttelns und Achselzuckens ob der Trauer über das Verblühen einer Nachtblume, wie es in dem kleinen Traktat erwähnt wird. Dem Seelenforscher bleibt die Trauer und die melancholische Trägheit, die in ihr wurzelt, ein großes Rätsel, »eines jener Phänomene, das man selbst nicht klärt, auf die man aber anderes Dunkle zurückführt«. Und die Ewigkeitsforderung an die schönen Dinge dieser Welt muß er als einen Erfolg unseres Wunschlebens gegen den Realitätssinn erklären. Daß das Verharren in der Enttäuschung über die Vergänglichkeit gerade für den Menschen mit poetischem Sinn zur lustvollen Spannungsquelle für Inspiration werden kann, ist dem Seelenkundler Freud fremd. Ihn interessiert nur, was dazu führt, daß der eine aufbegehrt gegen die Vergänglichkeit und der andere sich von ihr ermatten läßt.

Nirgendwo wird deutlicher als im Prozeß von Werden und Vergehen, daß dem Menschen Grenzen gesetzt sind, die er nicht verrücken kann. Diese unveränderbaren Schranken verlangen von ihm, daß er sich stellt. Es ist ein Zeichen angenommenen und entwickelten Menschseins, der Endgültigkeit dieses Zeitenwandels souverän zu begegnen. Sich verabschieden zu können ist einer der entscheidenden Lerninhalte, die das Leben bereithält. Die Trägheit hat sich dieser Einsicht verweigert, indem sie nicht akzeptiert, daß in dieser Welt alles, was geschieht, nicht nur mit einem Abschied endet, sondern auf ihm fußt. Denn die Geschichte menschlicher Leidenschaft, die mythische wie die individualpsychologische, erzählt schon in ihren Anfängen von radikalen Trennungen, denen Menschen ausgesetzt sind. »Abschiednehmen ist als Vorstellung und als Bild so etwas wie die Urszene des Menschen«, sagt Karl Heinz Bohrer, der am Phänomen des Abschieds eine Theorie der Trauer entwickelt hat. Es kommt nicht von ungefähr, daß das Testament mit einem Bericht einsetzt, in dem nichts anderes beschrieben ist als die Bedingungen, die zur endgültigen Scheidung geführt haben. Der Mythos vom Gottesgarten enthält die Aufforderung, mit der Endlichkeit der Welt künftig selbstverantwortet umzugehen. Nach dem Sündenfall bedeutet Menschsein, die Paradiese zu verlassen, bevor man aus ihnen vertrieben wird.

Seit dem einen offensichtlich unverwundenen Abschied, der in der Geschichte von dem elternlosen Elternpaar der Menschheit und dem menschenlosen Menschenschöpfer mythisch niedergelegt ist, erleben sich die Menschen als Wiederholungstäter. Jedes bewußte Leben hebt an mit dem Abschied von der Geborgenheit in der Mutterhöhle und mündet in das Erwachsenendasein in dem Augenblick, in dem das Schürzenbändel entschlossen durchschnitten wird. Menschengeschichten sind Trennungsgeschichten. Und es kommt alles darauf an, sollen diese Abschiede als gelungen gelten, daß die Zeit, die zurückliegt, nicht als verlorene Zeit angesehen wird. Die Todsünde der Trägheit hat mit diesem Verlust zu tun. Sie ist die Reaktion auf die Unfähigkeit, sich loszureißen von dem, was vergeht. Wenn alles, was geschieht, mit einem Abschied beginnt, so hat sich hier – in der Verdrossenheit – die Einsicht festgesetzt, daß am besten durchs Leben geht, wer nichts mehr beginnt, auf daß nichts geschieht. Wenn die Zeit stillsteht wie in der Acedia, wird sie nicht mehr erfahren als Abschied von ihrem eigenen Präsens. Daß alles Erlebte im Moment seines Erlebens schon als hinfällig angesehen wird, ist nicht erträglich, es sei denn, man tröstet sich mit irgendeiner Verheißung ewigen Lebens. Die Trägheit ist eine Flucht vor der gnadenlosen Konsequenz des Werdens. Sie ist die Aufhebung der Zeit unter den Bedingungen von Zeit.

Manchen Menschen gelingt wenigstens noch, das eigene Leben in eine andere Form der Zeiterfahrung zu retten. Sie entziehen sich der Unnachgiebigkeit temporaler Gesetze, indem sie sich in einer Welt vergangener Erfahrungen einnisten und dort ihr Zuhause finden. Sie wenden die Kraft nicht mehr auf, sich auch innerlich zu verabschieden, wovon sie notgedrungen haben lassen müssen. Die Vergangenheit hat sich ihres Erlebens bemächtigt und es von der Zukunft abgeschnitten. Man schreitet zwar noch vorwärts, kommt aber nicht mehr voran. Die mit allem Künftigen assoziierte Leichtigkeit, derzufolge das letzte Wort über ein Leben noch nicht gesprochen ist, ist hier ersetzt durch die ganze Schwere eines unwiderruflichen Urteils. Vergangenheit ist das, was seine Möglichkeiten ganz und gar verbraucht hat. Wenn sie die Existenz bis ins letzte bestimmt, bleibt nur noch eine Wirklichkeit: die Erwartung des Todes. In einem Gedicht von Charles Baudelaire heißt es: »O Wanduhr! Finstres Numen du und ungerührtes / Dein Finger weist auf uns und sagt: ›Erinnre dich!‹ / Nicht lange und dein Herz erkennt mit jedem Stich / Der Schmerzen sich als Ziel und jeden Pfeil verspürt es.« Und wenig später: »Es zischt dreitausendundsechshundertmal von droben: / Erinnre dich! Die Stunde. – Eh du's meinst / Zirpt Gegenwart wie ein Insekt: Ich bin das Einst / Und hab mit eklem Rüssel Blut aus dir gehoben.« Und am Ende: »Bald schlägt die Stunde wo das Glück, dein hoher Gast / Wo Tugend, dein Gemahl, des Bett du niemals teiltest / Wo Reue (das Asyl das du zuletzt ereiltest) / Dir zuruft: Greiser Fant! nun stirb! es ist verpaßt!«

Menschen haben Zeit in der Weise, wie sie es gelernt haben, sich zu verabschieden. Der Abschied aber setzt voraus, daß man überhaupt Begegnungen hatte. Man kann nur das loslassen, wozu man einmal ein Verhältnis besaß, worin man auf irgendeine Art verstrickt war. Was nicht wichtig, einprägsam, bewegend gewesen ist, hinterläßt keine Spuren und erzeugt keinen Schmerz, wenn man nicht mehr an ihm und seinem Los teilhaben kann. Wie das Festhalten an der Erinnerung den Unwillen ausdrückt, in die Gegenwart zurückzukehren, nachdem man den Weg alles Vergänglichen mitgegangen ist, so existiert auch für denjenigen ein Gegenmittel wider diesen Schmerz über den Verlust alles irdischen Seins, der in der Gegenwart geblieben ist: die Langeweile. Auch sie ist eine Flucht, aber keine, die sich mitreißen läßt vom Zeitenstrom. Während das übermäßige Erinnern sich aus der Intensität einer Beziehung speist, vermeidet die Langeweile, daß man überhaupt ernsthafte Verhältnisse im Leben eingeht. »Man flattert von einem Gegenstande zum andern, ohne sich auf irgend einen heften zu können. Die Ideen weigern sich gleichsam, sich der Seele darzustellen: und die Seele, die in ihrer Wirkung diese schreckliche Lücke gewahr wird, ohne sie ausfüllen zu können, möchte vor Verdruß darüber vergehen.« Sich nicht verabschieden zu können, das macht den Charakter von Menschen, die sich der Diktatur des Vergangenen unterstellt haben; sich nicht verabschieden zu müssen, das ist das Kennzeichen des Ennui, wie ihn Johann Georg Sulzer Ende des achtzehnten Jahrhunderts mit pädagogisch-psychologischem Gewicht dazustellen wußte.

Der Gelangweilte ist auf Distanz gegangen zu seiner eigenen Zeit und erlebt die Gegenwart in ihrer Dynamik nur noch als ferne Schemen, die am inneren Auge vorüberziehen. Nichts reizt ihn mehr wirklich. Die Trägheit ist der Schutzmantel vor dem Leiden an der Veränderung. Wo alles in den Endlichkeitsstrudel gerissen wird und sich dem Schicksal des Verschwindens nicht entziehen kann, wo nichts mehr für Beständigkeit und Garantie sorgt, bildet die Langeweile die einzige Form von Kontinuität im Leben. Auf sie ist Verlaß. Doch diese Verläßlichkeit hat einen schalen Geschmack. Bei dem Unterfangen, der Vernichtung alles irdischen Daseins zu entkommen, dem Vergehen als dem Übergang vom Sein zum Nichts nicht zuschauen zu müssen, schlägt sich die Langeweile auf die Seite des Nichts und macht sich zu seinem Parteigänger. Langeweile ist Beharrlichkeit im Nichts. Indem sie die Zeiterfahrung grenzenlos dehnt, leiert sie das geistige Band zur Welt aus, über das Menschen ihr Interesse definieren. Sie nimmt ihnen so die Möglichkeit, sich zu erproben, sich selbst zu erleben und zu entfalten im eigenen Können. Sich langweilen bedeutet nicht nur, den Zeitablauf hinzunehmen, ohne selber einzugreifen. Die Zeit vergeht nicht einfach, sondern mit ihr verschwinden sämtliche ungezählten Möglichkeiten, durch deren Ergreifung eine Persönlichkeit reift. In dem Maße, wie die Zeit sich selber erfüllt, entleert sich das Ich, das sich an ihr nicht beteiligt. Wo Menschen sich langweilen – nicht sporadisch und vorübergehend, sondern – im Zentrum ihrer Existenz, da wird diese Haltung tödlich. Im trägen Kriechen von einem Tag zum anderen wird nichts mehr vollendet. Alles bleibt in der konjunktivischen Unbestimmtheit des »Fast«: Fast hätte der Mensch seine Aufgaben erfüllt, beinahe hätte er seine Talente entwickelt und zum Nutzen anderer eingesetzt. Doch sein Inneres ist verödet, die Begeisterung bleibt aus, an der Ausdauer und an Leidenschaft läßt er es mangeln. Das »Fast« ist die arglose, die beschönigende Redeweise über das Nichts. Wo Unbedingtheit verlangt ist, weil sich an ihr alles entscheidet, kann das »Fast« allerdings nicht genügen – es ist gleichbedeutend mit der totalen Verneinung. »Langeweile ist, wo Gott nicht ist«, sagt Dostojewski und nennt den Grund für die geforderte Unbedingtheit im Leben, die zwischen Alles und Nichts keinen dritten Weg läßt.

In der Monotonie drückt sich die Verzweiflung des Menschen aus, nicht mehr glauben zu können, in der Welt und bei sich selbst keine Heimat mehr zu haben. Der Trägheit fehlt neben dem Gefühl für die Zeitlichkeit der Existenz auch die Geborgenheit eines Orts. Es ist die fatale Eigenschaft der Acedia, daß sie dem Menschen, der sich in ihr vom Himmel ab- und der Erde zugewandt hat, in der Welt kein Zuhause gibt. Schon die alten Mönche oder Thomas von Aquin haben an der Trägheit eine eigentümliche Unruhe wahrgenommen, die scheinbar gar nicht zu ihr passen will und doch eine unmittelbare Folge dessen ist, was

Evagrius Ponticus den »Haß auf den Ort« nannte: eine wilde, unkontrollierte und desorientierte Suche nach dem rechten Platz. In sie hinein hat sich die Unruhe der Seele verlagert, die, ihres angestammten Raumes beraubt, ziellos umherirrt. Als Sünde mit der klarsten Einsicht in die Struktur der Welt, in ihre Vergänglichkeit, ist die Trägheit blind gegenüber sinnstiftenden Erfahrungen, ja, Erfahrung überhaupt. Melancholie ist die Unfähigkeit, in der Welt zu lesen, sie als in sich differenziertes Gebilde aufzufassen, das spricht, das fragt, ermuntert, herausfordert und am Ende nach einer Stellungnahme verlangt. Wie als sinnlicher Widerschein dieses Mankos nimmt sich die Körperhaltung des Melancholikers aus. Mit niedergeschlagenen Augen und gesenktem Kopf starrt er zur Erde, von der er so viel erwartet und nichts erhält. Sein ihm zugeschriebener Hang zur Tiefe ist in Wahrheit ein Blick in den Abgrund.

»Gleichsam eine leibliche Base des Müßiggangs und eine seiner Begleitursachen ist übermäßige Einsamkeit«, schreibt Robert Burton in seiner »Anatomie der Melancholie«. Da die Trägheit das Nichts zum Prinzip und den Tod zur Leitfigur alles Seins gemacht hat, ist zwischen ihr und der Lebensfreude ein breiter Spalt gesetzt. Sie verliert die eine Bindung, welche die Grundvoraussetzung von Menschlichkeit ist: die zu anderen Menschen. Die Verschlossenheit des Gottverdrossenen in der Vertikalen hat notwendig seine Einsamkeit in der Horizontalen zur Konsequenz. Der einsame Mensch ist der potentielle Feind aller anderen. Vielleicht ist das die tödlichste und somit gefährlichste Variante der Trägheit. In einer weitangelegten Erörterung hat Karl Barth diese Verfehlung menschlichen Daseins als eine besonders heimtückische Form der Dummheit gekennzeichnet, als Stumpfheit gegenüber den leisen, weil selbstverständlichen Gesetzen, nach denen sich das Leben als sozialer Prozeß vollzieht. »Arbeit, die nicht Mitarbeit ist, ist geschäftiger Müßiggang. Freude, die nicht Mitfreude ist, ist leeres Ergötzen. Leiden, das nicht Mitleiden ist, ist dumpfes Weh. Der Mensch, der nicht Mitmensch ist, ist Unmensch.«

Das winzige Wort »Mit« stellt nicht weniger dar als das Gegenmittel wider die Trägheit, die sich ja auch mit einer einsilbigen Vokabel, dem »Fast«, einen knappen Ausdruck für ihren Hang zur Vergeblichkeit gesucht hat. Das »Mit« signalisiert einen Weg, eine Bewegung, und in dieser Regung den ersten Ansatz, aus der Monotonie der Melancholie herauszufinden. Aber nicht nur die latente Dynamik ist in diesem »Mit« angezeigt. Es verweist auch auf die Unfähigkeit des Schwermütigen, sich selbst zu heilen. Um von der Todsünde der Trägheit befreit zu werden, bedarf es einer Anstrengung, die von außen kommt. Ein anderer muß bereit sein, mitzugehen in die Nacht der grundlosen Traurigkeit, um den Gefangenen von dort herauszuführen. Wer vom Mittagsdämon heimgesucht und betört wurde, ist zu schlaff, um sich selber aufzuraffen, zu entscheidungsschwach, um Interesse auszubilden, weiß zuviel, um sich noch überraschen zu lassen.

Nicht ohne Grund hat daher Benedikt von Nursia in seine Mönchsregel ein Antidotum wider die Gewohnheit gelegt, auf daß niemand erst der Acedia verfalle. »Müßiggang ist der Feind der Seele; und deshalb sollen sich die Brüder zu bestimmten Zeiten mit Handarbeit und wieder zu bestimmten Zeiten mit göttlicher Lesung beschäftigen.« So lautet die Eingangssentenz im achtundvierzigsten Kapitel seiner Schrift über die Strukturen monastischer Existenz, in jenem Passus der Mönchsordnung, dessen Empfehlung berühmt geworden ist unter der Formel »Ora et Labora«. Sich heilsam unterbrechen zu lassen ist notwendig, weil allein der Rhythmus von Gebet und Arbeit grundlegend unterscheidet zwischen Muße und Trägheit. Die regelmäßige Tätigkeit soll stören, damit die metaphysischen Gedanken sich nicht ins Unendliche verirren und dort das Nutzlose zu erobern suchen. Nur der immer wieder erzwungene Wechsel zwischen Ruhe und Anstrengung sorgt für die erforderliche Abwechslung und verschafft dem Geist jene Spannung, die ihn aus seiner Schläfrigkeit weckt. In der täglichen Disziplin wird der Respekt vor sich selbst wiederentdeckt.

Noch heute gehört zur therapeutischen Arbeit mit Depressions-